# 教科とその本質

―各教科は何を目指し、どのように構成するのか―

日本教科教育学会 編

教育出版

# 刊行にあたって

　教科等の教育を考えるときに当該教科等では，以下のことが課題となる。その教科等において，

　　①　どのような子どもに育てるのか
　　②　子どもにどのような力をつけるのか
　　③　学習指導をどのように展開していくのか

ということである。

　法的には，「どのような子どもに育てるのか」については，教育基本法の第1章「教育の目的及び理念」に，

　　「教育は，人格の完成を目指し，平和で民主的な国家及び社会の形成者として
　　必要な資質を備えた心身ともに健康な国民の育成を期して行われなければならな
　　い。」

と明記されている。

　また，義務教育の目標は，学校教育法第2章義務教育の第21条に「義務教育として行われる普通教育は，教育基本法第5条第2項（各個人の有する能力を伸ばしつつ社会において自立的に生きる基礎を培い，また，国家及び社会の形成者として必要とされる基本的な資質を養うことを目的として行われるものとする。）に規定する目的を実現するため，次に掲げる目標を達成するよう行われるものとする。」として，1〜10の目標が明記されている。

　上述の考え方を研究の文脈で展開すると，以下のような課題となる。

1　教育はどのような人間の育成を目指すのか
2　教科とは何か，どのようなものか：教科の定義
3　なぜ教科等が編成されるのか：教科の存立基盤
4　なぜ各教科等における領域や区分はあるのか：各教科等の存在根拠と意義

　これらの課題は，今まで，歴史，海外比較，あるいは学習指導レベルなどの各見地から追究され続けてきたものである。本書は，現段階でこれらの課題を各教科や学校設定科目において具体的に展開し，論述し，それを世に問うものである。

　多くの教科教育の研究者が本書をもとに，上述の課題追究を深化・発展させていただくことを，執筆者一同祈念している。

日本教科教育学会常任理事

角屋重樹

# もくじ

刊行にあたって

# 第1章
# 教科とは何か
──佐藤学，池野範男による対談──

本対談では，次の５つの点について，語り合った。
1　教育はどのような人間の育成を目指すのか
2　教科とは何か，どのようなものか：教科の定義
3　なぜ教科等が編成されるのか：教科の存立基盤
4　なぜ各教科等における領域や区分があるのか：各教科等の存在根拠と意義
5　教育学や教科教育学のこれからの研究はどのようにすればよいか：研究の在り方

日時　2018年12月16日（日）午後４－６時
場所　日本体育大学世田谷キャンパス
　　　教育研究棟２階　2205教室
主題　教科とは何か─佐藤学，池野範男
　　　による対談─
進行　前日本教科教育学会長　角屋重樹
　　　（日本体育大学）・研究企画委員会
　　　委員長　草原和博（広島大学）

## 1　オープニング

**角屋**　教科の本質について，来年，『教科とその本質』という本を完成させる予定です。その第１章として，佐藤先生と池野先生のお二人の対談で飾ってもらいます。その目的の下で開催したところ，これほど多くの先生方に参加いただきました。本当にありがとうございます。

　佐藤先生の紹介です。私がいろいろなことを話すよりも，先生方のほうがよくご存じだと思います。私なりに佐藤先生を紹介する大きなポイントとしては，佐藤先生は東京大学にいました。当時の教育学は現場と全く乖離したものでした。現場と乖離してしまった教育学を，佐藤先生が入ることによって現場を巻き込んだ，あるいは現場に返る教育に変えていただいたことが一番大きな仕事ではない

かと思います。そのようなことを手始めに行いました。

**角屋**　これからはわれわれも教科教育を学ばなければいけません。恐らく，肝心の教科はもう一回，考え直さなければいけないときに来ていると思います。われわれは教科とその本質について，課題を背負っています。それに関して，これから佐藤先生と池野先生に対談をしていただきます。われわれにある程度の方向を出していただきたいということで，お願いしたいと思います。進行は今から池野先生が進めます。

## 2　進行のポイント

**池野**　池野です。対談の柱は主に５点あります。

　一つ目は，佐藤先生自身が教育をどのように考えておられるのかについて，確認をしておかなければ始まらないと思います。それを初めに少し話します。

　二つ目です。ここに集まっている私たちは，教科教育の先生や現場で教えている先生方だと思います。教科とは何かについてです。生活科ができて以来，一般的な教科とは違ったものが出始めました。平成26年に「特別の教科　道徳」の設置

が答申されて，教科の概念も少しずつ変わってきたと思います。今，角屋先生が言ったように，今回の学習指導要領改訂でも，非常に教科の考え方が変わってきていると思います。教科とは何か，どのような役割を果たすのかということがあります。学校や教育全体の中で教科の役割は何をするものなのかについて，確認する必要があると思います。

三つ目は，教科自体の編成の仕方や，領域論の問題です。いろいろな考え方があります。佐藤先生はアメリカの1900年前後から1940年の間のものを使いながら，アメリカの改造期と言ったほうがいいかもしれませんが，改革期の中のアメリカ教育改革論を博士論文として書かれ，『米国カリキュラム改造史研究』（東京大学出版会，1990）として発刊されました。皆さんは東京大学出版会から出されたこの本を読んでおられると思います。そこで示されたものは，現在の考え方とは非常に違うと思います。カリキュラムや教科の考え方が違うと思います。

四つ目は，そもそもどのようなものが21世紀では必要になっているのかについても，少し話をしたいと思います。

最後，五つ目です。教科を含めて，どのように教育学全体の研究を行えばより進むのかについてです。あるいは，学校全体や教職を実際に進めている学校の先生方にとって，プラスになるような研究はどのようにするべきかについてです。あるいは，大学がマス化していますし，大学院でもマス化が始まっていると思います。そのようなときに，本来の教育学研究はどのようにするべきなのかということまで話をしていただいて，最後に教科教育研究といいますか，ここに集まっている皆さまにアドバイスや示唆をいただけるとうれしいです。

大きな流れはこのようなかたちで進めたいと思っています。これは対談です。それらがすべてスムーズにいくかどうかは分かりません。皆さんはそのような流れを頭に入れておいてください。もし時間があれば，先生方から少し質問や意見等をいただき，会話をすることができればいいと思います。皆さんもいろいろと考えていただくとありがたいです。

---

## 3　教育について

池野　初めに，佐藤先生が教育をどのように考えているのかについて，少し話をいただくとうれしいです。

佐藤　長い間，池野先生のお仕事には関心を持ってきました。尊敬しています。今日も池野先生との対談なので引き受けました。池野先生は教科教育学というジャンルを中心になって担い，私よりも教科教育への思いを数段も強くお持ちです。そのような池野先生がこれまでに考えてきたこと，私が考えてきたことを突き合わせると，いろいろな新しい発見があるのではないかという期待を抱いて来ました。

先ほどの角屋先生のお話では池野先生が私に質問をして，私が答えるというニュアンスがありましたが，むしろ逆です。

私が池野先生に聞いて，そこに絡むのが一番いいと思っています。

さて，最初の池野先生のご質問への回答，教育論の話です。

教育学を学びたいと思った高校時代から今まで教育学を研究してきましたが，実は一番嫌な問いは，教育とは何かについてです。まだ答えが出ていません。私自身は，教育とは何かということから研究を進めましたが，ある時期から学ぶとはどのようなことなのかに問いが完全にシフトしました。しかし，これまで，なぜシフトしたかについて話をしておりません。

## 4 教育という言葉への違和感

**佐藤** 教育という言葉にとても違和感を覚え続けてきました。子どものときからそうです。名前が「学(まなぶ)」なので，教育という言葉に違和感が生ずるのは仕方がないと思いますが，この違和感はいったい何なのでしょうか。

私たちは学生のときに教育学で，「教育とは引き出すこと」だと教わりました。「無限の可能性を引き出す」という意味が「教育(education)」にはあると。そのときから違うという感じがつきまとっていました。自分が持っている教育のイメージと何か違います。

それ以来，研究仲間等の人知恵を借り，自分でも調べてわかったことがあります。教育はeducationの翻訳です。明治前には，日本に「教育」という言葉はありませんでした。「教える」という言葉さえ

ありませんでした。

「教える」という言葉は，『孟子』から引っ張ってきました。孟子で「教える」いう字が出てくる所が1箇所あります。天子様が山の上から大衆に向かって何かを宣言する場面です。このことから，teaching に教えるという言葉を宛てがったわけです。education＝教育という言葉はそこから来たと思います。教という字と育てるという字を当てて，教育という言葉でeducationを説明しました。

## 5 educationの原語educare

**佐藤** そのeducationという言葉，これも近代の言葉です。フランス語やドイツ語や英語の古語にeducationという言葉はありません。正確に言うと，educationという言葉はあったのですが，私たちが今，使っているeducationとは全く違う意味でした。

educationは，助産師が出てこない赤ん坊を無理やりに引っ張り出すという意味でした。これがeducationのもともとの意味です。それで何となく腑に落ちた気がします。つまり，教育は無限の可能性を引き出すことという意味は，この語源から生じています。私の違和感もどうもそこから来ているようです。

では近代の前，中世のヨーロッパで，どのようなeducationに当たる言葉があったのでしょうか。いろいろな言葉がありましたが，基本的にはeducareです。eduにcareがついています。フランス語の辞典では今でもエドゥカーレとして残

っています。ヨーロッパの各言語の古語辞典をみると，この言葉が出てきます。おそらくラテン語が起源です。eduは生命の意味です。命あるものをcareする。つまり，生命を育むこと，生きとし生けるものの命を育むことがeducareです。

私が持っている教育の感覚はこのeducareだと思いました。命あるものを育み，支えることです。educationという言葉は，とても理想主義的な感じがします。あらゆる人から無限の能力を引き出すことは，私の実感からは少し違うと思いました。むしろ，教育というのは，命あるものの命を育て，支えるという言葉ではないかと感じました。

そうすると，近代の教育を理解するためには，educareとeducationのギャップをどのようにして埋めるのかということが課題になります。つまり，educareの精神をもう一度現代に生かすことを考えてきました。

したがって，少し歯切れが悪いのですが，教育とは何かと問われると，「分かりません」と言います。教育学者として，未だに満足のいく定義を与えることができていないのが正直なところです。

**池野**　今の話の整理も兼ねて，二つか三つのことを言います。

教育には，educationなりフランス語のeducareやドイツ語のErziehungなど，いろいろとあります。そのような言葉と日本語の「教育」の違いが一つあります。それから，日本語の教え育てるということ自体と，educationの語源とな

っているものとが違うのではないかということです。ここに，佐藤先生は違和感を持っておられます。

## 6　学び，学びの共同体と教育との関係

**池野**　教育のもともとの意味のほうが自分にとって親和性があり，本来のそれと，今行おうとされている学びや学びの共同体というものとを，どのようにして結び付けようとされているのか，私は知りたいし，皆さんも知りたいと思っています。

**佐藤**　学びについて考えるとき，教育の思想の伝統よりも，学びの思想の伝統のほうが，はるかに根が深いことを理解する必要があります。学びの思想は，哲学が始まってから始まっています。

一方で今，私たちが使っている教育は近代以降の概念です。教育と学びとでは，歴史や立っている地平の層の厚さが全く違うと思います。学ぶとは何かというと，これはこれで大問題です。どのように考えればいいのかについて，悩み続けた問題です。

## 7　学ぶことは，旅である

**佐藤**　古今東西のいろいろな文献を読みあさると，あることに気付きます。学習論に関するいろいろな哲学や文献には，ある共通性があります。私がこれだと思ったのは，どの文献も学びを旅にたとえていることです。西洋でも東洋でもそうです。

学びは旅（journey）です。学ぶために孔子は旅をしました。しかも孔子の旅は，

琴の演奏の旅でした。その旅先でいろいろな人と対話をします。その対話を弟子たちが書き留めて，『論語』が書かれ，儒学がつくり上げられました。

　私は，学びは既知の世界から未知の世界への旅だと思います。旅もそうですが，学びも出会いと対話です。旅が学びになるのは，出会いと対話があるからです。新しい世界や他者と出会い対話し，新しい自分と出会い対話します。旅から帰ってくるときは，もう一つの新しい世界を持ち，もう一つの他者とのつながりを持った新しい私になります。これが学びです。

## 8　学びの三位一体論

**佐藤**　ここでは私の提唱する学びの三位一体論についてお話しします。

　学びの三位一体論とは対象世界との対話，他者との対話，自己との対話が三位一体になったものが学びであるという理論です。このように学びの概念に最小限の定義を与えました。何しろ学びの実践を実現するためには，何らかの定義が必要です。実践が可能な作業仮説のようなものが必要なのです。そうしなければ，何をどのようにするのかが見えてきません。

　この学びにおける対話的実践の三位一体論の種明かしをすると，この理論には背景があります。カントとフーコーです。カントとフーコーは同じタイトルの論文を書いています。「啓蒙とは何か」(What is enlightment?) という論文です。興味があ

れば読んでみてください。ここにすべてのヒントがあります。フーコーが最後に書いた論文です。言うまでもなく，カントが書いた同名の論文を想定して書いています。

　哲学とは何かと聞かれたときに，カントを研究することだとフーコーが言っていました。近代の哲学の神髄はカントにあります。この論文でフーコーは認識の実践が三つの対話的実践であることを述べています。

　学びには（三位一体論における）政治的実践と社会的実践と実存的実践が分かちがたく結び付いています。つまり，世界との対話・世界づくり，他者との対話・仲間づくり，それから自己との対話・自分づくりの三つです。私は，この三位一体論による学びを提唱し，実践化しています。

## 9　現代の教育と，学びの課題としての哲学

**佐藤**　近代，特に20世紀の学校と言えばいいでしょうか。1910年代以降は，テストという目標達成のシステムがありました。大工場生産システムのテーラー・システムが学校に導入され，カリキュラム，学習，授業のシステムが形成される。このシステムは，行動科学と一緒に機能して学校教育の基本構造をつくります。そうすると，知識・技能を獲得し，習得し，定着させることが学習という観念になってしまいました。

　私はもともとアメリカのカリキュラム

と教師教育を研究してきました。その関係でアメリカの教育学会で約10年前にあるシンポジウムが開かれ，招待されましたが，そのシンポはおもしろいテーマでした。「人文科学・社会科学としての学習研究」でした。つまり，Leaning as Human & Social Sciencesです。

私たちにとって学びとは哲学だと認識されています。したがって，このシンポのタイトルに違和感はありません。

ところが，アメリカでは人文科学・社会科学としての学習研究というタイトルには違和感があります。アメリカ人は，学習は機械的であるという感覚を持っています。イメージとしては無機的と言ったほうがいいかもしれません。ある知識や技能を獲得することは，目標を達成してテストで点を取ることです。分かりやすいと言えば分かりやすいです。

この学習の概念が崩れました。これが現代だと思います。学びの捉え直しがなされています。

私から池野先生に聞きます。池野先生は教科について考えています。しかも教科の学習を，私の言い方で言うと，人間形成を中軸にして研究されてきました。その趣旨を教えてほしいです。

## 10 教育の比喩としての旅や対話

**池野** 質問に回答する前に，今，佐藤先生が話されたことを整理して，答えたいと思います。教育を孔子やいろいろなかたちにたとえ，旅の比喩も使って，出会いと会話のことを話されました。恐らく

孔子も，本当に旅をしなければいけないといっているわけではなくて，いろいろなかたちの出会いの場を提供することが旅の中味だと言っているのでしょう。

例えば学校やそのような所でも，われわれが旅をしに行くわけではなくて，学校の中でもいろいろな出会いの場があるので，そこで対話をすることです。それは孔子，あるいはもう少し西洋的に言えばソクラテス的対話と言いますか，そのときに教えるのではなくて，人が本来持っているものを引き出すことです。そのときに何もなくて引き出すのか，あるいはそのときに何かの媒体を使って引き出すのかです。

一般的な教育であれば，このように話をさせてもらって，話の筋の中で私たちが相互に決めるようなかたちになります。しかし，学校の中では教科等の媒体，メディウムになるようなものが，一定程度設置されるかたちになっています。近代の場合は，それが教科というかたちになっています。国民的教養のための，日本では日本語があります。イギリスやアメリカでは英語があります。そのときに，地理や歴史，理科や科学があります。

## 11 媒体による学びとして教科の教育

**池野** そのときに，実際に媒体がどのようなかたちでつくられるのかについては，いろいろな事情があると思います。一つは国民的な教養として，媒体がつくられています。これは近代では少し違います。近代になってくると，日本国民をつくり

たいということやイギリス国民をつくりたいということが先にあります。その中で教科ができてきます。

しかし、例えばアメリカの場合です。今、佐藤先生が言われた1910年代より少し前、機械的な学習が確立する前の、デューイ等が初期的に取り組んでいたときには、教科はもう少し緩やかでした。生活に沿うものかどうかについては、いろいろな考えがありました。

デューイの場合は、生活そのものが教育でした。学校自体が生活そのものです。教科の媒体はあるけれど、生活化しなければいけません。教科自体が一定の教養や知識で決まりきっているわけではなくて、子どもたちが学ぶことで、一定程度のキーになるような生きたものとして、生活することができるような状況にならないといけないので、学問全体がそのまま教科にはなりません。

しかし、機械的な学習のほうにいってしまうと、決まりきったものが与えられます。

私が取り組んでいる社会科で言えば、歴史の中でいくつかの項目が既に決まっています。1868年は明治維新、1945年は敗戦のように、決まりきったこととして、それは教えるものということです。子どもたちにとって、本当は何が必要なのかです。それを教えなければいけないのかどうかについては関係なく、与えられたものとして行っています。そのようなものに対して、今はもう少し緩やかな教科教育論のようなものを行わなければいけ

ないというのが私の立場です。

---
## 12　教科教育の三つの立場
---

**池野**　ここにいる方も恐らく、いくつかの教科を専攻している先生が多いと思います。大きくは三つの立場だと思います。

一つ目は、専門の学科を基本的にそのまま行います。単に言えば、小学生や中学生にもその学科を教える立場です。二つ目は、それを生活的に組み替え直すというかたちです。三つ目は社会の中で基本的に使えるように生かしていくことです。それが一番デューイに近いと思います。そのように変えなければいけないという立場があると思います。

本の名前を忘れてしまいましたが、佐藤先生が教科の編成を考えるときに、学問的基盤と文化的というように分けていたと思います。そのような分類の中で、教育や教科は文化的なものであるとありました。約10年前に佐伯先生が編集されていたシリーズで書いておられたと思います（佐藤学「学びの文化的領域」佐伯胖・佐藤学・佐田英典編『シリーズ 学びと文化1　学びへの誘い』東京大学出版会、1995、追記）。その分類の中に、先ほどから説明いただいた教育の意味と教科の意味があります。

佐藤先生が言っている学びは、結局は子どもたちの中で何かを獲得する、でき上がることを目指すことだと思います。先生は、教えることが目的ではなくて、子どもたちの中に何かを獲得できることを目標にすることを、学びという概念にしています。

最終的には学習主体と言いますか，子どもたち側に何らかの広い意味での教育効果があり，それが子どもたち側に何らかの成果や効果としてついてきます。そのようなときに，何かの媒体がなければできません。ただ単に対話をしているだけではできません。何かを通して教えなければいけません。何かを通すときに，何か組織化されたものが一般的な教科だと思います。

何かをするときに，何を柱にするかだと思います。以前は学問が基本形でした。特に1960，1970年代です。私は科学主義と言っています。その時期に自然科学や社会科学の中の最先端を分かりやすく教えました。その前は，逆に生活主義と言われているように，学問も背景にあるけれど，生活そのものを背景にしなければいけません。

## 13　21世紀の教科教育

**池野**　しかし，今はどちらにしても中途半端です。あるいは，十分な成果を上げることができなかった。このような理解を，21世紀の基本的な立場にしている方が多いと思います。佐藤先生もその立場のいくつかを共有しておられると思いますが，違う部分もあると思います。そのときに，何を教育の中の基本形態とするのかです。

私たちが教科を行うときに媒体になるものについてです。教科教育では媒体がなければ語ることはできません。

先生は，そのようなメディウムと呼ばれるものをどのように考えているのか，あるいはどのようなかたちが典型的な例として考えているかについて例示されています。あるいは，それを文化という言葉で表して，いくつかの大きな括りで学校のカリキュラムとして提示しています。その部分を少し話していただくと，お互いに意思疎通がしやすいと思います。

## 14　教科導入の歴史とその教科の本質

**佐藤**　日本に教科が入ったのは明治の最初です。アメリカのニュージャージー州の教育委員会が採用していた教科目一覧をそのまま翻訳したわけです。なんと27もの科目が入っています。これをそのまま教科と呼んでいいのか。むしろ，科目だろうと思います。

では，教科という概念はどのようにして生まれてきたのでしょうか。アメリカで言えば，19世紀前半のコモン・スクールの時期，教科という概念はなかったと思います。教科書が教科でありカリキュラムでした。日本でもそうです。寺子屋と藩校の時代，往来物と『論語』などの漢籍がカリキュラムでした。

歴史的に整理する場合，教科とは何であり，いつ成立したのでしょうか。そして教科の本質は何なのでしょうか。私の考えでは，市民的教養を組織的に学ぶ，池野先生の言葉で言うと媒体です。私の言葉では文化領域です。これが教科という概念を生み出したと思います

つまり，「リテラシー」と言いますが，共通教養を設定することで，教科の概念

が生まれた。市民的教養の教育の基盤が
なければ教科は成立しません。大学でも
いろいろな専門の学問がありますが，こ
れは教科とは言いません。学校教育に組
織された学問領域が教科です。

## 15　共通教養，リテラシーの形成

**佐藤**　学校教育にとって一番大きな課題
は共通教養をどのように設定するかです。
共通教養の教育は，近代学校の一番大き
な使命です。普通教育，ジェネラル・エ
デュケーション（general education）です。
普通教育は，市民的教養の教育を意味し
ています。市民的教養の教育が実現しな
ければ，市民社会は成立しませんし，国
民国家も成立しません。この要請が教科
をつくったと考えていいと思います。

　その次に問題になるのは，教科とは知
識の組織なのかということです。教科内
容を知識の組織とする考えは違うと思い
ます。教科で組織しているのは知識だけ
ではありません。学びを組織し，人や時
間を組織しています。知識を中心にしな
がらカリキュラムを組織する一つのコア，
媒体あるいは領域，それが教科になると
思います。

## 16　教科の本質

**佐藤**　教科を知識あるいは内容の組織だ
という考え方は，さきほどの池野先生の
言葉で言うと，教科の概念を狭くし，固
着させてしまいます。

　今，教科を考え直さなければいけない
とすれば，近代の学校制度が経済的・効

率的に組織される中でつくられた教科の
狭い概念を再検討しなければならない。
教科とは知識の組織であり内容の組織で
あるという観念を内側から破っていく必
要がある。私は教科を前提にしています。
総合教科をつくることや統合教科にする
ことには，いつも反対してきました。教
科は総合できたり統合できたりするもの
ではありません。

　分科主義はもちろん問題です。教科の
壁が厚くて狭くされるのは問題ですが，
その枠を取り払って一体化してしまう，
教科の固有性や独立性を無視して，統合
すればいいという議論は全くおかしいで
す。教科の固有性と総合性の両方をみな
がら，どのように再編するかです。つま
り，教科というよりは教科の学習ですが，
学びの活動を基本に置いて，もう一回再
編成，組織化の戦略を立てなければいけ
ません。

**池野**　今，話していただいた，知識を中
心にした内容や組織化された教科論とは，
恐らく一番狭い教科論だと思います。

**佐藤**　そうです。

## 17　日本における教科編成の歴史

**池野**　これは先生の著書で言われたよう
に，アメリカでは1940年です。イギリス
やドイツの場合は，それよりも少し前で
す。19世紀の初期から，学校にカリキュ
ラムができていきました。先生の言うよ
うに，アメリカの場合は市民的教養です。
ドイツの場合は国民国家です。ドイツを
つくるために，そのような教科を組織替

えすることを19世紀の初期に行いました。学校の中に，どのような教科組織を世俗的なかたちでつくり出すか，ドイツ帝国ができてから，それはまた変わってきます。

それは日本にも非常に影響しました。日本の場合は，1900年に第三次小学校令で確立するというかたちになると思います。確立した初期は，教科は学科的なものでした。戦前はずっと学科的でした。戦後に教科という用語に統一されていきます。

学科という言葉が使われたのは，基本的に学問のバックグラウンドが中心になっていたからです。しかし，実際には実用的な側面の教科もたくさんありました。

そのようなものをどのようにするか，時間的に言えば，学校の中で各時間をどのように組み立て，その中の組織表でどのような人をつくって，どのような学びを行うのかということです。

そのときに狭い意味の教科論では国語なり算数なりを１コマだけでみています。広い教科論では横を見たときに，どのような教科の組み合わせをして，どのような人間形成をするのかです。それを通して，どのようなものをつくるのかを考えていきます。そうすると，教科と教科外の活動と学校全体のことが関係的にならざるを得なくなり，その核となるものがどんな学びなのかによって，古典的な教育を行っていくタイプなのか，別のかたちのものかということがあります。

近代では，日本の場合は教えるという

ことがずっと続いていました。それが20世紀の後半から現在に見直しが進んできています。そのタイプに進めていこうとするときに，教科自体がこれまでずっと続いてきたタイプでいいのかについて，問われているのです。そのような学びのタイプにするように，学習をベースにした教科論にするときに，何をどのようにしてつくっていくのか，ということがあります。

## 18　21世紀の教育

**池野**　佐藤先生も少しは理解していただけるかと思いますが，私はシティズンシップ教育に取り組んでいるので，社会生活と社会科を結び付けなければいけません。学問的な知識よりも広く役立つことと言いますか，社会効率性と言いますか，効果性のようなものを入れ込んで取り組まなければいけない立場です。役立つことなり社会効果性なりが重要であります。最近では，佐藤先生は社会的レリバンスという言葉を使っておられます。そのようなものを学びの中に入れます。人そのものの学びも必要ですが，社会的な学習のようなものが教科や学校の中に必要ではないかと思っています。そのように教科も一定程度の変更をしなければ，教科教育自体も難しいだろうという立場です。

それから，教科教育自体に一定程度の媒体はいろいろとあります。その中に結び付いている教科が共通して持っているものについてです。例えば理科があります。英語ではサイエンスと言います。サ

イエンスについて，1950〜1960年代のアメリカで現代化がありました。しかし，実は現代化の中で，最先端の知識ばかりを教えればいいという立場だけではなかったはずです。

**佐藤**　そうです。

**池野**　それを効果的に学ぶことが，人間が社会生活で育つ上で効果的なのかについてです。効果に関して，その人なのか社会なのか，あるいは別のものなのかについて，今は問われているように思います。そのような教科論に少し変わらなければいけないというのが私の立場です。

**佐藤**　今の話の中で，三つのポイントがありました。一つ目は，日本の教科の成立事情です。二つ目は，それに対する改造です。特に1910〜1920年代に世界的に起きた改造運動です。これが教科をどのように変えていったのかです。三つ目が1950〜60年代，教科の本質が議論になったいわゆる現代化の改革です。この三つの話が印象的でした。

## 19　教科の成立

**佐藤**　1点目から申し上げます。私も全く同感です。戦前においては，1900年の第三次小学校令が日本の教科をつくったと思います。通常，教育史では，教育勅語が1890年なので1890年を時期区分として考えます。特に1890年に森有礼の改革が実行されるので，1890年を区切りにするのが教育史の通念です。

**池野**　基本的にはそうなっています。

**佐藤**　私はこの時期区分は間違っている

と思っています。簡単に言えば，近代学校の目的は国民国家の構成です。日本における国民国家の確立は，1890年ではなくて1900年です。国民教育というシステムが成立したのも1900年です。

**池野**　はい。

## 20　1900年の第三次小学校令の本質

**佐藤**　したがって日本の教科課程の成立は，第三次小学校令になります。具体的に言うと，「読み方」や「書き方」だった科目が「国語」という教科になります。

**池野**　一番大事なのはそこです。

**佐藤**　「国史」も1900年に成立しました。こうして教科としてのカリキュラム領域が成立します。つきつめて言えば，国語の成立が国民国家の成立なのです。

その国語ですが，1904年に最初の国定教科書の国語読本ができます。国定教科書は画期的です。それまでは和紙を糸で閉じていました。そのような教科書から洋装に変わります。当時は漢字の仮名送りが100通りありました。それを一つに統一します。国語が成立し，国語の国定教科書が成立し，国語教育が成立します。

この最初の読本について，非常に興味深いことがあります。この教科書は「イエ・スシ読本」と言われています。最初のページが「イエ」です。その次が「スシ」です。なぜ「イエ・スシ」から始まると思いますか。東北の方言では「イとエ」「スとシ」の発音の区別ができないので，それを矯正しようとしたのです。つまり，国民国家の構成において，日本

政府が最初に植民地にしたのは東北地方です。「イエ・スシ教科書」は，東北地方に対する植民地政策でした。これを私は「内地植民地化」あるいは「自己植民地化」と呼んでいます。これが国民教育の始まりです。この内地植民地化がどんどん周辺に拡大し，アジア全体に及んでいきます。制度化された知識の権力装置が教科というかたちで成立し，それが国民教育としての統合体をつくり，植民地教育へと拡張します。その後の改革は，このシステムをどのようにして打破していくのかという展開になります。

## 21 新教育における知識と経験の関係

**佐藤** 大正新教育は，こうして成立しました。このときに読まれるのが，デューイです。

　教科教育について考える上で，私がデューイの本でおもしろいと思った箇所があります。知識と経験の関係をどのように考えるか，についての箇所です。彼は学校教育は二重の誤りを犯していると指摘しています。

　一つは地図を渡して，地図だけで旅をしたつもりにさせています。言い得て妙です。地図を渡して，ここがロンドンでここが〇〇です。ロンドンはこのようになっています。これが教科書による教育です。旅をしていないのに，旅をしたつもりにさせています。これは学校教育の大きな病であると言っています。

　もう一つの誤りは，地図も渡さずに旅をさせています。自分の力で，自分で考えて旅をしなさい。そうすると，さまようだけで終わります。どちらも学校教育の間違いです。とても分かりやすい説明です。

　デューイが主張しているのは，地図を持って旅をしなさいです。これが学びです。この転換を新教育は行ったのだと思います。地図（知識）を持って旅（経験）をさせることです。

　大正自由教育におけるカリキュラムは，「学習課程」と訳されていました。つまり，学習過程の組織です。いったんは制度的に組織された知識を，学習で組織し直しています。ここで教科の概念は大きく拡張しました。

　このカリキュラム概念の拡張は，日本だけではなくて，世界的に起こっています。教科の概念を学びの観点から再編成していきます。私の博士論文では，この変化をアメリカがどのように展開し，どのような近代化のモデルにつながっていったかという過程の諸系譜を調査し分析しました。「教材と学習経験の方法的組織の研究」です。知識と学びのまとまりとしての単元がどのように方法的に組織されたのか，それはどのような理論的系譜を形成したのか，そして，どのような課題がどのように発展したのかについての研究でした。

## 22 1950〜60年代のニュー・カリキュラムとブルーナー

**佐藤** もう一つ問題があります。ニュー・カリキュラム（現代化）の抱えた問題

です。池野先生も見直しが必要とおっしゃいました。現代科学の最先端の内容と方法を入れるだけがニュー・カリキュラムで追求されたことではありません。それ以上の意味があります。おっしゃるとおりです。

例えばブルーナーについても誤読されています。ニュー・カリキュラムの一番中心の議論としてブルーナーの『教育の過程』が読まれますが、その限りで間違いはありませんが、あれはブルーナーが議長になったウッズホール会議のまとめの報告書です。ブルーナーの本来の理論は別のところにありました。

彼が何をしていたかというと、ハーバード大学の近くに教育開発の研究所を創設して、貧しい地域の子どもたちの言語発達を調査し、教師たちと一緒にカリキュラムを開発しました。これが後のオープンスクールの推進につながります。つまり、彼は子ども中心主義の立場に立って研究を行っていたのです。

翻訳に間違いがあるのですが、当時の彼の著書は『教育の適切性』と翻訳されています。「レリバンス」を「適切性」と訳すのは誤解を生みます。当時、カリキュラムは二つの対立がありました。教科の「構造」なのか、教科の「レリバンス」なのかという対立です。彼はどちらかというとレリバンス派です。レリバンスとは「現実的な意味」を意味しています。例えばある教科の知識を学びます。それがどれだけ子どもたちや社会の現実生活に対して意味を持つのかを問うのが

レリバンスです。

**池野** 準備性です。

**佐藤** そうです。

**池野** 難しい言葉で言うと、そうです。

## 23 教科のレリバンス

**佐藤** ところが、翻訳書では「適切性」と訳されています。教科のレリバンスは、その現実的意味です。知識の構造は知識の中に組み込まれています。その一方で、教科で学んだことが社会の改革や生活の改善に対してどのような意味を持つかをレリバンスは問うています。当時、公民権運動が起こりました。「貧困との闘い」も政府は推進していました。当然、ブルーナーの研究関心はレリバンスと行動主義の批判でした。これが、彼の生涯のテーマでもあったと思います。

## 24 シュワブとBSCS生物教科書

**佐藤** もう一つあります。ニュー・カリキュラムにおいて教科の本質に迫った教育学者がいました。ジョセフ・シュワブです。BSCSという有名なニュー・カリキュラムの生物教科書の開発を担いました。

実は私の高校時代の教師が、この出版されたばかりのBSCS(注：Biological Sciences Curriculum Study)を使って、生物の授業をしてくれました。翻訳が出ていないので英語の教科書です。広島大学附属福山高等学校でしたが、生物はグループ学習でした。英語の辞書を引いて読解しました。すごかったです。

当時，日本の教科書には生命科学が一つも載っていませんでした。今はDNAの遺伝子や生命科学が教えられていますが，全く教えられていなかった。ところが，BSCSは半分が生命科学でした。これには驚きました。これまでの生物学と全く違います。現代の生物学は生命科学ですが，それを学びました。この教科書開発の中心人物の一人がジョセフ・シュワブです。

ジョセフ・シュワブはデューイ主義の教育学者であり生物学者です。彼はBSCSの教師用ハンドブックを監修しました。素晴らしいハンドブックです。教科書以上に素晴らしいです。学び中心のカリキュラム理論と探究中心の学習論が表現されています。

カリキュラムの現代化運動は教科内容・構造・仕組みが中心と考えることでは，とても浅いです。その底流には，物理学や数学等でも同じ動きがありました。このもう一つの動きをみておかなければいけません。それを代表するのがBSCSのジョセフ・シュワブだと思います。

## 25　シュワブの教科の構造論

**佐藤**　シュワブは教科の構造を二つに分けます。教科はディシプリンと言いますが，ディシプリンには二つの構造があり，内容（知識）の構造と構文（方法）の構造との二つです。この構文の構造は，認識の方法と表現の構造です。内容の構造は，substantial structureという言葉，方法の構造は，syntactic structureと表現されています。

例えば，数学には数学の構造がありますし，物理学には物理学の構造があります。ジョセフ・シュワブはもう一つの構造があると言いました。数学には数学の学び方の構造，数学的認識と表現の構造があります。つまり，分かり方の構造と言えばいいでしょうか。これがsyntactic structure，構文的構造です。

どちらが教科の本質なのでしょうか。知識の内容の構造が教科の本質なのか，それとも，学び方や認識や表現の仕方のほうが本質なのか。シュワブは後者であると主張しました。ここから探究学習が主張されます。彼は探究についてinquiryではまだ弱いと言って，enquiryという言葉で表現しました。わざわざinquiryのiをeに変えて，より探究的な意味を強めました。教科の本質は探究にあると主張したわけです。

## 26　ショーマンとPCK

**佐藤**　そのシュワブの弟子で後継者が，リー・ショーマンです。pedagogical content knowledgeのPCKを提唱したことで著名です。したがって，PCKのアイディアの裏にはジョセフ・シュワブがいます。シュワブは大学院のゼミナールにおいて，デューイの文献しか取り上げませんでした。

教科の構造は教科の本質ですが，学問内容の本質ではありません。学問の本質というと，学問的知識の本質と考えますが，違うのではないかと思います。本質

は構文的構造にあって，学び方と分かり方の構造がその学問の本質なのです。ニュー・カリキュラムの時期にそのような考え方が出ています。

この思想からシュワブは，大学は学びの共同体でなければいけないと主張しました。新しい大学論であり教養論の提唱です。その影響はとても大きいと思います。

## 27 デューイの地図とシュワブの探究

**池野** 今，話していただいた中で，私が印象的だったことは二つありました。一つは，デューイの地図をどのように使うかについてです。実際に『学校と社会』の中でそのような話が出てきます（正しくは「子どもとカリキュラム」，ジョン・デューイ〈市村尚久訳〉〈1998〉『学校と社会　子どもとカリキュラム』講談社学術文庫，pp.285-288，追記）。地図とは教科の中のいろいろな知識も含めて，理論やいろいろなものを指していると思います。それを与えただけでは駄目です。与えずに勝手に行わせてもできません。それをどのようなシチュエーションで行って，学校の教室の場で使って，子どもたちが実際にできるようにするかです。

彼も探究という概念を考えていました。そのときに私がジョセフ・シュワブと少し違うと思うところがあります。ジョセフ・シュワブがsubstantialとsyntacticと言ったように，内容の向こう側を捉えてくる本質的なものと，それを表現してくる記号と対象との間の関係を，探究としてつないだと思います。

## 28 デューイのプラグマティズム

**池野** しかし，デューイの場合にはもう一つのプラグマティックスがあります。学習者と記号や対象との間には，プラグマティックスという関係がもう一つあります。恐らく，先生が言っている社会的レリバンスについて，現代的にはプラグマティックスの部分を，ジョセフ・シュワブを学びつつ考えているのではないかと思います。それこそが，今，私たちが問われていることです。substantialなもの，syntacticの内容的なもの，表現的なもの，構文的なものがあります。それだけでは1960年代の話だと思います。

**佐藤** おっしゃるとおりです。

**池野** 私は佐藤先生と同じようにデューイを学ぶべきだと思っているので，21世紀になったときにその部分を入れ込まなければ，学習なり教科の学びが，なぜそれが子どもたちにとって必要なのか，それを学ぶことによって何ができるようになるのか，自分たちが社会の中で生きることや成長することなのかについて考える。あるいは，生きることそのものの中で，例えば算数や理科や国語を学ぶことについて，自分の中で分からないまま，与えられたまま教えられてしまうと思います。根本的にはそこを変えなければいけないという立場です。

## 29 シュワブの授業の構造

**佐藤** 今の池野先生の話はそのとおりです。ジョセフ・シュワブに啓発を受けな

がら，もう一つはっきりとしたことがありました。それは「媒介された活動」という概念です。まさにデューイに立ち戻ります。シュワブの探究の理論は，あくまでも知識の認識論の構造のことです。

例えばシュワブは，数学について二つの知識があると言いました。「ofの知識」と「aboutの知識」と彼は言いました。ofの知識とは数学の内容です。数学には関数や幾何学などいろいろとありますが，これらはofの知識です。

aboutの知識とは，数学についての知識です。数学とはどのような学問かということの知識です。数学とは何かについてです。

これら二つは，substantialな構造とsyntacticな構造に対応します。つまり，学び方や表現の仕方はaboutです。数学は特殊な思考です。国語や社会の認識では多様なものを総合して思考しますが，数学は真逆です。多様なものを捨てて思考します。数学ができない子はごちゃごちゃと結び付けようとするから，訳が分からない思考になります。補助線だって一つ情報を増やしているように見えますが，あれは他の可能性を捨てて思考を限定しています。数学は固有の思考を持っています。これはaboutの知識の一例と言えるでしょう。

## 30　メディエイト（媒介）された活動

**佐藤**　ただ，池野先生が示唆された事柄は，もう一つのとても重要な問題です。活動全般がそうですが，私たちが何かを学ぶときは必ず何かに媒介された活動を行っています。つまり，学びはいつもメディエイト（媒介）されています。教材でメディエイトされている場合もあるし，他者の言葉でメディエイトされている場合もあります。さらに道具でメディエイトされている場合もあります。学びを理解するためには，何が理解されているかだけでなく，その学びが何によって媒介されているのか，何によってつながりをつくり出しているのかをみていかなければいけません。

この見方を提供したのはデューイであり，ヴィゴツキーとヴィゴツキー学派の人々です。

媒介された活動において教科はどのような位置と機能を占めているのか，教材がどのような位置と機能を占めているのかを考える必要があります。日本の教育学者や教師たちはこの感覚がまだ弱いと思います。

例えば社会科の例です。社会科教師が教材研究をする場合は，教えるカリキュラムを懸命に準備しています。教材研究によって通常は，教師が教えるカリキュラムだけが豊かになっていきます。しかし，子どもの学びのカリキュラムは貧困なままです。逆の関係に転換する必要があります。

つまり，子どもたちの手元にあって自分で考えることができる資料です。あるいは素材や統計です。むしろ，学びのカリキュラムを豊かにする方法で，カリキュラムをデザインしなければいけません。

今の教師たちが行っている教材研究は、あくまでも教師の活動の準備として行われています。学びが媒介された活動として考えられていないように思います。

## 31 媒介された活動の今後の課題

**佐藤** それと関連して、今後の可能性について言うと、タブレットはとても有効だと思います。最近、学びの共同体を推進している小学校や中学校では、歴史の授業で古文の原史料をよく使います。小学校でも辞書を使って原史料を使います。皆、夢中になります。何が媒介して学びをつなげていくのか、私たちはより媒介を豊かにする学習論やカリキュラム論を考えなければいけません。

子どもたちが手で何をしていたのか、どのような資料からどのようなことを行ったのか、誰とのどのようなコミュニケーションがどのような学びの変化につながったのかの研究です。媒介に注目することはとても重要ですが、そのようなものの見方がまだ定着していないと思うのです。池野先生が言われたようにデューイやヴィゴツキーに戻って、媒介された活動、あるいは学びのカリキュラムを豊かにする方向で考えなければいけないと思っています。

## 32 学習材、資料を使って学ぶこと

**池野** 今、話していただいたことでいくつかのアドバイスをいただきました。最後に言われたことです。最近では学習材という言葉があります。それも本当に学習材でいいのかどうかは分かりません。子どもたちが例えば地理や歴史を素材にして学ぶときに、先ほど明治維新の話であったように、教師はこれとこれを教えたいということがありました。教材、教える材料を準備して、教科書や資料集について考えます。例えば明治維新をテーマとして与えるとき、子どもたちはいろいろな資料を使って学ぶときに、必ずしも教科書でなければいけないわけはありません。

出発点はいろいろでマンガでも構いません。マンガを読むときに、教科書に書いてあることとマンガの表現で違うところを見つければ、それが子どもたちの教材との出会いになると思います。それは結局、学び取った自身が明治維新をどのようにまとめるのか、なぜここにこのような絵や表現があるのかということを見つけることが入口です。そこからどんどんと広がっていき、いろいろなことができるようになると思います。

そのような一定の目的地があって行う場合もあります。目的地は一応、先生側でつくっておくけれど目的地に至る学習、子どもたちの学習は、いろいろな方向で行うことができるように指導案等の準備をします。それは教室の中でも同じように行われていく必要があると思います。佐藤先生が言われた理由は、いろいろな資料集があること、今はITがとても進んでいるので、インターネットを使うこともできることです。ただ、先生側としては、勝手に行っていいのか、一定の目

的地のほうに向かわせるべきなのか，についてです。あるいは，例えば理科や社会科や体育の，学び方に一定の基本的な筋道のようなものが原則論としてあると考えるのか，自由気ままに行うのかについてです。恐らく，自由気ままに行うのは難しいと思います。一定程度の原則論があり，その原則論のようなものが私たちの教科教育の研究だろうと思います。

ただ，それが昔のように，1900年に国民教育をしたことに当てはまるわけではなくて，いろいろなタイプが含まれています。21世紀の中ではどのようにするかについて，われわれ研究者は考えなければいけないと思います。

## 33　21世紀の社会と学習

**佐藤**　そのように思います。21世紀の社会の学びです。大容量の情報の時代，第4次産業革命に入った時代の学び，人工知能やロボット，インターネットによるビッグデータが集積した時代の学びです。例えば，学校で教えている内容のほとんどは，今やスマートフォンで学ぶことができます。

例えば，自動翻訳機，すごく進化しています。学会の翻訳はすべて自動翻訳機で通用するほどになっています。この前中国で英語と中国語とドイツ語が入り交じる国際学会で講演を頼まれ，英語で講演を行いました。スクリーンに字幕で即座に中国語とドイツ語の翻訳が出ます。途中でいいよどむと，今の自動翻訳機は自分で判断して意味が完結しない部分を

消します。文章の意味が完結しなければ出てこないので，話し言葉も書いた文章のように論理的に構成されます。

もちろん日常会話の複雑な文学表現や文学的な表現はまだ先です。でも，そこまで来ています。今の小学校から高校までの英語の教科書の内容の程度であれば，すべて自動翻訳で対応できます。そのシステムが2年以内にスマートフォンに入ります。昔は手で計算していたことが電卓の計算になりました。同じことが英語の会話と表現に起きます。

そのような時代になったときに，今のような英語教育でいいのかということです。今の英語教育のほとんどが無駄になると思います。もちろん英語教育はますます重要になります。新しい質の英語教育が求められているのです。同様のことが社会科の教育でも起きています。スマートフォンで社会のすべての情報や知識が探索できます。今の教科書に書いてある事柄であれば，下手な先生の授業よりもスマートフォンで学んだほうが早く確実な知識を手に入れることができるでしょう。

## 34　学校化した社会の問題点

**佐藤**　そのような時代に，教科や学校教育はどのようにあればいいのでしょうか。これが，今私たちが直面している根本問題だと思います。その上で私の考えを言います。

今は昔と状況が違います。例えば，歴史の知識にしても，私たちは学校に行か

なければ学べませんでした。どきどきしながら教科書を読みました。音楽もそうです。世界の名曲は，学校の音楽の授業でしか聞けませんでした。しかし今や，学校外のほうが知識も情報も豊かです。社会全体が学校化されています。スクールド・ソサエティになり，社会のほうが学校以上に学校になっています。

　私は冗談で言いますが，昔の学校的なものが，今は学校の外にあります。例えば校則による訓練でルールをしっかり身に付けさせますが，企業教育は管理主義なので，昔の学校以上に学校的になっています。

　現代は，過度に学校化された社会の中に，学校が入れ子構造で入り込む構図になっています。その学校で私たちは次世代の子どもを育てています。そのような時代において，教科を見直す必要があります。

　私が一番問題にしていることは，教科学習における理解と探究の関係です。多くの教師は教科教育を理解の目的で行っています。どの子どもにも理解してほしいという切なる願いで行っています。これは善意です。

　しかし，理解に目的を限定する限りは，アクティブ・ラーニングを実践することができません。説明が長くなってしまい，探究の時間が削られてしまうのです。このジレンマに今の教師は立たされています。一方では，しっかりとした理解を形成したい。しかしもう一方では，子どもたちに自ら探究させ思考させたい。しか

し，それで本当に理解が形成されるのだろうかというジレンマです。

　それが今，池野先生がおっしゃった，これだけのことをしっかりと筋道を立てなければいけないのではないか，全く自由でいいのか，という問いにつながっていると思います。

## 35　ベイトソンの学習論

**佐藤**　一つ紹介したいことがあります。1950年代から2000年代まで，グレゴリー・ベイトソンが学習論の論文を3回書きました。グレゴリー・ベイトソンは，文化人類学者で有名なマーガレット・ミードの夫で哲学者です。一方で，生物進化の哲学者です。この三つの論文は難解ですが，かいつまんで説明します。

　ベイトソンは，学びには二種類あると言います。2000年代には三種類あると言いますが，それは後に説明しましょう。その二つは，ラーニングⅠとラーニングⅡと言っています。

　ラーニングⅠを簡単に言うと，教科の知識内容の理解です。知識内容の学びがラーニングⅠです。一次関数のグラフを例に挙げます。一次関数のグラフで関数にはどのような意味があり，$y = 3x + 5$はどのようなグラフになるのか，これを理解する，これがラーニングⅠです。文学でも，宮沢賢治の『やまなし』を例に挙げると，『やまなし』という作品世界を味わって理解する，それがラーニングⅠです。

　ところが，もう一つの学びがラーニン

グⅠにつきまとっています。一次関数の
グラフの場合，ご存じのように一次関数
のグラフの創発者はルネ・デカルトです。
『精神指導の規則』を読んでみてくださ
い。私は高校生のときに読んで，体が震
えるほど感動しました。

　一次関数のグラフは，代数的な問題を
幾何学的にグラフで表現しています。異
次元の量をすべて一元化し，線分で表し
てグラフで表記したのです。高次方程式
もすべて解けるようにしました。われわ
れが解いている代数学，これはルネ・デ
カルトの創発から始まったのです。つま
り，一次関数とグラフの裏側に，数学の
本質があります。これを学ぶのがラーニ
ングⅡです。ラーニングⅠは，知識の学
びです。ラーニングⅡは，知識を支えて
いる学問の学び方，その本質を学ぶこと
です。

　宮沢賢治の『やまなし』を例にして説
明します。私の解釈ですが，宮沢賢治は
すごい実験をしていると思います。つま
り，コンピューターグラフィックスやア
ニメーションのない時代に，言葉で映像
文化を創出しています。すごい実験です。
私が『やまなし』を読むと，彼自身も
「これは２枚の幻灯です」と冒頭に書い
ています。この方法論に感動し学ぶのが
ラーニングⅡです。

## 36　ラーニングⅠ，ラーニングⅡ

**佐藤**　ラーニングⅠは見えます。可視的
で，ビジブルなものです。一次関数のグ
ラフを分かったかどうかは，試験をした

り描かせてみたりすれば分かります。し
かし，ラーニングⅡは見えません。不可
視です。学んだかどうかの確証を得るこ
とができません。インビジブルです。

　私のように早熟な子どもは一次関数を
学んだとき，デカルトの『精神指導の規
則』を読みます。数学に迫ろうとします。
宮沢賢治の『やまなし』を読んだときに
すてきで終わる子どももいれば，『やま
なし』の言葉はすごい力を持っていると，
彼の実験に感動する子どももいます。

　グレゴリー・ベイトソンはラーニング
ⅠとラーニングⅡのどちらが大切かを問
うています。もちろんラーニングⅡです。
ラーニングⅡを学ばない限り，数学のあ
らゆる知識はガラクタだからです。二次
関数の方程式や二項定理や微分積分は一
生使うことはありません。電磁気学を学
ばない限り，複素数を使うことはありま
せん。しかし，ラーニングⅡを学ぶこと
によって，われわれは世界の見方を学び
ますし，あらゆる知識がつながってきま
す。

## 37　ラーニングⅡの現代的な課題

**佐藤**　話を戻します。理解と探究の関係
は，このような問題ではないかと思って
います。今までの学校教育は理解でよか
ったのです。しかし，これからの時代は
探究が中心です。つまり，ラーニングⅡ
を学ばなければ，より知識が高度化し複
合化している時代，人工知能が人の労働
に取って代わる時代において，社会に参
入して活躍できる，あるいは社会を自分

たちでつくることができる市民を育てることはできないと思います。

　先ほど，教科の概念は市民的教養からスタートしたと言いました。これから考えなければいけないことは理解と探究を併せて追求することです。両方が重要です。理解は理解で重要，探究は探究で同様に重要です。そのような教科学習をどのようにすれば準備し実現できるのか。そのような授業や学習を実現できる教師をどのように育てるか。ここが教科教育の研究の一番のポイントだと考えています。

　私たち学びの共同体では，教科書レベルは「共有の課題」として授業前半で行い，後半は「ジャンプの課題」という高いレベルの探究的課題を行います。この方式で，理解と探究の二つを追求しています。

　このような理解と探究の問題について，池野先生はどのようにお考えですか。

**池野**　具体的なところは，私も基本的に同意すると思います。例えば今，グレゴリー・ベイトソンの話がありました。私はそれほどたくさんのことを読んでいるわけではありません。『精神の生態学』を読んでみると，ラーニングⅠとラーニングⅡの関係についてあります。あるいは，理解と探究の関係を一種の入れ子型構造的に考えるのか，連続的なものとして考えるのかについてです。あるいは，探究の中に理解なりが埋め込まれていると考えるのかです。『精神の生態学』を読んでみると，先生はラーニングⅡまで

説明しましたが，ラーニングⅢの無意識的な部分の学習をどのように考えるのかというもう一つの問題があります。それが『精神の生態学』という言葉を使っている理由だと思います。

## 38　現代の教科教育の課題

**池野**　実際に私たちが教科を考えるときに，今までは佐藤先生が言われたように，理解なりそのようなことを，子どもたちに教養として，あるいは国民的教養としてこれだけを与えよう，これだけが必要という考え方でした。その典型的な例が教科書だと思います。その後に，先生がジャンプの課題と言われたようなものがあって，探究的に行おうとあります。しかし，大半は理解のために教科書，教科は使われています。しかし，先生が言われたように，後ろに付け足しとして付いているのではなくて，実はそれができるようになるためにそれを目的にした教科教育や学校教育を目指さなければいけないということが，先生の言われたことです。

　そこは私も同意します。そのときに，そのような理解から探究にいくのか，探究そのものを組織化するのかです。私は関西の出身なので，できないようなアホなことも言います。ゆっくりでしか分からない子ども，知識の生産なり学びが少ない子どもでもできるようなことを，どのように私たちがつくり出すかです。そのときに，グレゴリー・ベイトソンのラーニングⅡのようなものがそれにヒント

を与えてくれるのか，社会的レリバンスのようなものが，社会や生活との関係のように，実態として使われている場面を持ち込み，教科に探究の場面として設定するのか，学問的な本質の部分の探究として設定するのかということが，恐らく大きな分かれ道になると思います。

## 39 ラーニングⅢ，ディシプリン（学問）の構造

**佐藤** 今，おっしゃったように，2000年代に描かれたグレゴリー・ベイトソンの学習論ではラーニングⅢを提示しています。これは非常に厄介な問題です。池野先生は無意識とおっしゃいました。私なりの理解で言うと，ラーニングⅡを教えることができるのは，学問の方法論が安定した時代です。数学はこのようにする，物理学はこのようにする，歴史学はこう学ぶというように学問の方法論が安定している時代です。現代は，そこが大きく揺らいできています。変化してきています。

ディシプリンの構造自体が目まぐるしく変化しています。つまり，基本の構造と枠組み自体が変動しています。それを学ぶのがラーニングⅢです。つまり，ラーニングⅢは学問の前提となっている構造の枠組み自体を問い直します。あるいは，組み直します。

ここからが厄介です。池野先生がおっしゃったように，ラーニングⅠとラーニングⅡの関係をどのように考えるかという問題がまずあります。ラーニングⅢでは，学問の構造が安定性を失って，変動し始めた時代の学びです。トランスディシプリンになり，学問が越境し始め，学問そのものを動かし始めている。この時代にどのように学びを組織するかという問題です。

これについてグレゴリー・ベイトソンは何の答えも出していません。私は今の教師にそれを要求できないと思います。教師はそれほどの学問的訓練を受けていません。むしろ，その前の段階で苦しんでいる状況が現実にあります。

## 40 ラーニングⅢ，キー・コンピテンシー

**佐藤** 最近もう一つ気になっていることがあります。私はラーニングⅢに議論がいくべきだと思いますが，それとは無関係に，「キー・コンピテンシー」が主張されています。アジアのカリキュラム，教科教育はすべてキー・コンピテンシーによるカリキュラム改革です。ラーニングⅢではなく，より単純化されて主張されています。私はキー・コンピテンシーを単純な主張と思っていますが，いきなり教科に当てはめ，ラーニングⅠとキー・コンピテンシーを直結しようとしています。

そうすると，抜けてしまうのが教科の本質であるラーニングⅡです。キー・コンピテンシーで主張されているのは，創造的思考やコミュニケーション能力です。それをいきなり知識の理解と結び付けているのが，アクティブ・ラーニングの現

状です。皆さんはどのように思っている
でしょうか。

　私は学校現場を廻っていて一番思うこ
とは，教師の教科の教養がすごく落ちて
いることです。20年前では，分数で子ど
もがどこでつまずくのか，どのような教
え方がいいかについて，ほとんどの教師
が知っていました。体育のこの題材では
ここがポイントでこのように指導をすれ
ばいいということをほとんどの教師が知
っていました。これが今は現場で消えて
います。伝承されていません。皆さんは，
それを感じませんか。

---
## 41　教員養成の課題
---

**池野**　恐らくそれは大きな問題です。そ
れは大学の教員養成の問題でもあります。
それと，学校現場自体のことがあります。
昔はストーブがあって，そこで次はこの
ようなことを行うというときに，先輩や
年上の先生方からいろいろとアドバイス
をもらいました。まずはこれをしなさい
とか，まずは論文や専門書を読んでから
議論しなさいというようなアドバイスが
あったと思います。

　今はそれが全くなくなりました。今は
自腹でしなければいけません。それがで
きる先生はわずかにいますが，ほとんど
はそれをしません。大学を卒業した時点，
あるいは先生になった時点の基本的で基
礎的な学校的な教養から成長していない
と言いますか，進んでいません。

**佐藤**　例えば今は小学校の教師になろう
とすると，大学で数学を２単位取得する

と免許状を取得できます。週２時間半期
で取るだけです。

**池野**　初等算数です。

**佐藤**　これだけで算数を教えられるでし
ょうか。分数一つ教えることができませ
ん。子どもがつまずいても，なぜつまず
いたのか分かりません。つまり，算数教
材の数学的分析ができません。あらゆる
教科でこれと同じようなことが起きてい
ます。

　一方でアクティブ・ラーニングや探究
学習が出てきています。このギャップを
どのようにして埋めればいいのかという
大問題があります。もう一方で，キー・
コンピテンシーも出てきます。この混乱
はしっかりと整理しなければいけません。

　私の個人的な方略を述べると。まずは
ラーニングⅡを形成する必要があると思
います。キー・コンピテンシーに振り回
されない。ラーニングⅢも検討する必要
はありますが，学ぶ中でぶつかるもので
す。まずは理解と探究のバランスが重要
です。池野先生がおっしゃるように，こ
の関係は複雑です。その複雑な関係の中
でまずは探究的要素をどんどん取り入れ，
教科の本質を取り戻すということを教師
と子どもが一緒に行っていかなければ，
大変なことになるという危機意識が強い
です。

---
## 42　教育研究の課題
---

**池野**　そろそろ時間の後ろが見えてきた
ので，最後の問題にいきたいです。

　今，先生が言われた提案のようなもの

を教育の研究，特に大学なり大学の研究
と結び付けた場合に，二つあると思いま
す。

　教員養成の教育のレベルで，何が新し
いものとして必要とされているのかです。
どうしても制度的に教職課程は決まって
いますが，その中でもこのようなものを
もう一度することについてです。

　例えば先生は教育方法学のような授業
も担当されています。その中で何が必要
なのかについてです。今，例示した初等
算数のようなものについて，教材研究的
な部分で何が必要なのかが一つあります。

　それから，制度的な部分では，教育学
部や今の教職大学院のカリキュラム問題
があります。先生の担当している教育学
があります。マスターやドクターの問題
でも，どのようなことが必要なのかです。
教職大学院問題は置いておきます。今の
学部教育ではどのようなことが必要なの
かについて問いたいです。

**佐藤**　教育学という学問がどのようにあ
ればいいのかという問題があります。教
育学の研究も，私たちが教育学を研究し
始めた時代は，行動科学による因果関係
の分析から質的な研究，関係論的な研究
へと移行する時代でした。行動科学によ
って狭められた教科の概念を拡張し，新
しく再定義して，新しい教育関係を構築
するということを実践的，理論的に行っ
てきました。世界全体の教育学がそうで
した。

## 43　アメリカ教育学会の研究動向

**佐藤**　ところが，最近10年ほど，大きな
変化が起こっています。例えば私も名誉
会員になっているアメリカ教育学会。1
万5000人が加入している世界最大の中心
的学会です。その学会誌の過去の5年間
約50本の論文を読むと，すべて統計学の
論文です。数量とデータと統計だけです。
学校も教室も教師も登場しません。デー
タばかりとって，複雑な統計分析だけを
行っています。驚きます。教育学の学会
誌なのかと疑うような状態です。このよ
うな研究の状況をどのように打開すれば
いいのかについて，私は苦慮しています。
日本の場合は，逆に統計をとっていない
ことが問題ですが…。日本では数量的な
実証が弱いという問題が顕著ですが，世
界的には統計一色になっています。

## 44　研究の課題

**佐藤**　なぜそのようになっているのかを
考えると，二つ問題があると思います。

　一つは，教育学の研究者が叡智（wisdom）
を失っています。知恵と見識を失ってい
ます。読む論文にしても専門の論文ばか
りです。いろいろな学問の教養レベルが
落ちているので，数字にしなければ評価
できません。教育をみる目自体がやせ細
ってしまっています。だからすべて数値
と些末な方法だけに依存しているのです。
これが今の学会誌の現状です。

　この研究状況で，若い人をどのように
育てるのかについて見直さなければなり

ません。しかも，今は研究の評価は点数です。海外誌に載ると何点です。学会誌にどれだけ出したのか。何回のレビュー論文が掲載されたか。これが一番大きな関心になっています。

そのような状況で，ペダゴジーを復権しなければいけません。ペダゴジーとは教育の哲学であり，授業と学びの哲学です。もちろん数学的，統計的な面も必要です。否定していません。でも，ペダゴジーがやせ細ってしまった状況で，いい教師が育つわけがありません。悪戦苦闘していますが，これから必要なことは，現場から学ぶことのできる教育学者を育てることです。現場に指導に行くのではなくて，子どもや教師から学ぶことができる教育学者がどれだけ誕生するかということが，これからの教育の成否を決めると思います。

---

### 45 教科教育の課題

**佐藤** 教科教育が正念場というのは，これだけの情報化社会，知識基盤社会になっているとき，教科の存在価値が問われており，私はその存在が高くなっていると思います。今，池野先生がおっしゃったように，ここでしっかりしなければ，市民的教養は子どもの中に育ちません。歴史の見方，社会の見方，自然の見方の根本的なことが問われています。これは学校以外のどこからも得ることができません。

そうだとすれば，学校がこれを担い，人文社会的な教養や市民的な教養をどう

育てていくかが決定的に重要です。そのために，どのように子どもたちの学びを開いていけばいいのかが問われています。

教材研究の意味が問われています。授業準備としての教材研究はもちろんですが，学びのデザインという考え方が必要だと思います。今は8割が指導案づくりです。学びのデザイン，学ぶことの意味付け，学びの文脈づくりがそれ以上に重要になっています。キーワードは学び，社会的レリバンス，探究，協同，デザインです。これらをキーワードとして，教科教育の研究を見直すことが必要だと思います。

**池野** 今はアメリカの研究について言われました。American Educational Research Associationという団体があります。アメリカ教育学会のAmerican Educational Research Journalという雑誌があります。それを読んでいただけると分かると思いますが，リサーチの部分だけが非常に多くあり，前にあるエデュケーションの部分が出てきません。例えば約10年前に，アメリカは日本のレッスン・スタディーに影響されましたが，それも学会誌のレベルではほとんど出ませんでした。でも，日本の教科研究でも教科教育でも教育学の全般でも，授業研究は学校の中の核になっている部分だと思います。そのようなものをどのようなかたちで進めていくかです。

佐藤先生が言われたように，その中で実際に先生方に，何を，どのようなことを，私たち教科教育研究者は提供できる

のかについてです。そして，これからの教育学について，最後に先生方にいくつかのキーワードを教えてくださいました。それ以外にも，例えば研究的な部分があります。あるいは，学校の中の先生方がこのようなことをすればいいのではないかという，いくつかのアイディアがあれば，最後に教えていただくとうれしいです。

**佐藤** むしろ池野先生に聞きたいです。私は単独で行ってきました。自由に行わせてもらいましたが，その弱点もあります。異質な人たちとのコラボレーションを，より大切にしなければいけないと思います。

さらに教科教育を考える場合，例えば数学教育であれば物理学者がいます。越境し合うことが必要です。体育教育であれば，舞踊やダンスや演劇のような身体芸術の広がりがあります。そのような越境した共同研究を私たちはより行わなければ，豊かな学びをつくることができないと思います。

## 46　教科教育に関するこれまでの挑戦

**池野** ある時期に宮城教育大学が中心になって，横須賀薫先生が中心だったと思いますが，教育学に教科教育が組み込まれました。体育のように，各教科の中で，まずは何が周辺領域としてあって，どのようなものを持ち込めばその教科が豊かになるかについてです。豊かになることは，研究の豊かさではありません。本来は子どもたちの側の豊かさにつながらな

ければいけないと思います。学び手である子どもたちが，どのようなことをどのようなかたちで獲得できるかです。

あるいは，今，佐藤先生が言われた探究のかたちで進めたときに，ラーニングⅡだけをするのか，ラーニングⅡを含めてどのようなものがあるかです。ラーニングⅠやラーニングⅢにもあるかもしれません。そのようなものを身に付けることができて，それが子どもたちの側に，学校の中で学んだことがどのように意味付けされるかということも大事だと思うこともあります。もしもそのような観点から見た場合についてです。

**佐藤** ラーニングⅡの学び方は，実際には多様だと思います。あまり現象的に考えないほうがいいと思います。

## 47　ドイツの歴史教育

**佐藤** 私が衝撃を受けたことがあります。ドイツの歴史教育です。ドイツの歴史教育は史料批判しか行いません。テキスト・クリティークです。つまり，生の資料をみて，そこのカラクリを見破る批判的な思考です。

例えば有名なナポレオンの戴冠式を描いたダヴィッドの絵があります。あの絵には三つか四つ嘘が描いてあります。それを生徒たちに発見させます。そこから歴史背景等を感じ取らせます。もう一つ例を挙げると，十月革命で演説をする有名なレーニンの絵があります。あれは嘘です。レーニンが十月革命のときに亡命先から帰ったときは，メンシェヴィキが

支配していて，ボリシェヴィキのレーニンの演説は4，5人しか聴衆がいませんでした。レーニンの偉大さは，その状態で革命を予見していたことです。

あの絵はスターリンが自分の体制を強化するために嘘の絵を描かせたものです。このようなことを生徒に発見させて，批判させます。

ドイツはナチスによって嘘の歴史を教えられてきたことを反省して，このような歴史教育を行っています。私はこれも一つの歴史教育の在り方だと思います。

## 48　教科教育の研究課題

**佐藤**　そのように考えたときに，教科教育において挑戦する実験はまだ行っていないと思います。狭い考え方の教科教育に，まだとらわれていると思います。

教科の本質や教科の学び方について新しい考え方を創出する必要があります。これだけの各教科教育の研究の蓄積がありますから，より大きな挑戦をこれからはしてほしいです。池野先生も私も同じ世代ですが，若い研究者たちは多いですから，いろいろと挑戦してほしいと思います。

**池野**　まだ話し足りないことはたくさんあると思います。聞き足りないことも多々あると思いますが，ここで閉会の言葉です。先ほど，角屋先生が言われたように，これは『教科とその本質』という本をつくるための一つの場を設定しました。第1章に当たる部分を先生と私とでつくるために行いました。その責任者の

草原先生に御礼の言葉を含めて，最後の言葉をいただきたいと思います。

## 49　まとめ

**草原**　1時間半があっという間に過ぎてしまいました。日本教科教育学会の研究企画を担当している草原です。私が言葉を重ねることもないと思いますが，多くの方に刺激に満ちた時間となったはずです。今日の対談は佐藤先生の違和感からのスタートでした。物事を考えていくときのきっかけになるものが，何とも言えない，言葉にできないわだかまりであることは，納得できるところです。

ここに集まっている皆さまは教科教育を専門とする研究者が多いでしょう。私もその一人です。こんな私にもずっと違和感とわだかまりになっている私をつき動かしてきた論点があります。それは教科を英語でどのように表現するかという問題です。多くの論文をみると，スクール・サブジェクトと書いています。サブジェクト，あるいはサブジェクト・マターと書いてもあります。これが私の教科教育に対する違和感の始まりであり，教科教育学を志したきっかけでもありました。

極端なケースでは，教科をスクール・ディシプリンと表現している場合もあります。逆にラーニング・サブジェクトとする場合もあります。私が一番しっくりするのはカリキュラムです。ソーシャル・スタディーズ・カリキュラム，サイエンス・カリキュラムと具体的に表示す

るのが，一番すっきりとくると思っています。訳語をどう当てるかは，その人の教科教育学思想が如実に表れるところです。次に出版する『教科とその本質』という本のタイトルを，英語でどのように表現すればいいのだろうと考えながら，私は今日の対談を聞いていました。

　他にもフロアの先生方にはいろいろと引っかかるポイントがあったと思います。私が一つのメタファーであると同時に，大事な視点だと感じた箇所があります。

　地図のたとえ話です。デューイを引きつつ，地図を持って旅に出るという話が出ました。一体，これからの21世紀は，何を核にして，教科をつくっていけばよいのでしょうか。地図を持って旅に出ること以外にも，いろいろな媒介物をもって出かけることが考えられます。例えば，楽譜でも，フラスコでも，種でもいいです。岩石やグラフや小説でもよいでしょう。いろいろな媒介するものが教科を構成する軸になります。ただ正直，これも安易でありきたりで古くさいと思っている面もあります。

　恐らく池野先生も佐藤先生も共有することは，地図を持って旅に出るにあたって，行き先を共通にすることは否定している点です。皆がロンドンに行こうという学びはやめましょうということです。それは20世紀の近代国家型の教育の在り方だったわけです。

　一方で，何のために旅に出るのかという問題があります。そもそも，今の多くの子どもたちは旅に出たくありません。

でも，恐竜を学べるならばイギリスに行きたい子ども，オペラを観るためならばイギリスに行きたい子ども，議会政治を知るためならば，ヒースの妖精を知るためならばロンドンに行きたい子どもがいます。そのような個人的レリバンスや社会的レリバンスも，教科成立の重要な根拠となるでしょう。自分と対象との関わりの中で教科をつくっていく可能性です。同じ「イギリス科」でも学び方は多様に分化してもよい。

　子どもが目的地を自由に決めてもよいでしょう。ロンドンとニューヨークとケープタウンに行きたい子で，新しい教科をつくっていく可能性です。目的意識を共有した「自由植民科」です。そもそも，これからは直接に行かなければいけないのかという問題も出てきます。バーチャルを基盤とした新しい学習空間が誕生するかもしれません。

　地図を持って旅に出るというたとえ話から，これからの21世紀はどのような教科を，なにを軸にしてつくっていけばいいのかについて，私はいろいろと考えさせられました。媒介物だけでなく，学習対象としての関わりや自己の関わりを軸にして，または目的意識の共有を軸にして教科が成立してもよいはずです。これから出版する『教科とその本質』という本で，先生方からいろいろな提案が出てくることを強く期待します。

　最後です。どなたも言わないので，私が言わなければいけないと思っていることがあります。この対談企画が生まれた

歴史的経緯についてです。私はそこから逃げたくないと考える一人です。教科教育学は必要かという問いに対して、佐藤先生は最後に新たな答えを示してくださいました。

　すなわち、教科教育学はますます必要とされてくるのではないか、新しい学問の姿をあなたたち自身がしっかりと提案しなければならないのではないかと。それはサイエンス化するだけではなくて、よりペダゴジー化、あるいは哲学化していく道もあるよ。もっと学びのデザインを考えていきなさい。教科の意味付けや構造をしっかりとつくって提案していきなさいと。これが各教科の教育学が唯一、生き残っていく可能性を秘めた領域ではないのかとヒントとエールを送ってくださったと受けとめています。

　佐藤先生には、われわれが社会的、あるいは国際的に教科教育学の価値をどのように発信していけばよいかについて、一つの方向性を示していただきました。あれから何年とはあえて申しませんが、教科教育学を取り巻く情勢が大きく変わってきた中で、教科教育学を再構築していく道筋を具体的に示していただいたと思います。

　二人の対談を私たちは自分自身でしっかりと受け止めて、教科教育学と教科の在り方を引き続き探究していくことは、私たちに課された、大事な責任です。今日は非常にたくさんのインスパイアを与えていただきました。佐藤学先生と池野範男先生に感謝します。

# 第 2 章
# 教科の役割と意義を考える

　本章の1～3節では，教科の枠組みやそれを変化させる要因を理解するための基本的な情報が提供される。続く4節では，7カ国を例に，教科編成のダイナミズムを検討するための具体的な情報が提供される。

　教科のシステムや個々の教科の指導内容は，変化し続けている。この変化は，教育課程を方向付ける理念やそれを規定している現実的諸条件，教科指導の成果の評価システムにより方向付けられる。教科設定の背景に存在する問題認識やその運営条件，成果に対する評価が異なれば，具体的な教科の姿は異なってくる。この点は，1～3節を踏まえ，4節を個々の国の話では無く，国を超えたシステムの話としてみれば，教科編成のダイナミズムがより浮かび上がろう。

　これらの情報を踏まえれば，日本の教科システムはどのように見えるのか。このような観点から本章を読み解き，自身ができることを検討して欲しいものである。

# 第1節　教科とは何か，どのようなものか：教科の定義

1　教科は，学校教育の目的を達成するために組織される教育課程（curriculum）の編成の構成要素となって構造を与えるもので，児童・生徒に教える知識・技能等の教育内容を，教育的な観点から系統立て組織した領域群である。

2　わが国の場合，教科は，教育基本法及び学校教育法に示された教育目的・目標の達成のための教育課程編成の構成要素として，学校教育法施行規則で規定される。

3　科学的研究の対象としての教科は，学校教育のシステムの中に位置づけられた価値付加を伴う（value-laden）営みのための枠組みであるととらえることができる。

キーワード：「人間形成」「教科論」「陶冶的価値」

## I　教科等の存在根拠と意義

用語「教科」は，辞書的には，例えば「生徒に教えなければならない知識技能を教育的な観点から系統立て，組織した教育内容の領域をいう。教科全体を総称してよび，各教科を教科目と区別してつかう場合もある」（『現代教育用語辞典』第一法規，1985，p.131）と説明される。教えるべき内容を，学問体系を根拠にいくつかの領域に分ける考え方は，古くはギリシャ・ローマ時代の7自由科にまで遡ることができる。

教育内容の系統化や組織は，様々な立場から行いうる。そのため，学問体系から教育内容の分類の観点を提供する「親学問」と，学習者である児童・生徒の生活との間の位置によって，教育課程は様々な特質を持ちうる。例えば，戦後の「生活単元学習」期と理数教育の現代化が世界的に波及した1960年代以降では，教育課程の根拠となる教育思潮が異なっていた。それに伴い，教育課程における教科の位置付けと役割も異なっていた。

教科は，学校教育の目的を達成するために組織される教育課程（curriculum）の編成に構造を与えるもので，児童・生徒に教える知識・技能を教育的な観点から系統立て組織した教育内容の領域である。

わが国の場合，教科は，教育基本法及び学校教育法で示された教育目的・目標の達成のために編成する教育課程について，学校教育法施行規則で規定される枠組みとその各構成要素である。つまり，教科は，総合的な学習の時間や特別活動等とともに，教育課程の編成のための枠組みとして機能する。

## II　教科の新設や解体，統合にみる時代性

学校教育における教科の位置や役割は，その時代の教育課題と相対的であるとも

言える。例えば，SDGs（Sustainable Development Goals，持続可能な開発目標）が課題となっている現在の社会では，環境，貧困，エネルギー，福祉，ジェンダー等，従来の教科の枠組みにそのままでは収まらない諸問題が山積している。また，学校教育には，このような問題に対する鋭敏な意識と問題解決能力を身に付けた児童・生徒の育成が求められる。

　このような学校教育を取り巻く社会の変容に対し，従来も新しい教科の開発研究が行われてきた。例えば，変化の激しい社会に対応する教育を意図して「総合的な学習の時間」が導入されるに先立って，研究開発学校を中心に新教科の探究が行われた。そこでは，「地域・環境科」「国際体験科」「表現科」等，新しい名称とねらいを持つ教科を含む教育課程の開発が試みられた（清水・村上，1997）。

　この総合的な学習の時間の導入にあたっては，国際理解，情報，環境，福祉・健康等が学習の内容として例示された。2003（平成15）年度に高等学校で新設された教科「情報」は，このような時代の変化に対応する新教科の代表例である。

　一方，1987（昭和62）年12月の教育課程審議会「答申」では，小学校低学年の社会科は廃止されて「生活科」となり，高等学校の社会科は「地歴科」「公民科」に分離解体された。

　このような教科の新設，解体や統合にみられるように，その時々の教育に対する社会的要請や教育思潮の変容等とともに，教科の対象とする内容領域やねらい，

区分自体が変わりうる。2016（平成27）年3月に，学校教育法施行規則の一部が改正され，「特別な教科としての道徳科」が新設されたのもこの例である。

## Ⅲ　研究対象としての教科の特質と教科教育研究

　上述のように，教科は，社会・文化的な背景を持ち，教育関係の法規や教育政策に従って行われる学校教育のシステムの中に位置付けられている。また，教育目標の達成のために法的拘束力を持って運用される学校教育法施行規則と学習指導要領の総則で規定され，各教科の内容がそれに従う。したがって，研究の観点からみると，教科教育自体が，価値付加を伴う（value-laden）営みである。

　社会学者のバーンステイン（Bernstein, B.）は，文化とその伝承を「類別（Classification）」と「枠付け（Framing）」とで特徴付けたことでよく知られている。科学的研究の対象として捉える教科は，このような「類別」や「枠付け」の機能に着目しつつ，社会的な力学の中で検討されるべき研究対象であるという特質を持っている。

（清水美憲）

**引用・参考文献**
バーンステイン・B（1985）萩原元昭（編訳）『教育伝達の社会学―開かれた学校とは』明治図書.
日本教科教育学会編（2015）『今なぜ教科教育なのか―教科の本質を踏まえた授業づくり』文溪堂.
日本教科教育学会編（2017）『教科教育研究ハンドブック―今日から役立つ研究手引き』教育出版.
清水美憲・村上豊（1997）「新しい教育課程の開発に関する研究の動向と問題点」『日本教材学会年報』8，5-7.

## 第2節　学校において，教科がなぜ必要とされるのか
## ：教科の存立根拠

1　学校教育においては，教育の目的を達成するために，意図的かつ計画的に教育活動を展開するための教育課程を組織する必要がある。教科は，教科外活動と併せ，その教育課程の編成において欠かせない教育活動の枠組みを提供する。
2　教科は，その教科の内容が持つ陶冶的価値，実用的価値，文化的価値等を基礎として，学校教育の中核にある人間形成において中心的な役割を果たす。
3　教科の存立根拠は，学習者に対し，その教科の本質に関わる固有の「見方・考え方」を働かせながら学ぶ場を提供し，人間形成に寄与する点にある。
キーワード：「人間形成」「見方・考え方」「資質・能力」

### Ⅰ　人間形成における教科等の意義

　教科教育の営みには，一般に，当該教科の内容そのものを教えるという意味と，その教科の内容を通して教えるという両方の意味が含まれる。前者では，その教科の教科内容そのものの価値が問われることになり，後者では，それに加えてその教科の学習を通してこそ期待できる陶冶的な価値が問われる。

　各教科において育成を目指す資質・能力は何か，またその教科だからこそ育成できる資質・能力は何か。このような問いは，人間形成における教科の必要性と存在の意義を問う根源的な問いである。

　この問いに答えるためには，人間形成上その教科が果たす役割と意義を，教育的観点から明らかにする必要がある。各教科が人間形成上果たす役割とその意義は，陶冶的価値，実用的価値，文化的価値といった観点から多面的に検討する必要がある。そのためには，教育の目的からみてどのような資質・能力を育成できるかを明らかにしておく必要がある。

### Ⅱ　教科の本質に根ざす「見方・考え方」の意義と教科の陶冶的価値

　教科が果たす役割やその教科の価値を検討する場合，教科全体の構造を捉えておく必要がある。また，各教科の内容についても，それらが全体としていかに役割を果たすかを確認する必要がある。

　そのような教科の役割については，様々に論じられてきたが，ドレクスラー（Drechsler, J.）の人間学的観点からの分類がよく知られている（高久．1968）。

　ドレクスラーの「教科組織」は，全人格的な「哲学―宗教的なもの」の下に，「言語―文芸的なもの」「歴史―政治的なもの」「数学―自然科学的なもの」という認識的活動を中心とする教科分類基準が置かれ，これらは「技術的なもの」「芸術

的なもの—体育的なもの」「工作的—造形的なもの」という情意的活動や技能的活動が中心の教科分類基準を下位に従える。

この分類では，認識的活動，情意的活動，技能的活動を視点として，各教科が果たす役割から教科存立の意義を考えることができる。例えば，「言語—文芸的なもの」を主として扱う国語科では言語の教育を通して，また，記号の操作や論理を扱う数学科では数量図形の考察を通して，論理的な思考力や表現力の育成を担う。各教科は，その陶冶的価値を基礎として，それぞれ異なる役割を果たし，全体として人間形成に寄与する。

今日的な「資質・能力」論では，教科等を横断する「汎用的な能力」と，各教科の特質に基づく固有な資質・能力や知識等の区分が検討されてきた。実際，2017（平成29）年改訂の学習指導要領の検討のための「論点整理」（文部科学省，2014）では，教育課程の在り方が検討され，まず子どもたちに育成すべき資質・能力を明確化した上で，各教科等の目標・内容が精査された。

そして，育成すべき資質・能力に対応し，教科目標・内容を，次の三層で再検討することの必要性が指摘された。

ア）教科等を横断する汎用的スキル（コンピテンシー）等に関わるもの

イ）教科等の本質に関わるもの（教科等ならではの見方・考え方など）

ウ）教科等に固有の知識や個別スキルに関するもの

この三層のうち，特に，第二層の教科等の本質に関わる「教科等ならではの見方・考え方など」は，その教科固有の教育的価値の根拠となり，「見方・考え方」の意味と意義を明らかにすることが教科の存立基盤を確認することになる。

## Ⅲ　文化的伝承の必要性

「数学とは必然的結論を導く科学である」というアメリカのプラグマティズムの哲学者C.S.パースの有名な言葉がある。これは，前提から論理的推論によって結論を導くことを中核とする数学の特質を表現したものである。この数学の特質を体現するものの代表は，紀元前3世紀頃につくられたと言われる『ユークリッド原論』である。この『原論』で公理的体系として整理された平面幾何学，比例論，無理数論などは，その後の数学の発展の基礎となり，学問体系の典型とみなされた。それは，ニュートンの『プリンシピア』の物理学の公理的な体系にも影響しているという。

このような数学や自然科学に限らず，それぞれの学問分野の進展は，偉大な先人の努力の蓄積を基礎として成り立っており，人類がつくり上げてきたこのような文化的な産物を，次の世代に引き継ぎ，さらに発展させていくことも，教科が担う重要な役割である。　　　（清水美憲）

**引用・参考文献**

文部科学省（2014）「育成すべき資質・能力を踏まえた教育目標・内容と評価の在り方に関する検討会—論点整理—」．

高久清吉（1968）『教授学—教科教育学の構造—』協同出版．

# 第3節 なぜ各教科等における領域や区分はあるのか

1 各教科等がそれぞれの「親学問」に由来する固有の教育的価値と，学校教育において人間形成上果たす役割によって，教育の目的を達成するための各教科等の領域や区分が決められる。
2 各教科の内容は，当該教科内でも異なる考察対象とその研究方法を反映するため，教科内容の編成において，各教科等内においても領域や区分を設定する必要が生じる。
3 近年では，従来の教科内容の領域・区分に加え，問題解決や探究過程を具体化する活動のプロセスに焦点化した領域の設定も行われるようになっている。
キーワード：「教科の領域」「問題解決学習」「活動・方法の領域」

## I 教科における領域・区分の必要性

各教科等を設定する際には，教科教育の営みを，教科全体の構造から捉えることが重要である。また，それぞれの教科等の内容についても，その全体の構造があり，全体として人間形成上の役割を担っているため，教科の領域・区分が重要な意味を持つ。本章第1節で，過去にみられた教科の新設，廃止や統合，あるいは新教科設定の研究等について言及したが，教科の編成や教科間の関係は，その時代の教育課題に対応して常に検討されなければならない性格を持っている。

一方，各教科等の「内部」においても，その教科等の領域・区分が設定される。例えば，自然科学や数学では，「親学問」において多様な研究対象を持ち研究方法も異なるため，それが教科の領域・区分に反映される。例えば，中学校理科における第一分野や第二分野はそれぞれ，物理学・化学，生物学・地学を中心に設定され，扱われる対象も重点が置かれる観察や実験の方法も異なっている。

## II 教科の枠組みと必修・選択教科

学校教育の目的を達成するために組織される教育課程編成においては，教科全体の構造をどのように把握するかが重要である。教科全体の構造の中での位置付け次第で，教科の扱う内容は教科内の領域や区分も変わりうる。

例えば，戦後の生活単元学習期に顕著であったように，国語科や算数・数学科のように基礎的な機能を陶冶するための用具教科，社会科や理科のように社会や自然界の現象そのものを対象とする内容教科，そして音楽科や図工科のような表現教科や技能教科を分けて捉える考え方がある。また，この経験主義的教育思潮に基づく問題解決学習が重視された当時は，例えば算数・数学科には，「問題解

決」という領域が設定されていた。

　さらに，昭和26年学習指導要領（試案）では，必修教科と選択教科も設定され，国語，社会，数学，理科，音楽，図画工作，保健体育，職業・家庭の各教科は必修教科，外国語，職業・家庭，その他の教科は選択教科とされ，ホームルーム，生徒会，クラブ活動，生徒集会を含む特別教育活動とで全体の教育課程を編成するようになっていた。

　その後も，各時代の社会からの要請と教育課題に対応し，教科等の全体をどのように組織して領域や区分を設定するかについては，様々に変遷してきた。第1節で言及した生活科の新設や総合的な学習の時間の設定，特別の教科としての道徳の設定等は，その顕著な例である。教育基本法や学校教育法，そして教育政策に基づいて公示される学習指導要領は，このような教科等の設定における領域や区分の法的な根拠を与えている。

　教科教育研究は，このような法的区分や政策とは独立に，教科の領域や区分を研究することが課題である。その際，中原（2017）が指摘するように，教科教育学が，各科教育学の集合体なのか，それらを超えた一般性のあるものなのかも問われることになる。

## Ⅲ　活動・方法の領域への焦点化

　高度に情報化・グローバル化し，予測を上回る速さで日々変貌を遂げている現在の社会では，従来とは異なる教育課題が顕在化している。実際，予測不可能な社会変化に主体的に向き合い，その過程で，自らの可能性を発揮し，よりよい社会を創造する構成員になるための力，自らの人生を豊かなものにできる力を身に付けるための教育課程を編成することが求められている。

　このような状況下で，各教科において，問題発見や解決の過程，問題発見と探究の過程等を教育課程に位置付けることが意図されている。

　このような活動のプロセスの教科内容への位置付けも，今後検討されていく重要な観点である。例えば，算数・数学科では，「数学的活動」を領域として設定し，教科内容と関連させて活動を指導することを意図している。

　教科の学習において活動や思考に関わる過程や方法（プロセス）は，（「～の指導を，活動を通して行う」というかたちで）指導の方法に関わるものとして位置付けられてきた。あるいは，ある指導内容の学習に埋め込まれるかたちで示されてきた。教科の領域や区分を検討する上で，このような活動・方法の領域をも考察対象とする必要が生じている。

　　　　　　　　　　　　　　　（清水美憲）

**引用・参考文献**

深澤広明（2017）「教科教育学と教育学」日本教科教育学会編『教科教育研究ハンドブック―今日から役立つ研究手引き』教育出版.

中原忠男（2017）「教科教育学とその課題」日本教科教育学会編『教科教育研究ハンドブック―今日から役立つ研究手引き』教育出版.

日本教科教育学会(2015)『今なぜ，教科教育なのか―教科の本質を踏まえた授業づくり』文溪堂.

## 第4節　21世紀の教育において教科等はどのような役割と意義を果たすのか：教科の現代的意義　　　　（1）　日本

> 日本における教科の存立理由とその語り方は，転換期にある。従来は，既存教科の存在を前提に，各教科がそれぞれの特性を発揮できる程度の地位を要求し合う「分化・統合パラダイム」が支配的だった。今後は，教育課程全体の目標に対するコミットの程度に応じて各教科に地位が付与される「中核・連携パラダイム」に移行するだろう。21世紀の教育課程は，①これからの世界のヴィジョンやそれを実現する倫理・ルールを他者と協働してデザインすることを学ぶ中核的な教科と，②それに資する多様な見方・考え方を学ぶ連携的な教科との，それぞれの相互作用的な関係で成立するのではないか。
> キーワード：「見方・考え方」「パラダイム転換」「分化・統合」

### I　今なぜ「見方・考え方」か

平成29年度版の学習指導要領では，「見方・考え方」が強調された。多様な見方・考え方の存在こそが諸教科の役割を証明するものとして，それを明示することが期待されたのである。

実際のところ，上のような動きを受けて，教科の専門家は見方・考え方の定義とその使い方の議論に翻弄されてきた。これは実践的な課題に応えるという点では現実的で効果的だった。しかし，学術的な関心から見たとき，見方・考え方の中身以上に，今なぜ見方・考え方が問われなくてはならないのか，その理由や意味こそが問われるべきではないか。なぜなら，近年教科の存在証明の仕方が原理的に転換しつつあり，それが見方・考え方の明確化を促していること，また見方・考え方の議論は，既存教科の機能の見直しにとどまらず，教科の再編と新教

科の立ち上げに向けた前哨戦に位置付いていると目されるからである。

そこで本稿では，第一に，見方・考え方をめぐる教育言説の系譜を，それが学界で長く議論されてきた社会科を事例に整理する[1]。第二に，各教科の機能が強く投影された見方・考え方をすべての教科で明確化していくことの意味を，教科の語られ方のパラダイム転換を視点に論ずる。そして最後に，パラダイム転換が求める教科の現代的な機能を展望したい。

### II　「見方・考え方」の系譜

#### 1．教科が直面する課題の克服

見方・考え方は，決して新しい概念ではない。とりわけ社会科では，その時々の教科が直面する実践的・原理的・政策的な課題を受け止め，乗り越える方略として，多様な文脈で使われてきた。すなわち，「見方・考え方」成立の経緯と意味は必ずしも一枚岩ではないし，それは他

教科においても同様であろうと推察する。

　そこで以下では系譜を異にする三つの見方・考え方を取り上げ，それが提起する教科の成立根拠を示す。

## 2．事実的な知識の網羅に抗して
### —教科内容の構造化—

　第一の系譜は，教科内容が個別的な人名や地名，出来事の網羅に陥っていると批判し，知識の精選と教科内容の構造化を進めてきた言説群である。科学教育論の立場から教育内容の見直しを提起した森分 (1978) は，転移可能な概念的説明的知識のことを「社会のみ方考え方」と名付けた (p.103)。例えば，製鉄業が盛んな都市として，北九州や福山，君津の都市名を覚えさせるのではなく，これらの都市に共通する工業立地の一般原理として「製鉄業は原材料の輸入に便利で，広い土地が確保できる臨海部に立地する」を探求させるべきと説いた。

　科学教育論と市民性教育論を架橋する立場から教科内容を整理した岩田 (1993) は，見方・考え方を「社会的見方」と「社会的考え方」に区別し，前者を事実関係的知識に，後者を価値関係的知識に振り分けた (p.53)。後者については，「製鉄所ができると働く場が増えるので，地元に誘致すべき」「製鉄所ができると空気や水が汚れるので，地元に誘致すべきでない」，このような価値命題を子どもの選択と判断を通して習得させようとした。

　経験主義の立場から社会科と生涯学習の架橋に努めた小原 (1998) は，森分や岩田らが重んじた知識命題を「内容的な見方・考え方」に偏ると批判。21世紀はこれらの知識を子どもが自ら学ぶための「方法的な見方・考え方」が重要になると述べた (p.10)。すなわち，事実的知識を獲得する情報の送受信の方法，概念的知識を身につける理解や説明の方法，規範的知識に達する問題解決や意思決定の方法である。授業ではこれらの手続き的知識を中心に習得させることで，学び続ける力の源泉としようとした。

　上の所論に共通するのは，見方・考え方を，子どもに外在する客観的知識の体系として語ってきた点にあろう。この立場からすると，現代社会の仕組みや課題を知る・分かるという崇高な教科目標の下に選ばれた概念・価値や方法を教科内容とするのが社会科であり，そこで保証される知識＝見方・考え方の社会的な有用性が，安定して必須な教科の地位を求める拠り所ともなっていく。

## 3．客観的知識の教授に抗して
### —構成主義的な目標と評価法—

　第二の系譜は，教科が客観的知識を授ける機能からのみ語られることを危惧し，構成主義の視点から教科論の再編を試みた言説群である。シティズンシップ教育の立場から教科目標の見直しを図った池野 (2013) は，個々の子どもが社会について有する観念を「パースペクティブ」と称した。また授業は，この子どもに備わる認知的な枠組み＝「社会的な見方・考え方」を高めていく場とすべきと論じた

(p.83)。例えば，「水」という対象は，水道水等の実在物として理解するにとどまらず，自治体が組織的に供給する生産物として，住民に等しく供給される公共財として，さらには世界各地の人間の生存を脅かす安全保障上の資源としても意味付けられることを，自己との関わりにおいて捉えさせようとした。

本論は1951年版「小学校学習指導要領社会科編（試案）」が示す「見方考え方」論とも思想を近くする。同試案は，社会科の目的を「児童の，人間生活，社会生活に対する見方考え方を確立させること」に求めた。それは「１年生には１年生なりの，６年生には６年生なりの人間観・社会観」であって，「単なる知的な理解事項でなく，態度の根底となるものであり，見方によっては能力ともいえるものである」と述べた（文部省，pp.2-3）。

上の所論に共通する見方・考え方とは，子どもの心の内側に由来する社会を○○として捉える枠組みのことであり，それを子どもの成長に沿って繰り返し再構築させることが，知識・態度・能力の一体的な成長につながるという考えであろう。このような子どもの全人的な成長に対する貢献が，教科の地位向上を要求する根拠ともなっていく。

## 4. 自教科の衰退に抗して
### ―教科固有の認識の視点と方法―

第三の系譜は，隣接教科の台頭に反して自教科の価値が相対的に低下していくことを危惧し，その存在意義を認識論の視点から主張する言説群である。他教科とは異なる独自の対象の「捉え方」「分かり方」の存在を主張し，政治的承認を得ようとする際に根拠とされるのが，科学者集団の合意である。社会科のような学際的教科の場合，その根拠は，地理学，歴史学，政治学・経済学等が確立してきた視点と方法に求められることになる。

例えば，地理教育の衰退を憂い，米国地理学会が地理学の分かり方と社会的な有用性を宣言（宣伝）した地理教育ガイドライン―いわゆる五大テーマ―は，その典型だろう（中山，1991）。この五大テーマは，1993年に成立する地理教育国際憲章に継承される。関係者で合意された「位置」「場所」「人間と自然環境との相互依存関係」「空間的な相互作用」「地域」の各視点とそれを捉える方法は，わが国の学習指導要領の地理的な見方・考え方の基盤となっている。なお，歴史教育においても，英国を中心に類似の概念が提起されている。例えば，歴史解釈のつくり方の視点と方法を表した「根拠・史料」「変化と持続」「原因と結果」「歴史的意義」などの「二次的概念」は，日本でいうところの歴史的な見方・考え方に相当しよう（草原・川口，2018，pp.124-125）。

これらの所論に共通するのは，見方・考え方を，学芸に由来する視点と方法に求める点にある。この立場からすると，教科は親学問または親芸術との関係性を抜きに語ることはできない。学芸の構造から導かれる概念と方法＝見方・考え方を教育的に加工して教えることは，教科

の目標・内容そのものなので，この関係性はカリキュラムの構造をも左右する強固な根拠となっていく。

## Ⅲ　教科の語られ方のパラダイム転換

### 1．見方・考え方と教科の存在理由

　社会科を例にした見方・考え方の系譜から分かることは，①見方・考え方の意味の一意的な確定は難しいこと，そして②見方・考え方の捉えと教科存立の説明のロジックは連動していることである。

　改めて論点を整理したい。Ⅱで紹介した三つの見方・考え方とは，

　　Ａ：教師の認識・実践の枠組み

　　Ｂ：学習者の認知の枠組み

　　Ｃ：科学者の研究の枠組み

であり，また教科の存立を主張するために，見方・考え方を通して，

　　Ａ：現代社会の課題に応える

　　Ｂ：子どもの成長を支援する

　　Ｃ：学問の概念・方法を継承する

ことが意図されていた。

　もちろんＡ－Ｂ－Ｃの立場はきれいに峻別されるものではない。本稿では理念型の事例の系譜をたどったが，実際の諸言説は相互にオーバーラップし，他の論のよさを取り入れながら，様々な教科の在り方が提唱されている。

　問題は，特定の教科では活発に議論されてきた見方・考え方という概念や論点が，今なぜすべての教科に飛び火するようになったかであろう。

　実際のところ，戦後の教育課程の議論では，社会科や家庭科のように人為的か

つ政治的に創出された教科を除くと，教科の存立が本格的に問われることは稀だったのではないか。しかし，教科を越えた汎用的能力の存在やその育成が問われるようになって，従来までの議論の構図は大きく転換を迫られている。

### 2．分化・統合パラダイム
#### ―教科内での漸進的教育改革―

　教科の存立の語り方の転換を表したのが，図１である。戦後の教科の在り方をめぐる議論は，勝田・梅根論争に象徴されるように（船山，1963，pp.95-108），既存の教科目が教育課程の中で担いうる責任や範疇を質・量ともに拡大し，他の教科目を巻き込んで合科・統合に向かうのか，あるいは責任や範疇に限定をかけ，教科内部を質・量ともに分割し，独立・分化を進めるのかの議論だった。いうならば，教科という神々が互いに存在と覇権を争

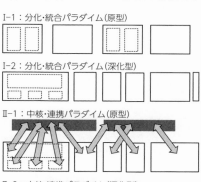

Ⅰ-1：分化・統合パラダイム(原型)

Ⅰ-2：分化・統合パラダイム(深化型)

Ⅱ-1：中核・連携パラダイム(原型)

Ⅱ-2：中核・連携パラダイム(深化型)

**図１　教科課程の成立パターン**

う水平的な闘争だった。

　統合化の例としては，社会科における現代社会，理科における理科Ｉ，公民科における公共など，複数の科目を横断するかたちで生まれた新科目がある。教科を横断して統合に及んだ例としては，小学校の生活科が挙げられるだろう。一方で，教科が実質的に分化した例には，高校の地理歴史科と公民科がある。なお，各教科の内部では，科目間の分割集合が繰り広げられてきたことは周知のとおりである。

　このように各教科がその存在の必然性と正当性を要求する議論の様式を，「分化・統合パラダイム」と呼びたい。その際，前節の見方・考え方のＡやＢの立場に立って社会や子どもの要請に応えようとすると，「統合」作用が強く働き，拡大要求—内容の総合化・主題化—となっていく。逆にＣの立場を強調し，専門分化した個別学問の視点や方法を尊重しようとすると，「分化」作用が働いて，分割要求—内容の細分化・要素化—となる。どうしても既存教科の分化・統合で回収できない新たな要求については，情報科や総合的な学習の時間などのように別枠を設けて対応してきたのが実態だろう。

　このパラダイムで教科の在り方を議論している限り，パイの奪い合いとなるのは必然だった。それぞれの教科が存亡をかけて組み立てる教科論（目標・内容・方法の体系）は極めて強固なので，それを壊し，教科を越えた分化・統合に向かうことは稀である。むしろ教科の中で分

化・統合を繰り返すことで漸進的に教育改革を実現してきたところに，日本の教科課程の特質があるのではないか。

## ３．中核・連携パラダイム
### ―教育改革に向けた教科の再編―

　上のような議論の袋小路を切り拓くために出てきた動きが，汎用的な資質・能力論だった。既存の教科の上に中核となる一般目標が設定され，それとの連携において教科の目標と存立が問われるようになった。例えば，各教科が共通に考察・構想する力や課題解決力の育成にコミットすることが期待される状況である。このように各教科がその存在の所与とせず，中核領域との関わりで存立の可能性と合理性を要求していく議論の様式を，「中核・連携パラダイム」と呼びたい。

　このパラダイムの下で，教科の活躍可能性を判定するツールに選ばれたのが，見方・考え方であった。従来のパラダイムでは，見方・考え方は目的概念であり，教科のアイデンティティそのものだった。しかし，パラダイム転換後は手段概念に位置付けが変わり，上位目標との連携の程度が問われるようになった。結果的に見方・考え方は，習得される対象から「働く」ツールに変貌を遂げた。

　現時点の制度上の教科は，図１のＩ−１とＩ−２を行きつ戻りつしながら存立しているが，いずれⅡに移行することは，容易に推察できる。すなわち，汎用的で中核的な一般目標の領域が自立し，それを意図的に扱う新教科が立ち上がること

であり（Ⅱ－1），それと連携できる程度に応じて既存教科が査定され，統廃合が加速化するシナリオである（Ⅱ－2）。仮に強制力が行使されずとも，各学校のカリキュラム・マネジメントの過程で各教科の有用性が評価されていくだろう。

今，各教科で見方・考え方の洗い出しが求められているのは，抜本的な教育改革に向けて教科の役割を自己点検せよとの圧力であるし，自己点検を牽引する教科教育学への挑戦状ともなっている。

## Ⅳ　21世紀の学校教育と教科

21世紀の教科教育を図1のように展望するとき，筆者は黒色のところに新教科が成立する可能性を予測している。

統合・分化パラダイムが支配する20世紀の教科は，①国民共同体の形成と②個人の自立支援の，二つの機能を併せ持っていた。すなわち，①できるだけ分化したカリキュラムで標準化された知識をすべての学習者に効率的に伝達する（近代性）か，②統合されたカリキュラムの下で学習者の課題解決に役立つ知識を主体的に探究させる（ポスト近代性）か。この二重性を各教科が内的に調停する方策さえ議論していたらよかった。

しかし，21世紀の中核・連携パラダイムの下では，この議論の枠組みは三次元化し，教科は新たな機能を担うようになるだろう。すなわち，①過去からの知識継承と②現前の課題解決に加えて，③あるべき未来のデザインである。先が予見できない21世紀だからこそ，中核領域に

は，将来に向けたヴィジョンと共生のための倫理とルールを定め，私たちの社会，自然，世界をデザインしていくプロジェクト教科が成立するだろう。あるいは他者と協働する社会的スキルを養うパフォーマンス教科かもしれない。

なお，個々の教科は，中核的な学びにつながる見方・考え方を提供する方向で目標や内容の見直しが迫られるだろう。中核領域と連携できる程度に応じて時数にメリハリが付けられるかもしれないし，連携に特化した特別な教科が設定されるのではないか，と筆者は予想している。

（草原和博）

〈註〉
1) Ⅱは，日本カリキュラム学会第29回大会・課題研究Ⅲ（2018年）の発表要旨を再構成したものである。

**引用・参考文献**
船山謙次（1963）『社会科論史』東洋館出版社.
池野範男（2013）「『小学社会』における『社会的な見方・考え方』の成長」『社会科の新しい使命―「小学社会」のめざすもの』日本文教出版.
岩田一彦（1993）『小学校社会科の授業分析』明治図書.
小原友行（1998）「社会的な見方・考え方を育成する社会科授業論の革新」『社会系教科教育学研究』10.
草原和博・川口広美（2018）「本質的・方法的概念」『社会科教育』715.
文部省（1951）『小学校学習指導要領（試案）社会科編』日本書籍.
森分孝治（1978）『社会科授業構成の理論と方法』明治図書.
中山修一（1991）『地理にめざめたアメリカ―全米地理教育復興運動―』古今書院.

　アメリカの教科等の役割と意義を考える視点として，二つの方向性に着目したい。一つは教科等の固有性を重視する方向性である。これは，教科や領域の個々のねらいを強く意識して人間形成にアプローチしようとするものである。もう一つは教科等の横断性を重視する方向性である。これは，教科や領域をまたぐ共通のねらいを強く意識して人間形成にアプローチしようとするものである。オハイオ州とニューヨーク州の事例を基に，二つの方向性の間で重心の取り方を模索しているアメリカの現状に迫りたい。
　キーワード：「スタンダード」「教科等の固有性」「教科等の横断性」

## I　アメリカの教科等をみる視点

　アメリカの教育を一概に語ることはできない。州ごとにスタンダードが作成され，その下で多様な教育が展開されている。教科等の構成にも多様性をみることができる。このような状況を念頭に置いた上で，アメリカにおける教科等の役割と意義を考えるための視点として，二つの方向性に着目したい。

　第一は，教科等の固有性を重視する方向性である。社会科を例に挙げると，90年代のナショナル・スタンダードの登場は，歴史や地理，社会科という教科・領域独自の学力基準を明確にしたものと捉えることができる。現在においても，この方向性の下で歴史的思考や地理的技能等の育成に関する研究や実践がなされている。

　第二は，教科等の横断性を重視する方向性である。教科等で育成すべき固有の学力が明確にされる一方で，いわゆる〈新しい能力〉（松下，2010）が世界的に注目されるようになった。これは，教科等の枠を越えた基礎的・汎用的な性格が強い学力への関心の高まりと捉えることができる。アメリカでは，特に21世紀型スキルが重視されている（松尾，2015）。

　横断性重視の動向に関しては，英語／リテラシーと数学の全米レベルの学力基準として2010年に登場したコモン・コア・ステート・スタンダード（National Governors Association Center for Best Practices & Council of Chief State School Officers, 2010a, 2010b. 以下，CCSS）の影響も大きい。英語／リテラシーのCCSSに，歴史や社会科，理科，技能系教科において育成すべき読み書き能力の基準が示されるなど，CCSSには教科等横断的な性格をみることができる。ただし，すべての州がこのスタンダードを採用しているわけではなく，導入に対するスタンスにも多様性がみられる。

　21世紀型スキルやCCSSは，伝統的な教科等の枠組みや構成の仕方をゆさぶる

ものであり，教科等をまたいで育成すべき学力を重視する動きと捉えることができるだろう。

　ここでは，上記の二つの方向性を視点にして，教科等の構成の仕方を読み取り，その現代的な役割と意義に迫りたい。なお，二つの方向性は，相対的なものである。通常，カリキュラムや授業は両方の要素を持ちつつ，「どちらか寄り」で構成されるものである。また，現代においては，汎用的な資質・能力を考慮して教科等が構成されるのが一般的である。したがって，固有性を重視した構成といえども，程度の差こそあれ，教科等横断的な性格を有していることを断っておきたい。

## Ⅱ　教科等の固有性を重視した構成

　固有性に重点を置いて教科等を構成していると考えられる一つの事例として，オハイオ州に注目しよう。オハイオ州の教科等も21世紀型スキルやCCSSの影響を受けて構成されてきた。けれども，後に示すニューヨーク州の動向と比べた場合，教科等の独自性をより前面に出そうとする意識を読み取ることができる。

　オハイオ州の教育局のHPをみると，現在も改訂が進められている途中ではあるが，様々な教科・領域のスタンダードが示されている。そのうちの英語と数学は，CCSSを基盤にしたかたちとなっている。例えば，最新の英語のスタンダード（Ohio Department of Education, 2017）は，CCSSが示す「読むこと」「書くこと」

「話すこと・聞くこと」「言語」の基準を，州独自の改訂を加えつつも，基本的にほぼ踏襲して構成されている。歴史や社会科，理科，技能系教科で育成すべき読み書きのリテラシーが記されている点でもCCSSと共通している。

　上記のような教科等の横断的性格がみられるものの，社会科や理科のスタンダードは，それぞれの固有の資質・能力を明確にし，具体化する方向で示されている。

　2018年に改訂された社会科のスタンダード（Ohio Department of Education, 2018b）をみてみよう。幼稚園から第8学年までの各学年には，「歴史」「地理」「政治」「経済」という四つの学習領域（ストランド）が設定されている。各学習領域には，より細分化されたトピックが用意されている。「歴史」であれば，「歴史的な思考とスキル」「遺産」「初期文明」「封建制度と推移」「最初のグローバル時代」「植民地化から独立へ」「新しい国」「拡大」「南北戦争と南部再建」である。「地理」は，「空間的な思考とスキル」「場所と地域」「人間システム」からなる。これらは，それぞれの領域固有の思考やスキル，そしてコンテンツを示したものである。四つの学習領域のトピックは，各学年の主題に応じて選定され，その理解や習得が目指されることになる。

　一例を示そう。第8学年では，「1492年から1877年までの合衆国研究：探検から南部再建まで」が主題となる。「歴史」では，「歴史的な思考とスキル」「植

民地化から独立へ」「新しい国」「拡大」「南北戦争と南部再建」の理解すべき項目がそれぞれ記されている。例えば「南北戦争と南部再建」では、「南部再建時代は、合衆国憲法の修正、連邦政府の権威の承認、長引く社会的・政治的不和をもたらした」などの理解内容が記されている。「地理」「政治」「経済」でも同様に、学習を通して理解させるべき内容がトピックに応じて示されている。

なお、高等学校では、アメリカ史、アメリカ政治、現代の世界史、経済と金融リテラシー、現代世界の問題、世界地理のコースが用意され、領域に応じた固有の知識やスキルが記されている。

最新の理科のスタンダード（Ohio Department of Education, 2018a）についても同様の傾向がみられる。幼稚園から第8学年までを貫く学習領域は、「地球と宇宙の科学」「物理科学」「生命科学」の三つであり、それらに基づいて各学年の内容が組織されている。

一例を示そう。第8学年を束ねる主題は「秩序と組織」である。その下に、「地球と宇宙の科学」では「物理的な地球」が、「物理科学」では「力と運動」が、「生命科学」では「種と生殖」が、それぞれトピックとして選定され、具体的な内容が記される。例えば「物理的な地球」に関して、「地球内部の構成や特性は、地震波の動きによって特定される」などの理解内容が示されている。高等学校では、物理科学や生物学、化学などのコースが用意され、領域に応じた深

い学びが想定されている。

その他の教科等についても基本的な姿勢に変化はない。例えば、技術教育のスタンダードでも、他教科等との関連は特に示されておらず、固有の内容を明確にするように記述されている。

以上にみられるように、オハイオ州のスタンダードには、教科や領域の独自性が色濃く出ている。もちろん、スタンダードは、性格上、各教科等の内容に重きを置いて記述されているので、それは当然なのかもしれない。実際のカリキュラムや授業では、様々な教科や領域で、読み書きのリテラシーや数学的な能力の育成に重点を置いた学習が組織されることも想定される。しかし、2019年に改訂された社会科と理科のモデルカリキュラムにおいても、内容について具体化されてはいるものの、リテラシー教育等との関連性については特に強調されていない。後述のニューヨーク州の動向と比べると、全体的に教科・領域間の関連性への言及が限定的で、相対的にみれば、横断性よりも固有性に意識が向けられているものと考えられる。

## Ⅲ　教科等の横断性を重視した構成

横断性に重点を置いて教科等を構成していると考えられる一つの事例として、ニューヨーク州に注目したい。

ニューヨーク州の教育局のHPをみると、様々な教科・領域のスタンダードやフレームワーク等をみることができる。英語と数学のスタンダードは、2017年に改訂

されている。この最新の英語のスタンダード(New York State Education Department, 2017)をみると、CCSSを下敷きにしながらも、ニューヨーク州独自で検討され再編集されたものとなっていることが分かる。オハイオ州のものよりも独自の改訂が多く加えられている。

　ニューヨーク州とオハイオ州には、教科等の横断性において温度差を読み取ることができる。ニューヨーク州では、言語や記号の使用や論理的思考などの基礎的・汎用的なスキルの育成に特に関わりの深い英語と数学が、教科等を貫く基底として一層重視されているものと推察される。

　社会科を例にしよう。社会科では、1996年にスタンダードが誕生し、1998年にリソースガイド&コアカリキュラムが公表されている。これらは、オハイオ州同様、教科固有の内容を示し、具体化したものである。しかし、21世紀型スキルやCCSSの登場以降、現代的な教育の動向に対応した社会科フレームワークが2014年に導入され、修正されながら現在に至っている。このフレームワークでは、学年(段階)ごとに読み書きのリテラシーの基準が基礎的な位置付けで示されている。

　ここでは、フレームワークの基本的な方針と具体化の方向性が示されているフィールドガイド(New York State Education Department, 2014)を参照したい。これによると、フレームワークでも図示されているが、ニューヨーク州の社会科の構成要素は、5層からなっている。一番内側にあるのが、「内容の詳細(Content Specifications)」である。それを取り囲むのが、外に向かって順に、「鍵となるアイデアと概念的理解(Key Ideas & Conceptual Understandings)」「コモン・コア・リテラシースキルと社会科的実践(Common Core Literacy Skills & Social Studies Practices)」「統一のテーマ(Unifying Themes)」「探究の弧(Inquiry Arc)」である。「探究の弧」は、2013年に登場した社会科の探究プロセスを示すC3フレームワーク(National Council for the Social Studies, 2013)に由来する。この社会科では、探究を軸にして、リテラシー等の幅広い資質・能力の育成を社会科学習の中に統合することが目指されている。

　では、具体的な内容はどのように構成されるのだろうか。フィールドガイドには、全学年の学習に通じるモデルとして第7・8学年の「南部再建」の単元例が掲載されている。単元の「切実な問い(Compelling Question)」は、「アフリカン・アメリカンは南部再建時代に自由を獲得したのか?」である。三つの「補助的な問い(Supporting Question)」が用意され、それぞれの学習計画が示されている。例えば、「補助的な問い　1」は、「南北戦争前や南北戦争中にフレデリック・ダグラスは自由をどのように定義したのか?」である。それに対する「形成的パフォーマンス課題(Formative Performance Task)」は、「補助的な問いに答えるパラグラフを書く」である。

この課題に取り組むために、「ダグラスが自由をどのように定義したのかについてのあなたの見解を根拠付けるために、二つの資料の中の証拠を用いなさい」などの指示が示されており、使用する資料も明記されている。この活動を通して、リテラシーのスタンダード（ただし、これは最新のものではなく、2011年版のスタンダード）の「読むこと」に示されている「テクストの中の中心的な意見を確定する」能力等を育成しようとしている。他にも読み書きに関する様々な関連が示されており、社会科の内容理解に引きつけてリテラシーを鍛えることが重視されている。

単元の最後の「総括的パフォーマンス課題（Summative Performance Task）」は「競合する見解を認めながら、具体的な主張および関連する歴史的資料の証拠を用いて、切実な問いに取り組む論証を書きなさい」となっており、こちらもリテラシーを強く意識したものになっている。

理科においても同様の傾向がみられる。理科のスタンダード（New York State Education Department, 2016）をみてみよう。例えば、前期中等段階の「地球システム」の学習で目指されているのは、「地球の物質の循環やそれを動かすエネルギーの流れを表現するモデルを開発する」ことや「太陽と重力のエネルギーによる地球システムの水の循環を表現するモデルを開発する」こと、「地球の鉱物、エネルギー、地下水資源の不平等な分配が、いかに過去と現在の地質過程の結果であるか

について、証拠に基づく科学的説明を構成する」ことである。

これらの学習と関連させて、様々なリテラシーや数学的能力を育むことが想定されている。例えば、「読むこと」について、「科学や技術に関するテクスト、チャート、グラフ、図表などの分析を根拠付けるためにテクストの証拠を引用する。（以下省略）」や、数学について、「現実世界や数学上の問題を解決する際に、数を表し、式を書くために変数を使用する。（以下省略）」などが関連する基準として明記されている。

その他、技術教育においても、数学と理科との関連性が特に重視されるなど、教科等横断的な性格をみることができる。

以上のように、ニューヨーク州の教科等は、オハイオ州との比較でみると、より横断性に意識が向けられているものと考えることができる。

## Ⅳ　アメリカにおける教科等の現代的な役割と意義

本稿で示したのは現代アメリカに関する断片的な情報にすぎない。英語・数学と他教科等との関連に着目して論じているため、包括的な考察にはなっていない。しかし、二つの州の事例を敷衍して考えると、教科等の位置付けや教科等を通じた人間形成のアプローチに対する異なる考え方を引き出すことができる。

教科等の固有性を重視する場合、それぞれの専門的な知識やスキルを身に付けさせることが教科等の主要な役割となる。

その下で教科等共通の資質・能力が加味され、ゆるやかに組み込まれることになる。つきつめれば、教科や領域の個々のねらいを強く意識して人間形成にアプローチするものになるだろう。そしてそれは、それぞれの教科や領域でしかできない人間形成を最大限に促すことができるところに意義を見いだすことができる。

　教科等の横断性を重視する場合、まずは教科等を越えて育成すべき資質・能力の存在が前提となり、それを踏まえた上でそれぞれの知識やスキルを身に付けさせることが教科等の主要な役割となる。つきつめれば、教科や領域をまたぐ共通のねらいを強く意識して人間形成にアプローチするものになるだろう。そしてそれは、各教科等が共通の資質・能力を想定しつつ、それぞれの特性に応じた人間形成を促すことができるところに意義を見いだすことができる。

　これら二つの考え方は、特に目新しいものではない。けれども、オハイオ州とニューヨーク州の事例から、二つの間の重心の取り方を模索しているアメリカの現状が見えてくるのではなかろうか。

（山田秀和）

**引用・参考文献**

松尾知明（2015）『21世紀型スキルとは何か―コンピテンシーに基づく教育改革の国際比較―』明石書店.

松下佳代編著(2010)『〈新しい能力〉は教育を変えるか―学力・リテラシー・コンピテンシー―』ミネルヴァ書房.

National Council for the Social Studies. (2013) *Social Studies for the Next Generation: Purposes, Practices, and Implications of the College, Career, and Civic Life (C3) Framework for Social Studies State Standards.* Silver Spring, MD: Author.

National Governors Association Center for Best Practices & Council of Chief State School Officers. (2010a) *Common Core State Standards for English Language Arts and Literacy in History/ Social Studies, Science, and Technical Subjects.* Washington, DC: Authors.

National Governors Association Center for Best Practices & Council of Chief State School Officers. (2010b) *Common Core State Standards for Mathematics.* Washington, DC: Authors.

New York State Education Department. (2014) *New York State K-12 Social Studies Field Guide.*

New York State Education Department. (2016) *New York State P-12 Science Learning Standards.*

New York State Education Department. (2017) *New York State Next Generation English Language Arts Learning Standards.*

Ohio Department of Education. (2017) *Ohio's Learning Standards for English Language Arts.*

Ohio Department of Education. (2018a) *Ohio's Learning Standards for Science.*（2019年にモデルカリキュラムが追加され、現在は一体化している。）

Ohio Department of Education. (2018b) *Ohio's Learning Standards for Social Studies.*

※上記を含め、本稿で取り上げたニューヨーク州とオハイオ州の文献（スタンダード等）は、各教育局のHP（ニューヨーク州：http://www.nysed.gov、オハイオ州：https://education.ohio.gov）より閲覧した。

## 第4節 21世紀の教育において教科等はどのような役割と意義を果たすのか：教科の現代的意義 （3）イギリス

> 1 イギリスの国定カリキュラムでは，義務教育段階において「教育された市民のための不可欠な知識」として，英語，数学，科学をコア教科とし，歴史，地理，デザインとテクノロジー等の幅広い教科が規定されている。
> 2 国定カリキュラムに教科の時間配分などについての記載はないが，実際は試験制度が教科の時間配分に大きな影響を及ぼしている。
> 3 実際の小・中学校の時間割を見ると，コア教科であり主要な試験科目である英語，数学，科学の時間の割合が，他教科に比べて多くなっている。
> 4 現在のイギリスでは「試験のための教育」や，英語と数学の偏重といった課題があるが，独自に課題を設定し，授業研究などのアプローチによって改善を試みるような学校も最近では見られるようになっている。
>
> キーワード：「イングランド」「初等・中等教育」「国定カリキュラム」

## I イギリスの教育制度，カリキュラム

本稿では，イギリスの教育において教科等はどのような役割と意義を果たすのかについて，その概要を国定カリキュラム，試験制度を中心に，二つの学校を例にまとめる。なお，ここでは紙面の都合から，イングランドの事例，また教科やその各学校の教育計画という「狭義の意味でのカリキュラム」(林，2017)に焦点を当てる。

### 1. 教育制度

イギリスでは現在，義務教育は小学校6年間（5歳から11歳，Year1(Y1)-Year6(Y6)），中学校5年間（11歳から16歳，Year7(Y7)-Year11(Y11)）であり，さらに初等教育・中等教育はそれぞれ二つの「キーステージ

（以下KS)」と呼ばれる学年段階に分けられている：

KS1 5-7歳；KS2 7-11歳；KS3 11-14歳：KS4 14-16歳。

### 2. 国定カリキュラムにおいて規定されている教科

イギリスでは国定カリキュラム（National Curriculum）が1989年に導入され，その後，1991年，1995年，1999年，2007年（中等教育のみ），2014年に改訂されている。

現在の国定カリキュラムでは，教科は，その目的である「生徒に対して教育された市民になるための不可欠な知識を与える」を達成するために，以下の教科が規定されている（詳しくはhttps://www.gov.uk/national-curriculumを参照）。

KS1／KS2：英語，数学，科学，デザインとテクノロジー，歴史，地理，美術とデザイン，音楽，体育，コンピューティング，外国語（KS2のみ）。その他に宗教教育を施すことが義務付けられている。その他，道徳，シチズンシップ教育，外国語（KS1）も教えられることが多い。

KS3：英語，数学，科学，歴史，地理，外国語，デザインとテクノロジー，美術とデザイン，音楽，体育，シチズンシップ教育，コンピューティング。その他に宗教教育と性教育を施すことが義務付けられている。

KS4：多くの生徒はGCSE試験（後述）などの認定試験を目指して勉強するが，「コア教科」として英語，数学，科学，「基礎教科」としてコンピューティング，体育，シチズンシップ教育，そして美術，デザインとテクノロジー，社会，外国語から少なくとも一つ，学習の機会を与えなければならない。その他に宗教教育と性教育を施すことが義務付けられている。

### 3．教科配分

国定カリキュラムでは一年間に履修する各教科の時間は特には規定されておらず，その配分は学校の裁量にゆだねられている。さらに2002年から創設されたアカデミー学校では国定カリキュラムに従う必要はなく，独自のカリキュラムを組むことが可能である（アカデミー学校については，例えば青木〈2015〉などを参照）。

---

## Ⅱ　試験制度

### 1．小学校におけるSATs試験

小学校段階ではKS1，KS2終了時に国定カリキュラムのコア教科の評価として一般的に用いられるStandard attainment tests（SATs）を受験する。現在，KS1のSATs試験では英語（読み，文法とスペル）と数学，KS2のSATs試験では英語（読み，文法とスペル）と数学（計算，数学的推論）が課されている（もう一つのコア教科である科学は，教師による評価がなされている）。

### 2．中学校における試験制度

イギリスでは多くの生徒はGeneral Certificate of Secondary Education（GCSE）と呼ばれる全国統一試験をKS4終了時，16歳で受験するのが一般的である。この試験は資格試験であり，2019年現在，10段階の評価基準で各教科における生徒の達成度を評価している。また2011年からは英国バカロレア資格試験（Ebacc）が導入されている。

### 3．試験制度の影響

現在のイギリスの教育は，基本的に国定カリキュラムにおいて幅広い教科が規定されているとはいえ，実は学校現場はSATs試験やGCSE/Ebacc試験に「縛られて」いるような状況である。つまり，どの生徒がどの試験科目を受験するのかが，学校における教科の在り方を形づくっている。実際に多くの小・中学校では，

過去の試験の成績（特に英語と数学）を
ホームページなどに大きく提示している
（例えば昨年は何％の生徒がGCSE試験
において上位の成績を達成したか，それ
は国の平均に比べて高いのか，低いのか，
など）。教育監査局（OFSTED）の各学校
の教育の質を審査する学校監査の基準で
は，「測定できる生徒の学習の進展度」
が大きな比重を占めているが，それが試
験偏重の傾向をさらに助長している。そ
れに加えて学校制度（前述したアカデミ
ー学校など），や試験制度の複雑さから，
特に学校での教科の全体像が非常につか
みにくくなっている。そこで以下では，
筆者と個人的に交流がある二つの学校
（いずれもイギリス南西部デヴォン州）
を例に，具体的に義務教育段階でどのよ
うに教科が展開されているかをみていく
ことにする。

## Ⅲ　小学校・中学校でのカリキュラム

### 1．IX primary schoolの場合

　多くの小学校は３学期制で，例えば南
西部のデヴォン州では，以下のようであ
る（2018-19年）：秋学期2018年９月３日〜
12月21日；春学期2019年１月７日〜４月
５日；夏学期2019年４月23日〜７月25日。
Y2とY6の生徒は，５月頃にSATs試験
（英語，数学）を受験するので，KS1，
KS2ともに英語，数学の授業時間が大き
な比重を占める。大まかに言えば，月曜
〜金曜の学校活動の中で，午前は英語と
数学を中心に学習し，午後は他の教科を
学習する，というのが一般的である。

　例えばIX primary schoolでは，学校
の規模が全校生徒数100人程度と小さい
ために，Y1とY2，Y3とY4，Y5とY6で
複式学級制度を取っている（以下の情報は
IX primary schoolから提供されたものである。
イギリスでは多くの学校が時間割を公開してい
て，England, primary school, timetableとい
ったキーワードで検索が可能である）。

　Y1とY2からなるClass 2では，月曜〜
金曜まで，９時55分から15時30分，学校
内活動に充てているが，一週間における
おおよその時間として，英語が合計340
分，数学が合計275分に対して，体育が
合計120分，フランス語が60分，また科
学，社会，美術，音楽などの目的を達成
するための総合科目的な「トピック
(Topic)」と呼ばれる時間が合計300分で
ある。この「トピック」では，例えば
「王様と女王様」や「サファリ」などの
テーマを設定し，そのテーマについて学
習することで，国定カリキュラムのそれ
ぞれの教科，歴史や地理などの目的を総
合的に達成することが意図されている。

　Y3とY4からなるClass 3でも同様に，
英語が合計340分，数学が合計265分に対
して，体育が合計120分，「トピック」が
合計210分，科学が合計105分，コンピュ
ーティングが合計105分，と一週間の時
間割が組まれている。またY5とY6でも
同様に英語，数学の比重が高いが，特に
１月から始まる春学期では，５月の試験
に向けてその多くの時間がSATs試験の
準備に充てられる。

## 2．TK Schoolの場合

　例えばTK Schoolは，KS3とKS4の生徒900人程度が在籍するアカデミー学校であり，基本的に国定カリキュラムに従う必要はない。小学校と同じく，3学期制である。学校は1時間目が8時55分から始まり，午前中に4時間の授業（60分），午後に1時間の授業，合計5時間で各教科を学習する。

　KS3であるY7とY8では，「知的欲のある学習者」の育成を目的に，以下の教科を幅広く学習する：英語，数学，科学，デザインとテクノロジー，美術，演劇，音楽，フランス語，スペイン語，地理，歴史，道徳，宗教，体育。Y8の時点で生徒はKS4でどの試験を目指すのかの選択を行う。

　教科の時間数の割合などは各生徒の選択により一般的なことは言えないが，2017～2018年度の統計では，Y7で英語，数学，科学が，それぞれ全体の時間の16％，14％，12％を占めている（他の教科は4～6％。ただし英語の学力が低いと判定された生徒には，英語，数学，科学が，それぞれ18％，16％，12％〈他の教科は4～8％〉）。

　KS4では，基本的に生徒の進路に合わせて9－10ほどの教科を学習する。具体的には，TK Schoolでは，75％の生徒がEbaccで受験する5教科（英語，数学，科学，地理または歴史，外国語）の他，GCSEで課されている他の教科を学習する（75％というのは比較的デヴォン州の学校の中では高いようである）。また

Ebaccを受験せずにGCSEや職業教科などを学習する生徒が25％ほど在籍している。ただしY9ではKS3とKS4の移行学年と捉えられ，KS3での学習内容を踏襲しつつ，徐々に試験の準備をしていくようであり，受験のための本格的な学習や模擬試験はY10，Y11から実施される。この学年での教科時間の配分では，例えばY11では，英語，数学，科学がそれぞれ17％，15％，21％と大きな割合を占める。

　以上，簡単にTK Schoolで教えられている教科や時間配分などを見たが，中学校段階においても，英語，数学，科学が中心的な教科として，授業時間の多くを占めていることが分かる。

## Ⅳ　現在のイギリスの教育の課題や取り組み

### 1．イギリスの教育の課題

　上で見たように多くの学校は国定カリキュラムや試験要目と，学校が独自に掲げる教育理念とのせめぎあいの中で教育計画を作成している。そこでは，校長，教頭，教科リーダーをはじめとする運営チームが，いかに各教科のバランスを保ちつつ，それぞれの学年のカリキュラムを形づくるかという課題に常に直面していて，その運営チームの意向により英語が大きく比重を占める学校もあれば，外国語に力を入れる学校もある，など多種多様である。

　現在のイギリスでは小学校，中学校ともに試験が重要な位置を占めるために，

授業の多くが「試験のための授業」になっている、という懸念もある（例えばhttps://www.bbc.co.uk/news/education-41580550,2017年）。また近年のEbaccが「アカデミック」な教科に偏重していることから、芸術教育が軽んじられる傾向にあることを批判する声もある（例えばhttps://www.artsprofessional.co.uk/news/exclusive-ebacc-would-exclude-133000-pupils-arts）。実際にTK schoolではGCSE / EBacc試験における英語と数学の成績に比べ他の教科の成績が低いといった課題が、OFSTEDから指摘されているという状況である。

こういった試験偏重、とりわけ英語と数学への偏重という傾向について、学校も意識していないわけではないが、全国的に試験の結果が公開されることもあり（例えば政府のホームページhttps://www.gov.uk/school-performance-tablesにおいてすべての学校の試験結果などが閲覧可能である。）、学校運営においてどうしても試験にどう対応するかが中心になりがちである。現在のイギリスの教育では、いかに試験科目と向き合いながら全体的な教育を計画するか、よい授業を展開するか、といったことが大きな課題であろう。

## 2．教育改善への取り組みの例

試験が教科の時間配分に大きな影響を及ぼしている状況ではあるが、2019年1月に出版されたOFSTEDの新しい監査基準では、「測定される生徒の学習の進展度」から「総合的な教育の質」「学習への態度」などを新しい監査の基準とすることで、学校において幅広く教科が提供されることを促そうとしている（OFSTED,2019）。また、各学校はもちろん、ただ試験のために教育を行っているのではなく、各学校ごとに様々な目標を立てて教育の改善に取り組んでいる。ここでは前項で取り上げたIX primary schoolの取り組みを簡単に紹介したい。

IX primary schoolでは、いわゆる試験のための授業だけではなく、概念的理解のための授業の実現を目標として、日本の授業研究に基づいた実践を行っている（2018年現在）。生徒が困難とするわり算の意味に焦点を当てて、教師と教科リーダーが授業の計画を立て、授業後には、協議を行い、そこで得られた知見や新たに生じた疑問を利用して次の授業の計画をする、という反省的実践が目指された。授業研究の成果としては、小学校の中学年段階においても、単に試験のために計算の手続きを教えるだけではなく、計算の意味を子ども自身が考えることの重要さを、教師が改めて認識したようであった。

また高学年のY6では、SATs試験の数学の成績を分析して、生徒が困難を示す内容を特定し、授業研究を行っている。このようにイギリスでは、まだそれほど多くの学校では実践されてはいないものの、協働的に反省的に日々の授業を実践できる授業研究に最近ますます注目が集まっている。特に「学習者の『何ができない』から『何ができるか』の転換を目指した」（關，2017，p.144）「授業開発研

究」型のアプローチに期待が大きいようである（もちろん，ここで展開されるのはイギリス流に解釈された授業研究である〈例えばNorwich et al., 2016などを参照〉）。

## 3．まとめ

以上，本稿では現在のイギリスの教育を概観した。現在のイギリスにおける教科等の役割と意義は，次の2点にまとめられる。

①教科は「教育された市民に不可欠な知識」とされ，そのために国定カリキュラムでは幅広く教科が規定され，生徒はそれらの教科を幅広く学習することが期待されている。

②その一方，学校現場では，主に試験からの影響で，英語，数学，科学の時間数が多くなっている。

現在のイギリスの学校は，政府の教育政策，試験制度などに強く縛られているという状況ではあるが，そのような制限下にあっても，イギリスの学校では，それぞれ独自に課題を設定し授業研究などのアプローチで改善を試みるような努力は日々続けられている。また逆に言えば，学校全体の試験の成績である一定の水準と質を保つことさえできれば，それぞれの学校で定めた教育目標を達成するために自由にカリキュラムを設定できる，ということでもある（例えば外国語推進，コンピューティング推進を目標に掲げ，その達成のためにカリキュラムを組み立てる）。こういった学校の取り組みを

個々の事例として深く考察することは，日本でも学習指導要領「生きる力」の実現のため議論されている「これからの時代に求められる資質・能力を育むためのカリキュラム・マネジメントの在り方」へ具体的な視点を与えてくれるであろう。

近年の試験改革やOFSTEDの監査基準の改革などが今度どのようにイギリスの教育に影響を及ぼすのか，英語，数学偏重の教育を変えることができるのか，今後の展開に注目したいところである。

（藤田太郎）

**引用・参考文献**

青木研作（2015）「イギリス連立政権下のアカデミー政策—学校の自律化が与える地方教育行政への影響に着目して」日英教育学会『日英教育研究フォーラム』19，45-58．

林未知子（2017）「教科教育のカリキュラム研究」日本教科教育学会編『教科教育研究ハンドブック』教育出版，126-131．

Norwich, B., Koutsouris, G., Fujita, T., Ralph, T., Adlam, A., & Milton, F. (2016) Exploring knowledge bridging and translation in Lesson Study using an inter-professional team. *International Journal for Lesson and Learning Studies*, 5(3), 180-195.

OFSTED (2019) *Education inspection framework 2019: Draft equality, diversity and inclusion statement*, OFSTED.

關浩知（2017）「教科教育の授業研究」日本教科教育学会編『教科教育研究ハンドブック』教育出版，142-147．

　本稿では，フランスにおける「教科」に関わる言説と学校教育の現状の分析を通して，
フランスの学校教育における教科の果たす役割と意義を検討した。
　フランスにおいて教科は，学術的知識等を基盤として，学校において教育可能な，知
的訓練に適した内容に構成したものであり，社会的につくり出されたものとして捉えら
れている。今日の学校教育において教科の学習は，学問の知識を身に付けるだけでなく，
コンピテンシーを習得する役割を担っている。主知主義の伝統を受け継ぎつつも，子ど
もを中心に据えた，一人ひとりの能力の育成を図る教育の実現に寄与している。
　　　　　キーワード：「コンピテンシー(les compétences)」「知(les savoirs)」「教養(les cultures)」

## Ⅰ　はじめに

　本稿では，フランスにおける「教科」
に関わる言説と学校教育の現状の分析を
通して，フランスの学校教育における教
科の果たす役割と意義を検討する。

## Ⅱ　「教科」とは何か

### 1.「教科」という言葉：歴史的検討

　今日のフランス語で「教科」に相当す
る語は，“disciplines　scolaires”であろ
う。ある仏和辞書の“discipline”の項で
は，一つ目に教科，二つ目に規律が挙げ
られている（田村他，2005，p.622）。19世紀
まで，“discipline scolaire”は学校内での
規律や治安の維持の意味で使われていた
という（Chervel, 1988, pp.60-61）。

　フランスでは，19世紀の終わりから20
世紀の初めにかけて中等教育改革が行わ
れた。それまでの中等教育では，精神を
訓練する方法は古典人文科学によるもの

であり，唯一の分野(matière)であった。
しかし，改革により中等教育に近代教科
（例えば，フランス語や科学など）が導
入され，その中で“discipline”の語が
「知的訓練に適した内容」を意味するも
のとして使われるようになった（上垣，
2016，pp.61-63）。

　今日，教科について，Reuter (2013) は，
「学校における教育と学習のために，教
育目標に関連付けられた，内容，仕掛け，
実践，ツールなどの総体からなる，社会
的構築物である」としている (p.81)。ま
た，Chartier (2011) は，「ある学習対象
が，社会的に正当（教育的価値）であり，
正式に位置付けられ（プログラム，時間
割），評価可能（採点，試験）であれば，
それは教科になりうる」「手続き（演習）
と内容（教科書）が容易に再現できるな
らば，その教科は持続する」と述べてい
る (p.17)。

　ところで，教科の起源を明らかにする

方法の一つに，歴史的検討がある。歴史的に検討することで，教科の出現を突き止め，その時代の思想や政治的な関心が選択にいかなる影響を及ぼしているかが明らかにされる。また，教科の内実について，類型的な正当性に照らして，寄せ集めで不統一であることや，教科同士で類似性があることなどが指摘されることもある（Develay, 1995, p.25）。

## 2．学術的知識から学校で教えられる知識へ：認識論的検討

教えるという行為は，伝達を可能とするために対象となる知識の再編成を前提としている。では，学校で教えられる知識はどのように編成されるのか。フランスでは，これを教授学的転置（transposition didactique）として認識論的な観点から検討している。

教授学的転置は，1975年に社会学者のVerret, M. により提唱された。数学教育学者のChevallard, Y. はこの概念を深め，学術的知識から学校で教えられる知識への変容の過程について研究を発表した

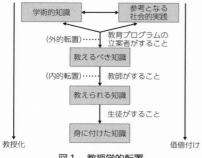

**図1　教授学的転置**
（Develay, 1995, p.27を基に筆者作成）

（Chevallard, 1985）。Develay, M. は，教授学的転置の考え方を図1のように提示している。

教授学的転置には，外的転置と内的転置の二つの段階がある。まず，外的転置として，学校の外にある学術的知識や参考となる社会的実践を基に，学校で教えるべき知識が定義される。この段階には，教育問題に関心のある大学教員，教科書執筆者，視学官，専門家協会，革新的な教師，教授学者などが関与している。教えるべき知識は，教育プログラムや教科書などを通して学校に持ち込まれ，内部転置として，教師によって実際に教えられる知識へと変換，解釈される（Astolfi, 2002, pp.1060-1061）。

教授学的転置の過程で，教授化と価値付けが行われる。教授化では，内容の論理性，教材，課題，評価規準などの観点から学習者のレベルと目的に合わせ，学習の状況を選択し構成することにより，教育可能性の創出が図られる。価値付けでは，追究する教育や社会の目標と合致するよう，適切な価値を内包する内容の選択が行われる（Develay, 1995, pp.25-27）。

このことを踏まえると，教科は，教授学的転置のプロセスを経て創出された，学校で教育することのできる内容のまとまりとして捉えることができる。

## 3．教科の特徴を形づくるもの

Reuter（2013）によると，教科の特徴は，以下に示すような，教科そのものの構成要素や教育の文脈における位置付けを分

析することで，見いだすことができると指摘している。

①構造的要素：内容（知識やスキルなど）とその構成（領域やテーマによる），演習，試験の様式，活動の様式，教材や教具（学習用具，学習空間，服装など）

②目標，ねらい：領域固有のもの（内容の習得，考え方，活動，ディスコースの様式の学習など），学校や教科全体に関わるもの（敬意ある行動，内省的距離，議論や討論など），学校の枠を超えるもの（市民性の育成，個性の伸長，文化へのアクセス，職業への準備など）

③制度的機能，存在様式：カリキュラムにおける永続性，各学校段階での存在の有無，時間割における時間配分，試験での配点係数（傾斜），進路指導や落第などの判断の際の重要性，教師の数，教員養成における配分

また，学校を取り巻く外界の要素との関係からも検討できるとしている。例えば，学術界，仕事や職業，子どもの学校外での生活，社会的関心，共時的・通時的変化，教科の学習により生み出される成果の波及効果，などの要素である（pp.81-83）。

---

## Ⅲ 今日の学校教育にみる教科の役割

### 1．学校教育の目指すところ

教育法典（Code de l'éducation）において，学校の使命は，知識の伝達と共和国の価値の共有と定められている。義務教育では，一人ひとりに，学びの継続，個人と職業に関わる将来の構築を可能にし，市民権の行使を準備するための，「知識・コンピテンシー・教養の共通基礎（socle commun de connaissances, de compétences et de culture）」（以下，共通基礎）を身に付けるために必要な手段を保障しなければならないとしている。共通基礎の5つの教育領域を表1に示す（MEN b, 2015）。

表1　共通基礎の5つの教育領域

①思考とコミュニケーションのための言語：フランス語，外国語，必要に応じて地域語，科学の言語，情報とメディアの言語，芸術及び身体の言語を学習する。
②学習するための方法とツール：情報や資料へのアクセスの方法，デジタルツール，個人と集団のプロジェクトの実施，学習の組織化を明示的に教育する。
③人格と市民性の育成：個人の選択と個人の責任を尊重する道徳・市民性教育を通して，社会生活，集団での活動，市民性を学習する。
④自然のシステムと技術のシステム：地球や宇宙の科学的技術的アプローチを中心に据える：好奇心，観察のセンス，問題解決の能力を伸ばす。
⑤世界の表象と人間活動：時間と空間における社会の理解，文化的産物の解釈，現代社会の知識に取り組む。

共通基礎は，義務教育段階の教育活動の中心的な参照基準であり，各教科で共通基礎の育成に向けた学習活動が展開される。教科の学習を通して，知識の伝達とコンピテンシーの育成が図られている。

### 2．教育プログラムにみる教科の構成

共通基礎の漸進的な習得に向けて，小学校とコレージュの計9年間を3年ごとの学習期に区切り，教育プログラムが作成されている。教育プログラムには，学習期の特質，共通基礎への各教科の貢献，各教科の到達目標及び育成すべき知識と能力が示されている。各学習期で児童・

生徒が学ぶ教科を表2に示す。

**表2　小学校とコレージュの教科**

| 学年 | 教科領域／教科 |
|---|---|
| 小学校<br>1～3年<br>(基礎学習期) | フランス語，現代語（外国語ないし地域語），芸術教育（美術，音楽），体育・スポーツ，道徳・市民性教育，世界について質問する，数学 |
| 小学校<br>4・5年，<br>コレージュ<br>1年<br>(強化期) | フランス語，現代語（外国語ないし地域語），美術，音楽，芸術史，体育・スポーツ，道徳・市民性教育，歴史・地理，科学とテクノロジー，数学 |
| コレージュ<br>2～4年<br>(深化期) | フランス語，現代語（外国語ないし地域語），美術，音楽，芸術史，体育・スポーツ，道徳・市民性教育，歴史・地理，物理・化学，生命・地球科学，テクノロジー，数学，メディア・情報教育 |

※芸術史，メディア・情報教育は，関係教科の中で取り扱われる。
(MEN a，2015，を基に筆者作成)

　基礎学習期では，世界に問いかけることと言語，特にフランス語の習得に重点が置かれている。強化期では，児童・生徒を中等教育における教科の枠組みによる知識，言語，手続きや方法へ徐々に自然に参入させる。深化期では，様々な教科の学習を通して生徒のコンピテンシーをさらに伸長させることが目指される。

## 3．教科の区分に影響を及ぼすもの

　義務教育段階における教科にみられる学習内容の区分には，例えば，子どもの発達，教科の内容に関わる学問分野，教員資格の枠組み，社会的な要請などが関係していると言えるだろう。

### (1) 子どもの発達

　例えば，小学校における教科の構成には変化がみられる（藤井，2009，pp.94-95）。1969年から実施された教育課程では，子

どもの学業疲労の軽減のための実験的試行の成果や，子どもの思考と発達に関する理論に基づき，従来の細分化された教科を廃止し，「基礎教科」（フランス語，算数），「目覚まし教科」，「体育・スポーツ」の3群にまとめた「3区分教授法(tiers-temps pédagogique)」が採用された（吉田，1988，pp.240-244）。また，2002年の教育プログラムの改訂では，児童の心理発達を踏まえ，適切な知的手段を習得し，思慮深い方法で知識を構成できるよう，小学校3～5年で，教科分野を含む4つの領域「フランス語，文学・人文教育」（文学〈話す・読む・書く〉，フランス語の習熟〈文法・活用・綴り・語彙〉，外国語または地域語，歴史・地理，集団生活〈規律ある討論〉），「科学教育」（算数，実験科学とテクノロジー），「芸術教育」（音楽，美術），「体育・スポーツ」，及び横断的領域として「言語とフランス語の習得」，「市民性教育」が設定された（MEN，2002）。

　教科の構成に違いがあるものの，子どもを中心に据え，知的，身体的，心理的発達に貢献できるよう，教科が構想されている点には一貫性がみられる。

### (2) 教員資格の枠組み，学問分野との関係

　初等教育（保育学校及び小学校）では，一人の教員がすべての教科の指導を担当する。初等教員資格に教科の区分はない。一方，中等教育（コレージュ及びリセ）は教科担任制であり，教員の取得している中等教員資格に応じて教科の指導が行われる。中等教員資格（CAPES）試験は，表3に示す領域に分かれて実施される。

体育・スポーツの教員資格(CAPEPS)は別に設けられている。

**表3　中等教員資格（CAPES）の構成**

| |
|---|
| 美術，ドキュメンテーション，音楽・合唱，歴史・地理，コルシカ語，地域語（バスク語，ブルトン語，カタロニア語，クレオール語，オック語），現代外国語（ドイツ語，英語，アラビア語，中国語，スペイン語，ヘブライ語，イタリア語，日本語，オランダ語，ポルトガル語，ロシア語），数学，哲学，物理・化学，経済・社会科学，生命・地球科学，タヒチ語 |

　教員養成は，主として修士課程のESPE(École supérieure du professorat et de l'éducation）で行われている。学士段階では，教職専門性を高めるためのモジュールがオプションとして提供される。ESPEへの入学に当たっては，学士号の取得が必要となる。初等教育の教員希望者は，小学校で教えられている教科の一つに相当する分野の学士号，中等教育の教員希望者は，希望教科に関わる分野の学士号を取得しておくことが推奨されている。例えば，教科「フランス語」であれば，大学における学問分野の「言語科学」「古典の言語と文学」「フランスの言語と文学」「比較文学」が対応する。学校の教科と高等教育における学問分野との関係は，共通部分からより高度な知識へと分岐していく，樹木のモデルに見立てることができるであろう（Chartier, 2013, p.73）。

(3) 社会的な要請

　フランスでは，1980年代から，技術革新に対応する人材育成などの現実的な必要性に基づき，情報技術に関する内容が学校教育に取り入れられてきた（戸北，1989，pp.20-21）。今日では，情報通信技術が急速に発展する中で，共通基礎にプログラミング言語が取り上げられており，関係教科の中で指導が行われている。科学技術の発達や社会の進展に伴う新たな要請が，教科の内実を変容させている。

　時代が移り変わって行く中で，これまでにも，フランス語はラテン語やギリシャ語とは独立して教えられるようになり，手工はテクノロジーに取って代わられた。一方，学校の教科は，数学と物理学の境界をつくり出したり，「歴史・地理」のように思いがけないつながりをつくり出したりしている。ある領域や内容が学校で教えることができるか否かは，国によって判断が異なる。教科のすがたは，その国の知や文化を形づくる役割を果たしている（Chartier, 2011, p.17）。

## Ⅳ　終わりに

　フランスの事例分析から，教科は，学術的知識や社会的実践を基盤として，学校において教育可能な，知的訓練に適した内容に構成したものと捉えられる。教科は社会的につくり出されたものであり，そのまとまりや内容は変化する。

　今日のフランスの学校教育において，教科の学習は，学問の知識を獲得させるだけでなく，コンピテンシーを身に付けさせる役割を担っている。主知主義の伝統を受け継ぎつつ，子どもを中心に据えた，一人ひとりの能力の育成を図る教育の実現に寄与していると言えるだろう。

（三好美織）

## 引用・参考文献

Astolfi, J.-P.（2002）Transposition didactique, Champy, P. et al dir., *Dictionnaire encyclopédique de l'éducation et de la formation, 2e édition*, Paris: Nathan.

Chartier, A.-M.（2011）8-Disciplines scolaires, Rayou, P. et al dir., *Les 100 mots de l'éducation.* Paris: PUF, 17.

Chartier, A.-M.（2013）Les disciplines scolaires : entre classification des sciences et hiérarchie des savoirs, *Hermès*, 66, 73-77.

Chervel, A.（1988）L'histoire des disciplines scolaires. Réflexions sur un domaine de recherche, *Histoire de l'éducation*, 38, 60-64.

Chevallard, Y.（1985）. *La Transposition Didactique. Du savoir savant au savoir enseigné.* Grenoble: La Pensée Sauvage.

Code de l'éducation, https://www.legifrance.gouv.fr/（2019.02.20閲覧）.

Develay, M. dir.（1995）*Savoirs scolaires et didactiques des disciplines : une encyclopédie pour aujourd'hui*, Paris: ESF éditeur.

藤井穂高（2009）「第2部第2章　初等教育」フランス教育学会編『フランス教育の伝統と革新』大学教育出版.

MEN.（2002）Horaires et programmes d'enseignement de l'école primaire, *B.O.* Hors série n° 1 du 14 février 2002

MEN a.（2015）Programmes d'enseignement de l'école élémentaire et du collège, *B.O. spécial* n°11 du 26 novembre 2015.

MEN b.（2015）Socle commun de connaissances, de compétences et de culture, *B.O.* n°17 du 13 avril 2015.

Reuter Y. ed.（2013）*Dictionnaire des concepts fondamentaux des didactiques, 3e édition*. Bruxelles: De Boeck.

田村毅他編著（2005）『旺文社ロワイヤル仏和中辞典［第2版］』旺文社.

戸北凱惟（1989）「フランスにおける大区分カリキュラム"めざまし活動"の論争点」『理科の教育』38(8)，18-21.

上垣豊（2016）『規律と教養のフランス近代—教育史から読み直す—』ミネルヴァ書房.

吉田正晴（1988）「第Ⅲ部第1章　教授法・学習指導法の革新」原田種雄他編『現代フランスの教育—現状と改革動向—』早稲田大学出版部.

> 1　ドイツの学校における教科の設定は，義務教育の初等・前期中等教育段階であっても，州間や校種間で必ずしも一致していない。
> 2　「PISAショック」の後，それぞれの教科の在り方が改めて問われた。諸州における各教科の教育は，コンピテンス志向という点では足並みが揃ってきている。
> 3　各教科の教育において，教科固有のコンピテンスの育成を一貫的・段階的に進めることとともに，それらを通して，生活の形成や社会の形成のための基盤や課題の教科横断的教育に寄与することを重視する州もある。
> キーワード：「文化連邦主義」「分岐型学校制度」「教育スタンダード」「コンピテンス志向」
> 「教科固有のコンピテンスの育成」「教科横断的な教育課題」

## I　義務教育における教科設定

　ゾチアルクンデ，ゲマインシャフトクンデ，政治，政治教育，政治／経済，歴史／政治，歴史／ゾチアルクンデ／地理，ゲゼルシャフトレーレ…。これらはドイツ諸州における前期中等教育段階の諸校種で公民的領域を取り扱う教科や教科領域である。ドイツの学校における教科の設定は，義務教育の段階でも，州間や校種間で必ずしも一致していない。

　ドイツでは文化連邦主義により，学校教育に関する権限は基本的に個々の州にある。義務教育を9年とする州も10年とする州もある。いずれの州も分岐型学校制度をとるものの，その内実は多様である（高谷，2016）。教科の設定も一様ではない。各州の文部大臣からなる各州文部大臣会議（KMK）で一定の調整が図られるけれども，州によって異なっている。

　それでも確かに，第1〜4学年の教科設定は，学校教育を開始する初等教育の段階ということもあり，大凡似通っている（表1，表2）。ドイツ語と数学が重視されており，事実教授という自然領域・社会領域を包括した広領域教科，また，体育，美術，音楽，さらに外国語も各州で設けられている。ただ，外国語を第3学年から置く州が多い一方，第1学年から置く州もあるし，英語に限定する州もあれば，そうでない州もある。ほとんどの州は宗教科を正課として必修化するが，ベルリン州のような例外もある。

　初等教育段階と違って複線化する前期中等教育段階では，同じ州の中でも，校種によって教科の設定は一部で異なるのが一般的である。とりわけ，ギムナジウムとそれ以外の校種とでは，修了後の進路に結び付いた教育目的の相違により，教科設定が異なる傾向にある。例えば，

表1　ベルリン州の基礎学校(週時間数)

| | 1年 | | 2年 | | 3年 | 4年 | 5年 | 6年 |
|---|---|---|---|---|---|---|---|---|
| ドイツ語 | | (6) | | (7) | 7 | 7 | 5 | 5 |
| 事実教授 | 13 | (2) | 14 | (2) | 3 | 5 | – | – |
| 数学 | | (5) | | (5) | 5 | 5 | 5 | 5 |
| 美術 | 2 | | 2 | | 2 | 2 | 2 | 2 |
| 音楽 | 2 | | 2 | | 2 | 2 | 2 | 2 |
| 体育 | 3 | | 3 | | 3 | 3 | 3 | 3 |
| 外国語 | – | | – | | 2 | 3 | 4 | 5 |
| 自然科学 | – | | – | | – | – | 4 | 4 |
| 社会科学 | – | | – | | – | – | 3 | 3 |
| 重点教育 | – | | – | | – | – | 2 | 2 |

(BE, 2005)

表2　ノルトライン・ヴェストファーレン州の基礎学校(週時間数)

| | 1年 | 2年 | 3年 | 4年 |
|---|---|---|---|---|
| ドイツ語 | | | | |
| 数学 | 12 | 12 | 14～15 | 15～16 |
| 事実教授 | | | | |
| 促進授業 | | | | |
| 美術 | 3～4 | 3～4 | 4 | 4 |
| 音楽 | | | | |
| 英語 | 2 | 2 | 2 | 2 |
| 宗教科 | 2 | 2 | 2 | 2 |
| 体育 | 2 | 2 | 2 | 2 |

(NRW, 2005)

表3　ベルリン州の総合中等学校(週時間数)

| | 7年 | 8年 | 9年 | 10年 |
|---|---|---|---|---|
| ドイツ語 | 4 | 4 | 4 | 4 |
| 数学 | 4 | 4 | 4 | 4 |
| 第1外国語 | 3 | 3 | 3 | 3 |
| 生物 | | | | |
| 物理 | 3 | 3 | 5 | 5 |
| 化学 | | | | |
| 歴史 | | | | |
| 政治教育 | 8 | | 8 | |
| 地理 | | | | |
| 倫理 | | | | |
| 音楽 | 2 | 2 | 2 | 2 |
| 美術 | | | | |
| 体育 | 3 | 3 | 3 | 3 |
| 経済・労働・技術 | 2 | 2 | 2 | 2 |
| 選択必修授業 | 3 | 3 | 3 | 3 |
| プロフィールの時間 | 3 | 3 | 3 | 3 |

(BE, 2010)

表4　ベルリン州のギムナジウム(週時間数)

| | 7年 | 8年 | 9年 | 10年 |
|---|---|---|---|---|
| ドイツ語 | 4 | 4 | 4 | 4 |
| 数学 | 4 | 4 | 4 | 4 |
| 第1外国語 | 3 | 3 | 3 | 3 |
| 第2外国語 | 4 | 4 | 3 | 3 |
| 生物 | | | 2 | 2 |
| 物理 | 4 | 4 | 2 | 2 |
| 化学 | | | 2 | 2 |
| 歴史 | | | | |
| 政治教育 | 10 | | 10 | |
| 地理 | | | | |
| 倫理 | | | | |
| 音楽 | 2 | 3 | 2 | 2 |
| 美術 | 2 | | 2 | 2 |
| 体育 | 3 | 3 | 3 | 3 |
| 選択必修授業 | – | | 2 | 2 |
| プロフィールの時間 | 2 | 3 | 2 | 2 |

(BE, 2010)

ベルリン州の場合（表3，表4），ドイツ語，数学，第1外国語，生物，物理，化学，地理，歴史，政治教育，音楽，美術，体育，また宗教科にかわる倫理は，ギムナジウムでも総合中等学校でも必修教科である。他方，第2外国語がギムナジウムでは必修化されているが，総合中等学校では違うし，職業準備系教科の経済・労働・技術が総合中等学校では必修化されているが，ギムナジウムでは違う。

　州や校種による教科設定の相違が最も顕著な例が前期中等社会系教科である。

社会系教科の構成や名称が州間で異なるばかりか，同じ州でも校種間で異なることは珍しくない（服部，2012，p.366）。どの州のどの校種でも政治教育を担う社会系教科は設けられるが，政治教育の捉え方や目指し方が一律ではないのである。

## II　コンピテンス志向の普及

　教科の設定は一致していないものの，コンピテンス志向という点で諸州の学習指導要領は足並みが揃ってきている。その背景にはコンピテンス志向に基づく教

育スタンダードの導入がある。それが導入された教科は一部にとどまるが，各州の幅広い教科の学習指導要領では，社会を生きていくための教科固有のコンピテンスの育成が重視されるようになった。

同国では，いわゆる「PISAショック」を契機とする教育改革の一環において，全国共通の教育スタンダードが各州文部大臣会議の決議に基づいて導入された（吉田，2016，p.32）。学校教育の質保障がその主理由とされる。この教育スタンダードは，「児童生徒が特定の学年段階までに主要な内容においてどういうコンピテンスを身に付けるべきかを指定する」ものである（KMK, 2005, S.9）。例えば，『初等領域用の数学の教育スタンダード』（2004年決議）は，①「教育への教科数学の寄与」，②「一般的な数学コンピテンス」，③「内容に係る数学コンピテンスのスタンダード」，④「課題例」という4つの章からなる。こうした構成に現れているように，教育スタンダードはコンピテンス志向に基づく「内容スタンダードとアウトプットスタンダードの混合」（KMK, 2005, S.9）という性格を有している。

教育スタンダードが導入された教科は，言語系教科と理数系教科のみである。義務教育の初等領域用（第4学年）はドイツ語，数学，基幹学校修了用（第9学年）はドイツ語，数学，第1外国語，中級学校修了用（第10学年）はドイツ語，数学，第1外国語，生物，化学，物理に限られる。それでも，個々の州で，幅広い教科の学習指導要領においてコンピテンス志向が取り入れられるようになってきた。

確かに，教育スタンダードのない教科で育成するコンピテンスの設定が州間で一致しているわけではない。けれども，コンピテンス志向そのものは今日，諸州の学校教育に取り入れられている。教科の教育において内容が等閑にされることはないけれども，その教科で児童生徒が何をできるようにするかが重んじられている。とりわけ，教育スタンダードのない教科については，既存の教科の存在を半ば前提化してあるとしても，その教科で児童生徒に何をこそ育成すべきかという教科の目標が改めて問われ，州独自の学習指導要領に生かされている。

## Ⅲ　教科固有のコンピテンスの育成

各州の学習指導要領では，育成すべきコンピテンスが教科ごとに別々の枠組みで設定されるのが一般的である。各教科の学習指導要領ではその教科ならではのコンピテンスの育成が目指され，その一貫性と段階性が重んじられている。

なるほど，『中級学校修了用の生物の教育スタンダード』（2004年決議）をはじめ，生物，化学，物理の各教育スタンダードにおいて，「専門知識」「認識獲得」「コミュニケーション」「評価」という共通の枠組みでコンピテンスが設定されており，その枠組みは各州の3教科の学習指導要領に反映されている。ノルトライン・ヴェストファーレン州ギムナジウムの地理，歴史，政治／経済の各学習指導要領で「事象コンピテンス」「方法コン

ピテンス」「判断コンピテンス」「行為コンピテンス」という共通の枠組みでコンピテンスが設定されている例などもある（服部，2012，p.367）。とはいえ，全教科において同一の枠組みでコンピテンスが設定されているわけではない。教科固有のコンピテンスの育成が目指される傾向にある。そしてその一貫的・段階的育成が重視されている。とりわけ，ベルリン州とブランデンブルク州の共通学習指導要領では，それが推し進められている。

　ベルリン州とブランデンブルク州では，児童生徒が「自分自身の能力・技能を十分に伸ばし，それらを自らの生活の形成のため，また現在・未来における社会的課題の克服への能動的関与のために働かせることができる」ように育むことを学校教育で目指す（BE/BB，2015a，S.3）。そうした目的のために独自の役割を担う各教科の学習指導要領を初等教育段階と前期中等教育段階で分けず，また，前期中等教育段階の校種によっても分けない。義務教育にあたる第1〜10学年の学習指導要領を教科ごとに一本化する。インクルーシブ教育に向け，特殊教育的支援（支援重点「学習」）における各教科の教育についても統合している。

　各教科の学習指導要領は，①「教科○○におけるコンピテンス育成」，②「コンピテンスとスタンダード」，③「主題と内容」という構成をとる。教科の目標と育成すべきコンピテンスについて説明した上で，そのコンピテンスの領域ごとに，個々の要素能力の要求水準をA〜H

のレベルに分けて提示する。それらの要求水準は，初等・前期中等教育段階の各校種と特殊教育的支援とにおける個々の学年あるいは学年段階に配当されている。そうした要求水準に応えてコンピテンスの育成を順次進めていく上での内容構成の基準を最後に示している。一貫して固有のコンピテンスという同一方向を目指し段階を踏んで向上させていく各教科の課程編成を各学校に求めている。

　歴史（第7〜10学年）の場合（服部，2017），広義の様々な歴史が遍在する社会の中で語りとしての歴史を遂行する歴史実践のコンピテンスが目指される。「解釈する」「分析する」「判断・志向する」「方法を用いる」，そしてそれらと関連する「叙述する―歴史的に物語る」というコンピテンス領域が設けられており，各々の領域ごとに要素能力とそれらのD〜Hの要求水準が示されている。地理や政治教育と各学年で一部の単元を共有する地歴公並行関連的構成の下，一般史学習と主題学習を反復しながら，歴史実践のためのコンピテンス育成を段階的に進めることが要求されている。また，こうした分化的な社会系教科におけるコンピテンス育成を準備できるように，生活の様々な要素や側面を扱う広領域教科の事実教授（第1〜4学年），それを踏まえて社会に学習を焦点化する総合的な社会系教科の社会科学（第5・6学年）では，科学的探究の基礎，社会科学的探究の基礎となるコンピテンスの段階的育成が求められている。学校段階や学年段階の進行に沿

って総合から分化へ移行する場合も，コンピテンス育成の一貫性と段階性が重視されているわけである。

## Ⅳ　教科横断的な教育課題への寄与

　各教科固有のコンピテンスの育成だけで教科の存在意義に応えられるとは必ずしも考えられていない。教科独自の役割を果たしつつ教科横断的な教育課題に寄与することも同時にねらわれている。

　個々の教科による独自のコンピテンス育成は，悪くすれば，蛸壺化したり，現実世界と乖離したりし，教科相互の関係や元々の学校教育目的との関係を見失いかねない（高橋, 2013, p.56, 他）。ベルリン州とブランデンブルク州の場合，各教科の教育がより意義あるものとなるよう，教科横断的な教育課題への寄与が二つの範疇で構想されている（表5）。

　その一つは，「基盤カリキュラム」と称される「言語教育」と「メディア教育」への寄与である（BE/BB，2015a, S.5；2015b, S.3-5, 14）。社会を生きていく上でのあらゆる領域や活動の共通基盤となる「言語コンピテンス」と「メディアコンピテンス」の育成に貢献することである。両コンピテンスの諸領域における要素能力ごとに，基礎学校の第6学年相当と総合中等学校の第10学年相当の要求水準が示され，それらを全教科の教育を通じて達成することが要求されている。

　そうした基盤教育の手段として個々の教科が位置付けられているのではない。例えば，歴史の学習指導要領では，歴史映画，歴史祭り，歴史漫画，歴史展示，記念日，記念碑，街路名など，現在の社会の中の広義の歴史すなわち「歴史文化における表現・解釈の分析と評価判断の能力」を育成することで，「メディア教育に自らの教科に特有な寄与を為す」と述べられている（BE/BB，2015c, S.22）。「メディア教育」のための歴史教育ではなく，歴史教育としての「メディア教育」が意図されている。個々の教科が自らの役割に応えることを通して，各教科で育成するコンピテンスの支えともなる共通基盤の教育に寄与するわけである。

　もう一つは，「横断的主題」として示される現代的教育課題への寄与である（BE/BB，2015a, S.5；2015b, S.3）。それらの主題は，既存の社会における生活の形成，新たな社会の形成を通して，社会をよりよく生きていくための諸課題に関わるものである。どの主題についても，関連付けが可能な教科等が例示されている。

**表5　ベルリン州・ブランデンブルク州における教科横断的教育**

| |
|---|
| ■基盤カリキュラム |
| ・言語教育 |
| ・メディア教育 |
| |
| ■横断的主題 |
| ・職業・学修のオリエンテーション |
| ・多様性の受容 |
| ・デモクラシー教育 |
| ・ヨーロッパ教育 |
| ・健康の促進 |
| ・暴力の予防 |
| ・両性の同権・平等（ジェンダー・メインストリーミング） |
| ・異文化間教育 |
| ・文化教育 |
| ・モビリティ教育・交通教育 |
| ・持続可能な開発／グローバル学習 |
| ・性教育／性の自己決定のための教育 |
| ・消費者教育 |

（BE/BB, 2015b）

「持続可能な開発／グローバル学習」では，社会系と自然系の諸教科，経済・労働・技術，外国語，ドイツ語，倫理などが挙げられている（BE/BB, 2015b, S.34）。各教科で個別に扱ったり，複数の教科で連携して扱ったり，通常の教科の授業と別枠で扱ったりするなど，各学校の特色ある教育課程の編成が要請されている。

　意図されているのは，各教科の学習を生活や社会の現実や問題と結び付けることでリアリティや必然性のあるものにし，児童生徒が意味や意義を捉えながらコンピテンスを習得・習熟できるようにすることだけではない。それらを通して，現実や問題について深く掘り下げたり，多面的多角的にアプローチしたりすることを支えるなどし，各教科が社会を生きていくための諸課題に様々なコンピテンスに基づいて取り組めるようにする教育へ寄与することもねらわれている。

　生活や社会の現実や問題と関係付け，教科固有のコンピテンスの育成を進めること，そうして生活の形成や社会の形成のための基盤や課題の教科横断的教育にも自らの特性を生かして寄与することが各教科の教育では重視されている。汎用的コンピテンスや現代的教育課題が重要であるとしても，各教科の本来の役割を軽視・阻害してはならず，そのような両立化の方向性は検討に値しよう。

（服部一秀）

**引用・参考文献**

BE（Senatsverwaltung für Bildung, Jugend und Familie）(2005) *Verordnung über den Bildungsgang der Grundschule*（Anlage 1：Fassung vom 20.7.2017）.

BE（2010）*Verordnung über die Schularten und Bildungsgänge der Sekundarstufe I*（Anlagen 1 und 2：Fassung vom 3.8.2018）.

BE/BB（Ministerium für Bildung, Jugend und Sport des Landes Brandenburg）(2015a) *Rahmenlehrplan für die Jahrgangsstufen 1-10, Teil A*.

BE/BB（2015b）*Rahmenlehrplan für die Jahrgangsstufen 1-10, Teil B*.

BE/BB（2015c）*Rahmenlehrplan für die Jahrgangsstufen 1-10, Teil C Geschichte 7-10*.

原田信之（2018）「ドイツのカリキュラム・マネジメントと授業の質保障」同編著『カリキュラム・マネジメントと授業の質保障』北大路書房，93-121.

服部一秀（2012）「ドイツの社会科の動向」日本社会科教育学会編『新版社会科教育事典』ぎょうせい，366-367.

服部一秀（2017）「小中学校における歴史実践教育」『山梨大学教育学部紀要』25，261-279.

KMK（2005）*Bildungsstandards der Kultusministerkonferenz, Erläuterungen zur Konzeption und Entwicklung*, Luchterhand.

NRW（Ministerium für Schule und Bildung des Landes NRW）(2005) *Verordnung über den Bildungsgang der Grundschule*（Anlage Stundentafel）.

高橋英児（2013）「現在・未来を生きる子どもに必要な教育とは？」久田敏彦監修・ドイツ教授学研究会編『PISA後の教育をどうとらえるか』八千代出版，31-62.

高谷亜由子（2016）「ドイツ」文部科学省『諸外国の初等中等教育』明石書店，163-215.

吉田茂章（2016）「PISA後ドイツのカリキュラム改革におけるコンピテンシーの位置」『広島大学大学院教育学研究科紀要』65，29-38.

1　中国の教育課程は，1986年の義務教育法の制定に伴って，初めて全国統一の教科群
　の確定と，９年の一貫教育を前提とした教育課程の設計が可能となった。
2　教科書制度は，建国後長年続いた「国定制」から改革開放以降の「検定制」への移
　行を経て，今日の「国定・検定並行制」に至るが，中国の教育課程はその在り方に大
　きく影響されてきた。
3　教育改革は，基本的に教育課程の画一化を克服し，地域の多様なニーズに応える多
　様化の方向へと進んできたが，近年，「国語」「歴史」「道徳と法治」の３教科の全国
　統一化が図られ，人文・社会系教科におけるイデオロギー性が強まった。
4　今日，顕著になりつつある伝統文化重視の傾向は，急激な社会変動における新しい
　国家アイデンティティ形成の一環として位置付けられる。
　　　　　　　キーワード：「三段階教育課程モデル」「伝統文化の教育課程化」「統編教材」

## I　はじめに

　中国における学校制度は，全国大多数
地域で実施される６・３制と，上海市等
で実施されている５・４制の２種類に分
類される。「受験競争」「地域格差」「学
力偏重」など，様々な課題を抱えつつ，
中国の学校教育は「文化大革命」以降に
始まった市場経済と対外開放政策の実行
に伴って空前の変貌を成し遂げている。
中でも1986年の義務教育法の制定は大き
な転換点となった。それによって，建国
後初めて「教育を受ける権利」の保障が
政策理念として挙げられ，また，９年間
の義務教育を視野に入れた，一貫性を持
つ教育課程の設計が可能となった。また，
全国教科書審査委員会，各教科の教科書
審査委員会が設置され，教科書の国定制
から検定制へと移行するための教科書行

政が確立したのもこの年であった。
　現行の教育課程は，小学校は国語（語
文），道徳と法治，数学，科学（理科），
体育，外国語，芸術（音楽，美術），総合
実践活動の８教科，中学校は国語（語文），
道徳と法治，数学，歴史と社会（歴史，
地理），科学（生物，物理，化学），体育と健
康，外国語，芸術（音楽，美術），総合実
践活動の９教科で構成されている（鐘，
2002, p.5)。今日，中国の教科群は，建国
以来，最も頻繁に再編・改廃を繰り返し
てきた活動類教科と徳育関連の教科がそ
れぞれ「総合実践活動」と「道徳と法
治」に帰着したことで，構造的に安定し
た時期を迎えているとみなすことができ
るが，近年，一部の教科をめぐって注目
すべき動向がみられた。以下では，教科
書制度改革の動向を手掛かりに教育課程
編成の仕組みとそのメカニズム，そして

教育課程の特徴の一端を整理する。

纂・使用されている。

## Ⅱ　教育課程の多様化をめぐる動向

### 1．国定教科書から検定教科書へ

中国の教育課程は，建国以降，長期にわたって人民教育出版社の編纂する全国統一の教科書によって独占されてきた。一つの学習指導要領（教学大綱）に基づく一種類の教科書，いわゆる「一綱一本」の時代が約40年近く続いたのである。この事実上の国定教科書制度にメスが入ったのは，「文化大革命」以降，とりわけ80年代から本格化した市場経済と対外開放政策が実行されてからのことである。

教育の多様化，個性化を理念として進められた教育課程の改革は，やがて「一綱一本」の画一化した教科書制度から，「一綱多本」（一種類の学習指導要領に基づく複数種類の教科書の編纂），さらには「多綱多本」（複数種類の学習指導要領に基づく複数種類の教科書の編纂）への移行へと展開した。学習指導要領の名称が「教学大綱」から「課程標準」に変更され，教科書の編纂・発行が教育部（日本の文科省に相当）直轄の人民教育出版社の独占状況から，指定基準を満たしさえすれば，誰でもどの出版社でも教科書の編纂が可能な検定制へと移行し，競争原理に基づく教科書の多様化が図られたのである。実態としては，人民教育出版社の教科書が依然として圧倒的に優位を占めているが，教科書の多様化は確実に進行した。例えば，「国語」の場合，2016年現在，小学校で12種類，中学校で8種類の教科書が編

### 2．三段階教育課程モデル

21世紀に入って定着した新しい教育課程モデルも多様化推進の帰結だった。かつて教育課程は国家が編成するものとされたが，地方と学校が新たに編成主体に加わることで，①国が編成した教育課程（国家課程），②地域開発の教育課程（地方課程），③学校開発の教育課程（校本課程）というふうに三段階で教育課程が編成されるようになった。

この三段階教育課程モデル（三級課程管理）は，今世紀に入って制度化された。2001年，教育部によって公布された「基礎教育程改革綱要（試行）」（以下「綱要」）では，「異なる地域，学校，生徒のニーズ」に応えるため，国，地方，学校の三つのレベルにおいて教育課程の開発と管理を行うとし，「課程標準」の策定，課程内容の設定と配分，評価システム，教員の養成と研修等について具体的に言及し，教育課程編成における国，地方，学校の果たす役割と権限を明文化した。「綱要」は，教育課程の計画と管理政策の決定，「課程標準」の制定，教科及び授業時数の設定，評価システムの制定を国家の役割とした。一方，地方は，国の教育課程を実施すると同時に，独自に地域に適用される課程標準を定め，教育課程を開発することができるとした。学校レベルにおいてもまた，所在地の実情に基づき，学校の伝統と強みを生かしつつ，生徒のニーズに配慮した教育課程を開発

することができるとした。

　この教育課程モデルの最大の特徴は，教育課程編成主体の単一化から抜け出し，地方と学校が各自のニーズに応じて行う多種多様な教育課程の開発と編成に必要な空間を制度的に保証した点である。筆者は，学校教育が文化的多様性の保全にいかに寄与すべきか，という視点から中国西南地域における少数民族文化の伝承について調査を行ってきたが，特に注目したのが三段階教育課程モデルにおける「地方課程」と「学校課程」の活用であった。このモデルでは，地方と学校が裁量権を持ち，自主的に開発可能な課程の占める割合がカリキュラム全体の16〜20％と定められているからである。この「16〜20％」によって，少数民族が地域と民族の特性及びニーズに基づいて「地方課程」または「学校課程」を開発し，民族文化の伝承を目指した教育活動を展開することが制度的に保証されることになる。調査で明らかになったのは，この規定が西南地域の少数民族教育の現場において機能し，教育課程多様化の一端を担っているという事実である（金, 2014. p.390）。

　しかし，近年，こうした多様化の流れに逆行する動きが現れた。「一部の教科」に国定制が適用されたのである。その「一部の教科」とは，「国語」「歴史」「道徳と法治」の3教科である。3教科の国定版は2017年に全国の小中学校の第一学年で一斉使用が開始され，2019年度からすべての学年で使用されることにな

っている。

## III　「検定制」から「国定・検定並行制」へ

　新しく編纂された全国版「国語」「歴史」「道徳と法治」の教科書は，通称，「統編教材」（統一編集教科書），または「部編教材」（教育部編纂教科書）と呼ばれるが（以下，「全国統一教材」），注目すべきことは，この「全国統一教材」の編集作業が，2011年度版の「課程標準」の実施とほぼ時期を同じくして始まったことである。2011年，3教科の編集チームが教育部主導で結成され，2012年から実質的編集作業が始まったのである。

### 1.「全国統一教材」の特徴

　「全国統一教材」の中で唯一，新しい教科名で登場したのが「道徳と法治」である。従来の「品徳と生活」（小1〜2学年）と「品徳と社会」（小3〜6学年），そして中学校の「思想品徳」の教科名は，一律に「道徳と法治」に統一された。小学校の「道徳と法治」は，各学年2冊の計12冊，内容構成は，基本的に従来の「課程標準」の原則が踏襲され，「私」「私の家族」「私たちの学校」「私たちの地域」「私たちの国」「私たちの世界」というふうに，子どもたちの身近な生活から波紋状に広がるかたちで配列されている。内容的には，小学校で約30，中学校で約50の法規が取り扱われるなど，法治社会における「法規意識」と「公民意識」の涵養が強調されているところが従来と異なる点である。中学校の「歴史」

の教科書も「社会主義の核心的価値観の浸透」を使命とし，生徒が歴史の視点から「社会主義の核心的価値観の歴史的源流及び現実的意義」を理解することを強調している。教育部が，①愛国主義，社会主義の核心的価値観の強調，②伝統文化に関する教育の強化，③革命的伝統教育の強化による理想と信念の確立，を3教科の全国統一化の理由として挙げているように，「全国統一教材」はイデオロギー性の色彩が一層強まっていることが指摘できる（『新民晩報』2017.9.1）。

　最も注目された国語教科書の編纂は，全国各地から集められた国語教育の専門家，文学者，現場の教師，そして人民教育出版社の編集者など約60人の参加した建国後最強のチームによって進められた。編集作業は，ガイドラインの策定，作品の選定と編集，現場での試行，専門家と学校現場の教師からの意見聴取などを繰り返し，通常は長くても2年という編集作業を計5年かけて進め，2017年9月からの導入にこぎ着けた。

　一方，3教科以外の教科書の編纂には，従来の「一綱多本」の方針が適用される。こうして中国の教科書制度は，「国定・検定併用制」の時代に突入したのである。馬敏国家教材委員会委員は，これを「教材の統一性と多様性の体現」と見る。3教科の全国統一教材化が必ずしも地域が行う従来通りの「一綱多本」に基づく多様な教材づくりを排除するものではなく，両立が可能という論理である（『光明日報』2017.7.14）。

## 2．「国家の意思の教育への体現」という論理

　教科書の多様化は，地方や出版部門の自由な競争を促すことで，教科書の質を高めることがねらいだったが，結果的には教科書採用をめぐる汚職などで必ずしも教科書の質的向上につながらなかったことを全国統一教材化の直接の原因とする見解もみられるが，的を射た指摘とは言いがたい。というのは，それは全国統一教材化が「国語」「歴史」「道徳と法治」の3教科に限定された理由の説明にはならないからである。われわれは，むしろその理由を2016年に国務院によって公布された「小学校から大学に至る教材建設に関する意見」と2017年度の「国家教材委員会設置に関する通知」に求めることができる。そこでは，新しく国家教材委員会を設置することの必要性が強調され，委員会の職務として全国教材工作の指導統括，教科書関連計画の審議，教育課程と課程標準の審査に加えて，「イデオロギー性の強い教科」の審査を挙げている。その「イデオロギー性の強い教科」とは，「国語」「歴史」「道徳と法治」である。「イデオロギー性の強い教科」の編成を市場原理にゆだねるのは不適切であり，国家が直接コントロールできる「国家の責務」（事権）とすべきという政治的要請が全国統一教材化の真の理由だったのである。顧海良国家教材委員会委員の言葉を借りると，教科書とは実質的には「国家意思の体現」であり，「国家の責務」である（『光明日報』2017.7.14）。「国家意思の体現」という表現は，「課程

標準」の編纂過程にも散見されだが（呉，2003, pp.3-6），今回，より明確なかたちで制度化されたことになる。新設の国家教材委員会の構成からも政府の並々ならぬ意気込みがうかがえる。当委員会は，劉延東副総理を主任，陳宝生教育部長，黄坤明中央宣伝部副部長を副主任，そして朱之文教育部副部長を事務局長とし，内閣各部の副部長と中国科学院，社会科学院などの責任者を含む22名の政府部門委員，そして大学教授，専門家，研究者からなる27名の専門委員で構成された。また教育部に新たに教材局が新設され，2017年に設置された「課程教材研究所」のデータバンクに6000人を超える専門家が登録され，「国家意思の教育への体現」を目指した体制が形づくられたのである。

## Ⅳ 伝統文化の教育課程化

「国家意思の教育への体現」は，一方では伝統文化の教育課程化の装いで具体化された。このことを象徴的に表す例として，小学校1年生最初の国語の授業を挙げることができる。

### 1. 小学生で唐詩など129首

従来の国語の授業は，ピンイン（漢字のローマ字表記法）の学習から徐々に漢字の学習へと進むのが慣行だったが，新しい教科書では最初から漢字を教えることから始まる。最初に習う漢字は「天，地，人，你，我，他」である。子どもたちの漢字に接触する環境が大きく変わった今日において，絶対多数の子どもたちが入学前にすでに「天，地，人」などの初歩的な漢字を習得していること，英語の授業で習うアルファベットと国語で扱うピンインが子どもたちに混乱をもたらしかねないことに加えて，「天，地，人」は中国の伝統文化の真髄を反映している点などが，漢字から始めることの理由なのだ。「天，地，人」は『三字経』の「三才者，天地人。三光者，日月星」から来ており，中国伝統文化がうたう「天人合一」（自然と人間は対立するものでなく，合一性を持つ）の中国固有の世界観を反映する大切な文字の組み合わせである。

伝統文化の重視は新しい国語教科書の目立つ特徴の一つである。唐詩と宋詞を中心とした古詩古文が小学校で1年生の「春暁」から始まって計129篇，中学校で132篇という大幅な増加がみられた。

### 2. 伝統への回帰

もちろん，伝統文化の重視は「全国統一教材」に始まったことではない。80年代以降，伝統文化をいかに扱うべきかは一貫して重要な課題であった。80年代から90年代にかけては「伝統文化の見直し」が課題であったとするならば，21世紀に入ってからは「伝統への回帰」が前面に出た感がある。儒教を基盤とする伝統文化が必ずしも近代化の障碍ではなく，経済発展が必要とする「安定」「団結」の環境づくりには頼もしい味方であるとのことから，伝統の見直しと文化保護の流れが形成された。儒教とは，そもそも

「秩序の倫理」である。儒教は，革命の際には攻撃の矛先が向けられ，秩序の安定が求められるときには例外なく支配者によって担ぎ出され重宝されてきた歴史がある。21世紀に入ると，伝統文化は「民族の復興」と「文化の復興」がセットとなって議論され始め，これまでとは明らかに趣を異にする（金，2012，p.525）。30年以上続く経済の高度成長に伴う経済大国への歩み，そして国際社会における発言力の向上が「中国文明の復興」として捉えられ，「文化強国」が経済戦略と並ぶもう一つの国家戦略として位置付けられるようになったのである。

## 3．伝統文化と国家アイデンティティ

国学ブーム，「論語」「孟子」「中庸」「道徳経」などの経典の教材化，「四書五経」を教える私塾の復活，「三字経」「弟子規」「千字文」の流行，「冠の礼」や「笄の礼」などの儀式の復活，「国服」としての漢服唐装の流行，各地にみられる古城の復原，端午節，中秋節など古来の伝統的祝祭日の重視など，伝統文化をめぐる様々な動きは，上述した国家戦略を背景として活発化した。

今回の「全国統一教材」に顕著にみられた伝統文化の教育課程化の動きは，度々言及される「青少年の中国的基調色（中国底色）の涵養」「自分の文化に対する自信」「中国の立ち位置と中国の知恵」「中国の価値に対する信念と自信」という表現が示すように，新しい国家アイデンティティ形成の一環とみなすこと

も不可能ではないように思われる。

---

# Ⅴ　終わりに

中国の教育は，空前の経済成長を背景とした急激な社会変動のダイナミズムの中で揺れ動きつつ，量質ともに大きく変化してきた。学校現場では常に最新の教育内容と教育方法，最先端の教育機器と設備，新しい教育評価と教員人事システムの試行，そして海外の進んだ教育思想の導入など，開放性に富む教育改革が試みられる一方，教育全般におけるイデオロギー優先と国家主義志向は衰えるどころか，ますます強化されていく現実がある。改革開放も多様化も，社会主義の体制において許容される範囲内に限られるのが実態であろう。

本稿が取り上げた「国語」「歴史」「道徳と法治」の3教科の全国統一教材化の動きは，やがて大学に至るすべての人文社会系の教育課程に及ぶとする予測もみられる中，教育課程の統一性と多様性をめぐっていかなる攻防が展開されるか，その動向が注目される。　　　　（金龍哲）

**引用・参考文献**

金龍哲（2012）「"伝統文化"の教育課程化の論理と課題」『教育学研究紀要』（CD-ROM版）58，524-529.

金龍哲（2014）「中国における少数民族の文化伝承を異目指したカリキュラム開発―新しい教育課程モデルとの関係に注目して」『教育学研究紀要』（CD-ROM版）60，386-391.

呉鐸編著（2003）『徳育課程与教学論』浙江教育出版社.

鐘啓泉等（2002）『基礎教育課程改革綱要（試行）解読』華東師範大学出版社.

## 第4節　21世紀の教育において教科等はどのような役割と意義を果たすのか：教科の現代的意義　　　（7）　韓国

> 　韓国の教科教育は国家の定めた教育課程に従って行われている。2019年現在の教育課程では，日本でいう資質・能力に該当する核心力量（핵심역량，Key Competencies）の育成が重要とされる。初等学校では，1・2学年の統合学習が1981年から始まり，1997年からは3学年から教科としての英語学習が行なわれている。南北の分断体制により1945年以後から1980年代後半までは軍事独裁政権であったため，教科書は政権の正統性や主張を唱える手段とされ国定教科書が多かった。しかし，現在はその多くが検定教科書に移行している。韓国の教科教育も，その時々の国際・国内の政治や社会状況，世界の教育思潮の影響を大きく受けて変化してきた。
>
> キーワード：「Key Competencies」「統合教科」「創意的体験活動」

### I　韓国教育の方向性

　大韓民国（以下，韓国）では，日本同様の6（初等学校）・3（中学校）・3（高等学校）制である。中学校までが義務教育とされ，高校までは国家基準の教育課程により教科学習が行われている。韓国における教科は，学校において教育目的に合うように教えなければならない内容を系統的に選択し，組織したまとまりを指している。

　2019年現在，韓国で施行されているのは2015年改訂教育課程である。これは，すべての学生が人文・社会・科学技術に対する基礎的な素養を涵養し，人文学的な想像力と科学技術の創造力を持つ「創意融合」型の人材を育成することを目的とする。この実現のために，①核心力量（핵심역량，Key Competencies）の育成，②統合社会や統合科学などの科目を新設，③文・理系の区分なく人文・社会・科学技術に関する基礎的な素養の養成，④進路と適正に沿う多様な選択科目の履修，⑤芸術や体育を通じて感受性及び情緒の育成，⑥協働と配慮などによる人格教育の強化，⑦ソフトウェア教育，安全教育の追加などが掲げられている（教育部，2017）。

　その中心となるのは①の核心力量の教育であり，『初中等学校教育課程総論』では「教科教育を含む学校教育の全課程を通じて育成する6の力量」として，以下の(A)〜(F)が挙げられている（國分，2018）。

(A) 自我アイデンティティと自信感を持ち，自身の生活と進路に必要な基礎能力と資質を持ち，自己主導的に生きていくことができる，自己管理の力量。

(B) 問題を合理的に解決するために，多様な領域の知識と情報を処理し活用することができる，知識情報処理の力量。

(C) 幅広い基礎知識を基礎に，多様な専門分野の知識，技術，経験を融合的に活用して新しいことを創出する，創意的思考の力量。
(D) 人間に対する共感的理解と文化的感受性を基礎に，生活の意味と価値を発見して享受する，審美的な感性の力量。
(E) 多様な状況で自身の考えと感情を効果的に表現し，他の人々の意見に傾聴し尊重する，意思疎通の力量。
(F) 地域・国家・世界共同体の構成員に要求される価値と態度を持ち，共同体の発展に積極的に参与する，共同体の力量，である。

## Ⅱ　初等学校・中学校

　こうした資質・能力を背景として2015年に改訂された初等学校及び中学校教育課程は，以下の表1のとおりである（國分，2018）。国語，社会，数学などの教科

と教科外活動としての創意的体験活動の二つに大きく分かれている。創意的体験活動とは日本の総合的学習の時間と類似したものであり，教育課程は2017年から初等学校より暫時実施される。以下，初等学校を中心に教科の特徴を3点挙げ，日本との比較を行う。

### 1．統合教科

　1点目は，統合教科である。低学年である1・2年生では「正しい生活」「賢い生活」「楽しい生活」という統合的な学習が展開される。これら三つの統合教科は，1981年からの第4次教育課程より新設されたものであり，人間中心教育課程の考えがその理論的背景となっている。人間中心教育課程とは，高度産業化により生じた人間性の消失と非人間化が1970年代に社会問題となったことから，高度産業化に適応する技術教育，人間的な心

表1　韓国の小学校・中学校の教育課程

| 区分 | | 初等学校 | | | 中学校 |
|---|---|---|---|---|---|
| | | 1～2 | 3～4 | 5～6 | 1～3 |
| 教科（群） | 国語 | 国語　448 | 408 | 408 | 442 |
| | 社会／道徳 | | 272 | 272 | 510 |
| | 数学 | 数学　256 | 272 | 272 | 374 |
| | 科学／実科 | | 204 | 340 | 680 |
| | 体育 | 正しい生活　128 | 204 | 204 | 272 |
| | 芸術（音楽／美術） | 賢い生活　192 | 272 | 272 | 272 |
| | 英語 | 楽しい生活　384 | 136 | 204 | 340 |
| | 選択 | | | | 170 |
| | 小計 | 1,408 | 1768 | 1972 | 3,060 |
| 創意的体験活動 | | 336 安全な生活（64） | 204 | 204 | 306 |
| 学年群別総授業時間数 | | 1,744 | 1,972 | 2,176 | 3,366 |

備考（抜粋）：1時間の授業は40分を原則にするが，気候や季節，学生の発達程度，学習内容の性格，学校実情などを考慮して編成・運営することができる。当年群及び教科（群）別の時間配当は年間34週を基準とするが，2年間の基準授業時数を表している。学年群別の総授業時間数は最小授業時数を表している。
初出：教育部（2017）『初中等学校教育課程総論』

情を強調する教育である。この教育課程は，それ以前の教科の構造と探究学習を重視する学問中心教育課程が結局，学習者による創造的な教育を軽視し，体系化された知識を教えることになったことの批判として登場したものである。「正しい生活」は，道徳・国語・社会科の教科をまとめたものであり，「賢い生活」は算数と自然（理科），「楽しい生活」は，体育・音楽・美術をまとめたものである。このうち，1987年の教育課程からは国語と数学（算数から名称変更）を統合教科から分離させて独立した教科としたが，基礎的な教科の強化が背景にある。

日本との比較である。統合教科については，1989年の学習指導要領より小学校で生活科が新設された。人間中心教育課程は1970年代の世界的な趨勢にあり，日本では1977年の教育課程で「ゆとり」教育として登場した。

## 2．英語教育

2点目は，小学校3年生から始まる英語教育である。韓国の初等学校において正式に英語を教科として位置付けたのは，1997年からであった。しかし，突発的に出てきたのではなく，1980年代の特別活動や学校裁量の時間を利用しての教科以外での継続的な活動の延長線上にあった。それが教科として正式に位置付けられるようになった契機は，1994年の世界貿易機関（WTO）に韓国が加入したことである。世界化を推し進める金泳三大統領の意向もあり，1997年より初等学校の3年

生で英語が正式に教科として始まったのである（金泰勲．2007）。

日本の小学校では2020年から，3・4学年は外国語活動として，5・6学年は英語が教科として導入される。韓国の先駆的な試みは，児童の成長や母語習得との関係など日本の英語教科導入にも示唆を与えている。

## 3．教科書の発行形態

3点目は，教科書の発行形態である。教科書は，国定，検定，認定の3種類がある。国定図書は教育部が著作権を持つ教科用図書，検定図書は民間会社が制作し教育部長官の検定を受けた教科用図書である。認定図書は教育部長官の認定を受けた教科用図書を指す。1945年以後，韓国の初等学校及び特別支援学校は全教科国定であり，中学校でも国語・社会（国史）・道徳の3科目は国定であった。1997年では初等・中等学校教科書のうち，国定図書が7割近くを占めていた。これが変化したのは2000年代後半である。2007年教育課程では，初等学校3～6学年の英語，5・6学年の音楽・美術・体育・実科が検定制になった。また，中学校の国語・社会（歴史）・道徳科目も，検定教科書に転換した（教育人的資源部，2007）。

日本は基本的に検定教科書であるが，これは1948年から始まったものである。中学校までの教科書の無償配布は日本も韓国も同じであるが，韓国の教科書の採択は学校ごとに行われており，市町村教

育委員会ごとに採択を行っている日本とは異なる。

## Ⅲ　近代以後の教育課程と教科の変遷

　韓国のこうした教科教育は，近代から形成された。宣教師や民間による近代学校が設立され，1895年には近代的教育法規である「小学校令」が整えられ，小学校では修身・読書・作文などの教科目が実施された。教員を養成するために漢城師範学校も設立された。しかし，1905年の第二次日韓協約以後は日本の支配が進み，1945年の解放まで日本の影響を大きく受けざるをえなかった。解放後，米軍政によりアメリカ式教育が入り，社会生活科（social studies，後に社会科）などが導入された。朝鮮戦争を経て1955年に実施された教育課程から現在までその性格は二つに分けられる。一つ目は国家主導の教科中心の教育課程であり，二つ目は学校主導の発達中心の教育課程である（류청산，2009）。

　一つ目の教科中心の教育課程は，軍事独裁政治から民主政治へと移行する時期である。分断体制下の李承晩政権は反共産主義の道徳教育を推進し，朴正煕政権は自身の正統性を主張するために道徳の強化に加えて，歴史科目を社会科から分離し独立教科とした。全斗煥政権も国民精神を鍛える全人教育を行い，初等学校低学年での統合教科を実現した。しかし，1987年に民主化を迎え，金泳三政権は初等学校での英語教科化，地方分権の教育課程，金大中・盧武鉉政権では2007年に

小・中・高1学年まで一貫した国民共通基本教育課程，高校2・3学年の選択中心教育課程となった。また，この時期は北朝鮮への「太陽政策」や南北会談もあり，東西ドイツの事例を参考に南北の融和を求める統一教育も行われた。

　その後，政権を握った保守の李明博政権は，新自由主義的教育政策を反映した2009年改訂教育課程を定めた。ここからが二つ目の学校主導，選択中心の教育課程となる。この「未来型教育課程」と現在の教育課程は，世界のグローバル化に適応する人材育成とPISAの影響を受けての資質・能力育成に重点が置かれている。また，李明博政権はそれまでほぼ10年おきに行われていた教育課程の改訂を随時できるようにした。時代状況に沿う教科改編が可能となった反面，その変化の激しさは教師の混乱を招いた。朴槿恵政権もそうした新自由主義的な教育政策を継承し，2015年改訂教育課程では高校1学年から選択履修制となった。この教育課程は現在の革新政権である文在寅政権にも引き継がれている。　　（國分麻里）

**引用・参考文献**

金泰勲（2007）「韓国の初等学校における英語教育の現状と課題」『教育學雑誌』42.

國分麻里（2018）「諸外国における教育課程の現状：韓国」『教育課程』第二版，学文社.

教育部（2017）『初中等学校教育課程総論』.

教育人的資源部（2007）『2007年改訂教育課程』公示第2007-81号.

류청산（2009）「미래형 교육과정의 핵심 쟁점과 발전 방안」『교과서연구』58.

# 第3章
# 各教科とその本質を考える

　本章は，各教科の本質が次のような観点で語られている：制度によって課された役割，扱われる知識や技能の性格，社会的必要性。さらに教科の継続した成立にかかる歴史的経緯，背景となる「親学問」との関係性，教科にまつわる人間活動の構造。観点の多様さが示唆することは，「教科の本質」とは，個別教科的にも通教科的にも，予めどこか絶対的に存在するのではなく，むしろ語りのねらいや語り方そのものからにじみ出てくるということである。語っているのは各教科の専門家であるが，その語り方から各々の本質を改めて読み取ったり，教科相互の同質さと異質さを感じたりすることは「本質を考える」ことの第一のきっかけとなる。

　なお紙面の多くはその教科の「これまで」にさかれているが，随所に将来性や展望も埋め込まれている。「これまで」と「これから」を対比的に読み取ることはまた，教科の本質を念頭に次代のあり方を考えるための観点となりうる。

国語科は，言語及び言語による生活や文化に関する教科である。国語科を考える観点として本質を表す深層レベル（内的視点）と，時代や社会の要請に応じて現れる表層レベル（外的視点）とがある。深層レベルは言語・言語生活・言語文化から主に論じられてきた。一方で表層レベルでは他教科や学校生活全体との関わりが問題であった。国語科とは何かについては不断の見直しが必要になる。

キーワード：「国語教育と国語科教育」「言語の特質」「社会や教室の変化」

## I　はじめに

　言語は人間の本質を特徴付ける極めて重要な要素である。コミュニケーションを行う生物は多くいるが，ホモ・サピエンス以外に言語と呼びうるものを使いこなす存在は今のところ見つかっていない。国語科は，この言語及び言語による生活や文化に関する教科である。

　ただし，言語習得（言語獲得）は生得的であることが知られており，特別な障害がなければ5〜6歳頃には流暢な母語の遣い手になる（内田，1999）。自然に獲得できる言語であるにもかかわらず学校教育でなぜ学ぶのだろうか。

　本稿では，これまで日本の国語教育学において論じられてきた本質的構造に関する主要な議論をみていくことで，学校教育における国語科について考察する。

## II　深層・表層から捉える国語科の本質

　倉澤（1968）は国語科の本質的構造を議論するにあたって「内的視点」と「外的視点」の見方があることを示した。浜本（2001）も「深層」と「表層」というほぼ同様の枠組みで議論をする。国語科はその本質を表す前者と，時代や社会の要請に応じて現れる後者とがあるというのである。本項では具体的な事例を取り上げている浜本の論考を中心にして，適宜補足しながらみていくことにする。

### 1．深層（理念としての構造）

　浜本は西尾（1947）の言語生活論について「地盤領域」としての話し聞く言葉，「発展領域」としての読み書く言葉，「完成段階」としての言葉の文化（言語，文学，哲学など）を示し，それまで読み書き中心だった国語科に話し言葉が明瞭に位置付けられたと指摘する。西尾については他にも家庭や学校や文化社会との関わりを示したことも指摘できるだろう。戦後の国語教育の基盤となった理念である。

また湊（1992）によって初等と中等の国語科教育が原理的に包括されたことを浜本は指摘する（図1）。湊については他にも言語学を基盤にしつつ言語生活を中心として言語体系や言語文化との関わりを明瞭にしたことが指摘できる。

**図1　言語生活・言語文化・言語体系の相互連関性**
（湊，1992，p.168の一部）

上記以外にも次のようなものを深層レベルとして取り上げることができる。

桑原（1996）は，西尾の言語生活論をベースにしつつ同心円状の3層構造で捉えた（図2）。言葉の学びを中心の③言語からではなく，外側の①言語生活，②言語活動，③言語へと求心的にすべきとし，指導方法の理念までも示す。

**図2　言語・言語活動・言語生活の学習論的構造**
（桑原，1996，p.14）

他にも，言語の機能に基づいて国語科の本質を考察するものが挙げられる。機能の種類や数は論者によって様々である

が，例えば塚田（2018）は言語の「認識機能」と「伝達機能」，個人の成長に関わる心理過程である「人格形成機能」，社会的なレベルでの「人間関係形成機能」，そして言語の「規範的機能」と「創造的機能」を基に国語科の本質を端的に論じている。注目すべきは，「なぜ，言語（日本語）はこのように人間や社会に大きく作用し，これを制御し，発展させる力があるのか」（p.6）について，学習者と教師が理解を深めることが国語科の要点だと主張している点である。

ここまでの議論からは国語科の深層構造としては，言語や言語生活・言語文化などから論じられていることがわかる。

## 2．表層（実践における構造）

浜本が表層構造としてまず取り上げるのは，1947年の学校教育法や日本文学教育連盟（1966）である。後述するが国語と文芸（文学）との関係が問題であった。

この他，学習指導要領の「A 話すこと・聞くこと」「B 書くこと」「C 読むこと」〔言語事項〕という三領域一事項が取り上げられている。学習指導要領についてはすべての改訂版が表層レベルと言える。ただし構造としての領域設定の仕方は時代によって変化している。「〜すること」といった言語活動（行為）ではなく，昭和52年版や平成元年版などのように「理解領域」「表現領域」「言語事項」から構成するものもあった。もちろん領域設定の仕方だけでなく，各領域にみられるスキルも国語科の本質の一端を

示すことは言うまでもない。PISAショック後の平成20年版からは言語活動が改めて重視され，国語科だけでなくあらゆる教科を通しての言葉の教育が強調された。

このように表層構造は時代によるが，国語科と他教科との関係，すなわち国語科とは何かが度々問われてきた。

## Ⅲ　学校教育全体から国語科の本質を捉える

そこで本項では，国語科と他教科との関係からその本質について考察しているものを取り上げ，検討する。

### 1．国語科教育と国語教育

倉澤 (1965) は国語科と他教科との関係を端的に示す（図3）。縦軸は既存の教科「国語科」などであり，横軸は様々な教科の中で学ばれる言葉の学習，つまり「国語教育」である。社会科や理科など

| 理科の教育 | 社会科の教育 | 国語科の教育 |
|---|---|---|
| 国語の教育 | | |

**図3　国語科教育と国語教育との関係**
（倉澤，1965，p.10）

でもレポートを書いたりしながら言葉を学んでいる。国語科だけで言語を学んでいるわけではないのである。

この縦と横の関係の重視は，当然学校生活全体を見据えることになるため言語活動や言語生活との関わりが大きくなる。近年の教科を超えた資質・能力であるキー・コンピテンシーや「主体的・対話的で深い学び」も言葉に関わるものが多い

が，このような横軸の視点から考えることができるだろう。

また学校内ばかりでなく，実際には家庭や社会においても言葉を学んでいる。こういった点も視野に収めて言葉の学びを論じることの重要性がこれまで指摘されてきた（国語審議会，1972）。

### 2．国語科の固有性

浜本 (2001) は，1947年の学校教育法の中で「国語を学ぶ教科」と「文芸を学ぶ教科」に分化させる構造が推量できるとし，また日本文学教育連盟 (1966) では国語科を文学科教育と言語科教育から成立させる構造観が提起されたという。野地 (2001) は，このような文学教育を芸術教育の中に入れるなどの提案を踏まえ「国語科の教科構造は，既成のものとして顕在化しているわけではない」(p.143) と指摘する。

文学教育の実現の在り方には様々な可能性があったと言えるのである。西尾・時枝論争をはじめとして文学と言語の関係については重要な議論が積み重ねられており，高校国語科の科目区分にこういった考え方が反映されているとみることもできる。

また児童言語研究会は国語教育を国語科（語彙・文法の基盤課程と文章の理解と表現の文章課程）と他教科・学校生活（生活課程）とに分け，「言語」に関するものを基盤に据える構造図を示した（林，1962）。森岡 (1972) はヴィゴツキーの議論を踏まえ，読むことで「内言」を，書く

ことで「外言」を鍛えられるため，国語
科からは話すこと・聞くことの指導をは
ずし学校教育全体で行うべきと主張した。
　一方，兵庫教育大附属小は国語科と算
数科を併せた記号科を誕生させた（中洌・
兵庫教育大学附属小学校国語部，1996）。
　このように国語科の在り方は必ずしも
自明のものとして存在するわけではない。

### 3．日常生活と連続する国語科

　甲斐（2011）は，石山（1938）を踏まえ次
の点を指摘する。第一に，教科内容は子
どもを取り巻く日常生活と連続的である
こと。第二に，教科間には相当の未分化
的領域（総合的領域）が存在すること。
第三に，各教科「固有の本質的領域」は
必ずしも固定的ではなく，「日常生活を
向上させる」ためにそれぞれの時代に応
じて選択した「教育的見地」の所産だと
いうのである。
　このように日常生活というものが教科
の土台として存在することが教科間の重
なりや総合的な領域を生み出し，しかも
本質的領域さえも左右することが指摘さ
れている。言語は日常生活や各教科学習
に必須であり，また重要なツールである
ため余計にその影響は大きいと言える。

## IV　子どもの発達や他校種との
## 　　関わりから国語科を捉える

　ここまで主として他教科との関わり，
いわば水平的な視点から整理してきた。
次に子どもの発達や他校種との関わり，
いわば垂直的な視点からみてみる。

### 1．他校種との関わり

　学習指導要領では小中高のいずれも，
学習者の発達を踏まえ他校種との接続や
関わりについて一応の配慮がされている。
　奥水（1968）も，幼稚園から大学までを
見通している（図4）。特徴的なのは学習
者の発達や学習の積み上げによって，国
語科の教科内容には軽重が生じることが
示されている点である。

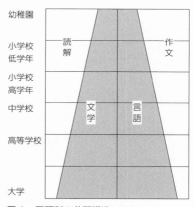

図4　国語科の分野構造（奥水，1968，p.302）

### 2．発達心理学からの視点

　こういった国語教育における系統性の
議論とは別に，心理学の岡本夏生（1985）
は「一次的ことば」と「二次的ことば」
という概念を示す。前者は生まれてから
身近な人とやりとりをする中で獲得され
るものである。後者は不特定多数に向け
て一方向的に話したり書いたりするもの
で，その場の状況と結び付かず，学校教
育で獲得されるものである。両者は層的
に学ばれるという点にポイントがあるも
のの学校教育における言葉の学びは，単

なる家庭生活や幼児生活の延長ではないことがわかる。書き言葉や大人の言語文化を学ぶだけでなく，学ぶ言葉の質そのものが異なるという重要な指摘がなされているのである。

## V　歴史的視点から見た国語科

ここまでは各論者が捉えた国語科の本質に関わる議論を概観してきた。では通時的に見た場合に，国語科はどう変遷してきたと捉えられているのだろうか。

代表的な歴史区分の一つである西尾（1950）は次のように示す。

- 語学教育期（明治）
- 文学研究指導期（昭和10年頃まで）
- 言語生活指導期
　（前期）言語活動主義発見期（戦前）
　（後期）言語教育と文学教育併行期

こういった国語教育の視点とは別に，国民国家や「国語」という言語（標準語）がどう形成されたのかという観点からも国語科の意味について議論されている（イ，1996）。

一方で，甲斐（2001）は次の説明をする（図5）。「客観主義」は，学習者にとって客観的存在としての文化（知識・技術，認識の方法）を授け，文化そのものも維持，発展させようとする立場である。

「主観主義」は学習者の環境や心理（彼らと環境との相互作用から見いだされる問題やその解決）を重視する立場である。「形式主義」は言語の表現形式に関する知識や技能の習熟を重視し，「内容主義」は表現・理解の主体として体験や知識の整理や獲得を重視する立場とされる。

その上で，明治初年は図5中の①であり，明治中期以降②が加わる。大正時代以降③が発見され，戦後に④に移行する。そして昭和33年版学習指導要領において①に回帰したことが指摘されている。

国語科の教科内容は変遷しつつも繰り返されつつあることが示されている。図5の縦軸と横軸はいずれも国語科の本質に関わる重要な要素だとみることができる。ただし，甲斐もまた「それぞれの領域の内容には，時代によって変化を迫られる面がある」（p.148）と指摘するのである。

## VI　今後の国語科はどう変化すべきか

これからの時代を考えた場合，次の二つがポイントになるだろう。

一つは，多様性への対応である。学校における日本語非母語話者の数は増え続けているが，通常の国語の授業を受けざるをえない場合も多い。国語教育はこれまであくまでも母語教育を前提としていたが，対応が迫られていると言える（府川，2011）。母語の定義も従来の枠組みでは捉えきれなくなっており，「国語科」という教科名称についても見直す必要が生じるかもしれない。また特別支援が必

　　　　　　　客観主義
　　　　　②　　│　　①
内容主義─────┼─────形式主義
　　　　　③　　│　　④
　　　　　　　主観主義
**図5　国語科の教科内容の広がり**
（甲斐，2001，p.147）

要な学習者と一緒に学ぶ教室が増えており，こういった視点を踏まえた国語科の在り方も問われている（原田，2017）。

　もう一つは，新メディアやコミュニケーションツールへの対応である。小中学生でも動画を気軽に編集しSNSなどにアップする時代となっている。言語やリテラシーの定義が拡大する中で，国語科はいわゆる昔ながらイメージする「言葉」だけに固執するわけにはいかない。子どもたちの将来の生活までも視野に収めた国語科の構築が必要になる。

　このように言語生活や言語文化の激変だけでなく言語そのものも従来のように捉えることは難しくなってきた。そのような時代にあっては国語科の在り方について広範な議論をし続けることこそが重要になる。　　　　　　（長田友紀）

### 引用・参考文献

浜本純逸（2001）「国語科の構造」大槻和夫編『国語科重要用語300の基礎知識』明治図書.

原田大介（2017）『インクルーシブな国語科授業づくり』明治図書.

林進治（1962）「「国語科の構造」はどうあるべきか」『児言研国語』1，10-24.

府川源一郎（2011）「国語教育の本質と構造」日本国語教育学会編『国語教育総合事典』朝倉書店，2-7.

石山修平（1938）『新学習指導要領論』目黒書店.

甲斐雄一郎（2001）「国語科の教科内容」日本国語教育学会編『国語教育辞典』朝倉書店.

甲斐雄一郎（2011）「国語科の構造」日本国語教育学会『国語教育総合事典』朝倉書店.

国語審議会（1972）「国語の教育の振興について」（建議）.

輿水実（1968）「国語教育と国語科教育」波多野完治ほか編『教育学全集5　言語と思考』小学館.

倉澤栄吉（1965）『国語教育の実践理論』明治図書.

倉澤栄吉（1968）「国語科教育の構造」全国大学国語教育学会編『講座「国語教育の改造」I　本質と課題の検討』明治図書.

桑原隆（1996）『言語生活者を育てる』東洋館出版.

イ・ヨンスク（1996）『「国語」という思想』岩波書店.

湊吉正（1992）「言語研究と国語教育」日本国語教育学会編『ことばの学び手を育てる国語単元学習の新展開I　理論編』東洋館出版.

森岡健二（1972）「言語教育の本質と目的」西尾実・石橋幸太郎編『言語教育学叢書　第1期-1』文化評論出版.

中洌正堯・兵庫教育大学附属小学校国語部（1996）『「記号科」で国語教育を見直す』明治図書.

日本文学教育連盟編（1966）『講座日本の文学教育I』新光閣書店.

西尾実（1947）『言葉と其の文化』岩波書店.

西尾実（1950）『言語教育と文学教育』武蔵野書院.

野地潤家（2001）「国語科の教科構造」日本国語教育学会編『国語教育辞典』朝倉書店.

岡本夏木（1985）『ことばと発達』岩波書店.

塚田泰彦（2018）「初等国語科教育の意義と目標」塚田泰彦ほか編『初等国語科教育』ミネルヴァ書房.

内田伸子（1999）『発達心理学』岩波書店.

# 第2節　社会科とはどのような教科か

社会科は，民主主義社会を形成する人間に必要な力＝民主的シティズンシップを育成するという目標の下に成立した教科である。これまでの社会科では，教科内容の構成の論理を「子ども中心」から「学問中心」「社会中心」へと変容させていた。即ち，これまでの社会科は，現実社会とは異なる学校という場で，子どもが「専門家」（＝学問）や「大人」（＝社会）という立場を用いて，模擬的に市民として学ぶことで，資質を育成しようとしてきた教科であった。しかし，社会変容の激しい時代においては，現実社会の文脈を積極的に取り入れ，「子ども・社会・学問」の論理を整理しながら，新しい社会科を構想していく必要があるのではないか。

キーワード：「子ども・社会・学問」「公・私，地域・国家・世界」
「シティズンシップ（公民的資質・市民性）」

## I　はじめに：民主的シティズンシップを育成する教科としての社会科

社会科とはどのような教科か，と聞かれた際，どのように答えるだろうか。「アメリカの農業」や「織田信長」といった地理や歴史の内容。スーパーマーケットやゴミ工場を訪ねた見学旅行。もしくは，現代の社会問題に関するディスカッションや新聞学習を想起する人もいるかもしれない。「社会科」というのは，このように内容や方法も含めて，教科イメージが曖昧な特性がある。

世界を見渡すとさらに状況は複雑化する。「歴史」「地理」「公民」と領域ごとに教科が分かれる国。「歴史と政治」「地理と経済」というように，「地理歴史科」「政治経済」のある日本と組み合わせが異なる国もある。

なぜ，このように異なるのか。それは，社会科という教科の存立基盤に，「民主主義社会を形成する人間に必要な力＝民主的シティズンシップ（Citizenship，市民性，市民・公的資質）を育成する学校教科」という教科アイデンティティがあるためである。これは教科成立時から現在に至るまで，教科目標の中で位置付けられてきた。

民主主義社会を生きる人間に何が必要か。この大きな問いの答えに絶対的正解は存在しない。時代や場所が異なれば答えは変わるだろう。これが冒頭で述べた「社会科」という教科のイメージの多様性につながることになる。

## II　民主的シティズンシップ教育における社会科の役割

そもそも民主的シティズンシップは社

会科のみで育まれるものではない。学校教育全体でも，社会・家庭教育でも行われる。では，多様な場面で行われるのにもかかわらず，どうして社会科が，民主的シティズンシップという巨大な目標を一教科として担うというミッションを課せられてきたのだろうか。

それは，民主的シティズンシップ教育にはその原理として大きな矛盾があり，社会科という特殊な教科で統合してゆく必要があったためである。

その複雑さを説明する枠組みとして，ビースタ（2015）が示した，民主的シティズンシップ教育の3機能を示したい。

①「資格化」：社会（労働・職業人，市民社会）の担い手に必要な資質（知識・技能・理解）を規定し，提供すること
②「社会化」：これまでの社会でつくられてきた社会・文化・政治秩序を継続させること
③「主体化」：①②で示された秩序にとらわれずに個人が自由に考えられること，秩序を再構築できること

個人は，社会の仕組みを学び，個人の意見を社会に受け入れられる方法で主張すること，民主主義社会で必要とされる秩序を学ぶことで，社会という共同体で快適に生活できる（＝「社会化」）。

しかし，その一方，民主主義という原則を鑑みれば，既存の社会秩序への順応のみを強調するのは誤りである。という

のも，民主主義の原則から言えば，どんな人でも平等に権利を有するためである。したがって，ある構成員が既存の秩序によって不利益が生じるのであれば，抗議や変更ができなければならない（＝「主体化」）。この点で「社会化」と「主体化」は相反する性質を持ちながらも，共存させる必要がある。

矛盾した特性を併せ持つ民主的シティズンシップを育成するのが難しいのは，両者が完全に分離できない点にある。例えば，秩序を再構築する場合，気持ちが向かうままに，やみくもに変更させればよいのではない。暴力や非合法な方法で再構築させることを安易に認めてしまうことは，共同体の崩壊にもつながる。そのため，「主体化」についても，一定の方法を学ぶことが重要である。つまり，「主体化」を行う方法自体もまた「社会化」させる必要がある。

こうした相反する「社会化」と「主体化」の機能を正面から受け止め「資格化」してきたのが，社会科であった。「社会化」と「主体化」を学校教育でいかに調整するか。そこに社会科の役割と意義がある。

## Ⅲ　社会科はどのように役割を果たしてきたか

では，社会科は，どのように「社会化」「主体化」を調整してきたか。結論を先取りすれば，子ども中心のカリキュラム・学問中心・社会中心のカリキュラムを取りながら，教科の性質を変容させて

きた（溝口，2010）。この類型はRoss（2002）など他国でもみられるが，以下では，事例として日本の過去の社会科を取り上げ，先の3機能を参照しながら，検討してみたい。

## 1．子ども中心カリキュラムの成立

### (1) 子ども中心カリキュラム

　子ども中心にカリキュラム構成がとられた事例として，1947年版学習指導要領を挙げたい。以下は，小学校5年生用に示された単元例である。

> 1．私たちはどのように勉強すればよいか。
> 2．どうすれば私たちは自分を安全に且つ健康にすることができるか。
> （3〜7省略）
> 8．私たちの生活を楽しくするためには私たちはどうすればよいか。
> 9．国家統治にはどんな施設が必要か。

　単元は問いのかたちで示され，子ども自らでこれらの問いを探究し，解決することが求められていた。

　こうした単元がなぜ設定されたのか。その理由について，学習指導要領は，「発明，発見及びその結果としての現代の便利な生活等は，五，六年の児童の興味の中心であるといえよう」（文部省，1947）と説明する。すなわち，子どもの発達段階及び関心に寄り添っていることそれ自体が設定根拠とされた。

　では，子ども中心であることが民主的シティズンシップとどのように関連するのか。考察する際のポイントとして，

1947年版学習指導要領（試案）の「序論」における「社会科とは」からの抜粋を挙げたい。

> 　従来のわが国の教育，特に修身や歴史，地理などの教授において見られた大きな欠点は，事実やまた事実と事実とのつながりなどを，正しくとらえようとする青少年自身の考え方あるいは考える力を尊重せず，他人の見解をそのままに受け取らせようとしたことである。
> （文部省，1947）

　つまり，成立期の社会科では，「社会化」は「他人の見解をそのままに受け取らせようとした」戦前のカリキュラムとして否定され，ピュアな「主体化」のみの育成がミッションとして重視されていた。

　この立場からみると，「地理」「歴史」「政治」「経済」といった学問も，既存の体系がつくり出した「社会化」の表れとみなされる。そうしたあらゆる大人や専門家からつくられた「社会化」の論理から離された子どもを目標・内容・方法の中心に置くことで，「主体化」を実現しようとしたのである。

### (2) 子ども中心カリキュラムの陥穽

　だが，あらゆる子ども中心のカリキュラムをとった1947年・51年版学習指導要領は，皮肉にも「社会化」が強まったという，批判を受けた（谷本，2000）。

　批判の第一は，「這い回る社会科」と揶揄された学習内容の浅さや不安定さである。これは，「社会化」を否定したがゆえに生じた課題とも言える。子どもたちが，既存の方法を知らないままに課題

解決を行ったとしても効果のある解決はできない。さらに，現状の社会秩序への批判・検証を行わずに，参加を促すだけでは，結果として現状の制度やシステムに追従することにもつながるというものであった。

批判の第二は，子どもが自主的に解決活動に取り組んでいない「形式的参加」に陥っていたという点である。これは，「主体化」を「資格化」したことで生まれた。つまり，「子どもの切実な問題」や「子どもの主体的な活動」を大人が促したことから，必ずしも「切実」「主体的」ではない子も取り組まざるを得ない。ここから生まれた矛盾であった。

### (3) 学問・社会中心カリキュラムへ

ピュアに「主体化」を目指し，子どもを中心に社会科として「資格化」すると，結果として「社会化」がさらに強化される。この課題をいかに解消するか。日本では，これ以降，子どもの論理は方法論理としてのみ用いられ，代わりに学問中心もしくは社会中心のカリキュラムがとられるようになった。

### ①学問中心カリキュラム

例えば，1955年版学習指導要領における小学校5年生目標の記述をみてみよう。

> 1. 日常生活における身近な問題でも，それらが国全体としての生活と結びついており，自分たちは家庭・学校・町や村などの一員としてばかりでなく，国民のひとりとして生活していることに着目させ，いっそう広い視野にたって自己の責任を果そうとする態度を養う。

> 2. わが国のおもな産業の現状や，人々の生産活動と交通，運輸，交易などの働きとの関連などについて理解させ，これからの日本の産業の発展について考えたり，合理的な消費生活を営もうとする態度を養う。
>
> （3～5省略）
>
> （文部省，1955）

先の1947年版とは異なり，「切実な問い」ではなく，「学びの結果として何が獲得されるべきか」が表現されている。

こうした単元の設定理由には，「道徳的指導，あるいは地理，歴史，政治，経済，社会等の分野についての学習が各学年を通して系統的に，またその学年の発達段階に即して行われる」（文部省，1955）という点が挙げられる。1947年版で否定された「地理」「歴史」といった学問体系が根拠とされたと考えられる。

以降，学問の結果としての知識のみか，学問の探究方法までもその範疇に含めて重視するかといった違いはあるものの，「地理」「歴史」といった科目名からもうかがえるように，学問を中心にしたカリキュラムが影響力を強く持つようになった。

しかし，1947・51年版では，学問は「社会化」のツールとしてのみで扱われていた。今回，「主体化」とどのように関連性を持たせたのだろうか。そこには，「学問」の捉え方の変容があったと考えられる。

第一は，「児童に習得さすべき基礎的知識を考える場合にも，このように地理

的，歴史的に人間生活を見たり考えたりする場合に必要になってくる基本的な知識を，第一義的なものとして重んずべきであろう」(文部省, 1955)と，学問が，先人たちが人間生活を構想する際の内容や方法の知の蓄積だとみなされるようになった点が挙げられる。これにより，地理や歴史を学ぶことは単に学問を学ぶだけではなく，「主体化」の前提として必要不可欠な「社会化」であるとみなされるようになった。

第二は，学問を学ぶことが，子どもを「具体的で日常的な世界から解き放ち，より広くより高い見地から社会をみることができるようになる」(森分, 1978, p.11)とみなされた点である。

このように学問の役割が捉え直されたことで，「学問」は「主体化」にも寄与すると正当化された。学問という「専門家」の論理で「社会化」「主体化」できることが重視されていた。

②社会中心のカリキュラム

一見，学問中心のカリキュラムがとられているように見える社会科カリキュラムだが，その論理では説明できないものもある。それが主に現れるのは，「公民（科・的分野）」である。公民は，「政治（学）」「経済（学）」など関連学問分野はあるが，「地理（学）」「歴史（学）」とは異なり明確に対応する学問体系が存在しない。

2008年版中学校学習指導要領の公民的分野の「内容」の冒頭は，次のように示される。

（1）私たちと現代社会
ア　私たちが生きる現代社会と文化
　現代日本の特色として少子高齢化，情報化，グローバル化などがみられることを理解させるとともに，それらが政治，経済，国際関係に影響を与えていることに気付かせる。また，現代社会における文化の意義や影響を理解させるとともに，我が国の伝統と文化に関心をもたせ，文化の継承と創造の意義に気付かせる。
（文部科学省, 2008)

ここで，「少子高齢化」や「情報化」がある根拠は，子どもの関心でも，学問を系統的に学ぶためだけでもない。「現代社会の特色」だからである。「公民」には，このように，社会問題のみならず，国会や内閣など社会制度・機構や，選挙などの社会参加の方法など，「それが社会にあるから」という社会の論理で多様な事象・概念が選出され，構成されている。

では，社会の論理は，民主的シティズンシップ育成とどのように関連するか。

第一は，「現代社会の理解を一層深めさせる」＝「社会化」のために重要だからである。今後，社会をつくっていくためには，生徒が今後生きていく既存の社会について知ることは重要である。

第二は，「主体化」が許されていること，及び「主体化」できる方法が理解できるためである。「社会化」への同調圧力が働きやすい一般社会では，個人は秩序への順応を強く求められる。ここに批判・対抗するためには，そもそも「抵抗できる」という確信を持った上で，「どのように異議申し立てができるのか」と

いう方法を理解する必要がある。

このように，社会中心カリキュラムは，「大人」の論理で「社会化」「主体化」することが重視されていた。

## Ⅳ　社会科はどのように役割を果たしていくか

以上，社会科は，初期の社会科以降基本的には学問と社会の論理の併用―つまり「専門家」（＝学問の論理）や「大人」（＝社会の論理）の意見をとり，「社会化」「主体化」を調整してきた。その背景には，これまでの社会科が，学校外の「現実社会」と意図的に切り離した（大人にとっての）理想の場を提供してきたという点がある。大人中心の社会では，子どもは市民として未熟な存在と扱われる。社会科は，こうしたマイノリティである「子ども」が，「大人」や「専門家」の力を借り，一市民として思考・活動できる場であった。

だが，変化激しい現代では，既存の社会秩序も常に流動化する（例：北村編，2016）。生々しい「現実社会」をどう捉えられるかが今後の課題になる。

解決策の一つには「現実社会」をそのまま持ち込み，学校を「市民的批評空間（小玉，2017，p.195）」化する方略が挙げられる。子どもが「大人」化・「専門家」化して考える場を提供するのではなく，あるがままの立場から，他の市民・専門家とともに「現実社会」の課題を考え，検討することが重要になる。

つまり，①生徒が他者との対話の中で，自分の置かれている立場や役割（例：「子ども」）を振り返り，その特性を自覚できるようにすること。②専門家や大人の意見に対して，結果としての意見と，「なぜそのように考えるのか」という過程や方法を踏まえて批判的に検討できること。③その上で，よりよい在り方を考えること，が重要になるだろう。

常に自らの姿勢や在り方を他者との対話の中で批判的に検討し，その上で協働的に考察していくことが，変動激しい社会では必要になるだろう。これは，従来軽視されてきた子どもの論理の見直しとも言える。子どもの論理も取り込んだ，新しい社会科を再考することが求められる。
（川口広美）

引用・参考文献

ビースタ・G（2015）藤井啓之・玉木博章（訳）『よい教育とは何か』白澤社.

北村友人編（2016）『グローバル時代の市民形成』岩波書店.

小玉重夫（2017）「民主的市民の育成と教育カリキュラム」秋田喜代美編『学びとカリキュラム』岩波書店，185-207.

溝口和宏（2010）「公民科教育の内容編成論」社会認識教育学会編『公民科教育』学術図書，28-36.

文部省（1947）『学習指導要領社会科編（試案）』.

文部省（1955）『小学校学習指導要領社会科編』.

文部科学省（2008）『中学校学習指導要領社会科編』.

森分孝治（1978）『社会科授業構成の理論と方法』明治図書.

谷本美彦（2000）「はいまわる社会科」森分孝治・片上宗二 編『社会科：重要用語300の基礎知識』明治図書，37.

Ross, A. (2002) Citizenship education and the curriculum theory. In D. Scott and H. Lowson (Eds.). *Citizenship education and the curriculum.* (pp.45-62). London: Ablex pubishers.

# 第3節　算数・数学科とはどのような教科か

数学科は，親学問である数学の影響と社会からの期待・要請を受けつつ，数学教育研究と互恵的に進展してきた歴史を持つ。その結果，「数学的な考え方」「数学的活動」は研究用語であると同時に公的用語でもあるという二重性を持つ。したがって，これらの用語がどのように使われてきたかを見ることは，数学科の特質を探る鍵となる。本節では，これらの用語が使われてきた経緯を紐解きながら，数学の本質と併せて数学科の特質を次の2点にまとめる。①自然発達に任せられない資質・能力を育成すること，及び②数理という文脈を与えること。数学科に限らずどの教科も，その親学問の進展と社会の発展とに緊密な関係を保ちながら変容していかなければならない。

キーワード：「数学的活動」「数学的な考え方」

## I　はじめに

算数・数学科（以下，数学科）が教科名として初めて登場したのは昭和16，17年の教授要目のときで，それ以来，数学科は公的に存在が認められ現在に至る。それ以前も算術・代数・幾何・三角法として扱われていたことを鑑みると，およそわが国で学校が制度化されたときから，数学科は学校教育の中で一定の地位を占めてきたと言える。しかし，その地位とは一体何か。他教科との兼ね合いで相対的に決まるものなのか，社会が学校教育に期待する一つのかたちなのか。もし数学科が学習者の学びの達成度を見張る「門番」としての役割しか果たさないのであれば，そこにすべての人たちが学ぶ意義を見いだすことは難しい。「なぜ数学を学ばなければならないのか」という問いは，教科として認められた瞬間から

常に問い直しを迫られているのである。

本節では，数学科は数学教育研究と互恵的に進展してきたという事実に従って数学科の特質を述べることにしたい。

具体的にはまず「数学的な考え方」「数学的活動」という二つの用語に注目する。これらは，数学教育研究における重要な概念を指す研究用語であると同時に，学習指導要領でも使われる公的用語でもあるという二重性を持つ。

次いで，"親学問"（ここでは「カリキュラムの編成において内容の選択のために参照する学問」の意味で用いる）である数学の本質を参考に，教科としての数学科の特質として，①自然発達に任せられない資質・能力を育成すること，及び②数理という文脈を与えることの2点を導く。最後に，資質・能力重視の時代における数学科の今後の展望を述べたい。

## Ⅱ　用語の二重性：数学的活動と数学的な考え方

### 1．数学的な考え方の経緯

「数学的な考え方」「数学的活動」が初めて公的用語として小・中学校学習指導要領に登場したのは，それぞれ昭和33年，平成10年改定のときである。「数学的な考え方」について先行する概念は戦前の教授要目（例えば昭和17年頃の「数理思想」や「科学的精神」）に既にあり，当初から継続して育成するべきものとされてきた（数学教育の陶冶的目的）。昭和33年当時の「数学的な考え方」は，「数学的な考え方や処理の仕方」というように技能とのまとまりとして捉えられていた。このときの学習指導要領は，昭和20年代のいわゆる生活単元学習からの揺り戻しであって，加えて科学技術をはじめとする社会的進展が著しくなりつつある時代背景も手伝って，既有の知識や技能だけでは立ちゆかなくなることが明らかな情勢に対応するために，創造したり考えたりすることを重視したいという国家の意図が込められている。数学的な考え方の具体的リストはまだ策定されていないけれども，基礎的な概念や原理を理解した上で，それらに基づいて新たな事柄を導き出していく・創造していくことが期待されていた。

その後，昭和43年改訂のいわゆる数学教育の現代化時代でも，数学的な考え方育成の一層の充実が図られることになる。現代化は世界的な教育の改革運動であり，「集合」「構造」のようなキーワードとともに新たな内容が取り入れられて，盛んなカリキュラム開発研究とともに，従前の数学的な考え方そのものの検討と研究が進められた時期であった。現代でも踏襲されている「実際の事象を目的に即応して数学的にとらえること」「論理的に思考を進めること」「統合的発展的に考察し処理すること」などは，当時，現代数学の成果や知見を学校に早くから取り入れようという機運によりつつも，あまりに抽象的で形式的なままで子どもに出会わせるのではなく，抽象化や形式化の過程を子ども自身の操作や活動によって実現し数学を通して学ばせるべきだという数学教育側からの提言の現れであった。

その後，昭和52年改訂から平成に入り，最近の平成28年改訂に至るまで，数学的な考え方の育成は継続して重視されてきたのであり，その時々の時代背景と社会的要請，そして数学教育の持ちうる見識によって持続的に発展してきた。

ここまで数学的な考え方に焦点化して概観してきたが，平成28年改訂で転機を迎えることになる。他教科と同様に「見方」「考え方」を分けて記すことになり，これまでの数学的な考え方とは異なる意味を持つようになる。これは，理念としては早くから資質・能力の育成をうたってきたが十分に実現されなかったことへの反省ととることもできよう。

現在の「数学的な見方・考え方」は中学校数学科では次のように規定されている。

《事象を数量や図形及びそれらの関係などに着目して捉え，論理的，統合的・発展的に考えること》（文部科学省，2017，p.7）

　見方も考え方も数学科の四つの領域〈数と式，図形，関数，確率・統計〉に即して事例が挙げられる。例えば図形領域における「見方」は形，大きさ，位置に着目することであり，「考え方」はその着眼点に即して論理的に説明したり，他の領域と関連させて総合的に考えたりすることといった具合である。

　この改訂の重要な論点は，内容に則してある程度具体化される見方・考え方を働かせて，次節に示す数学的活動を通して，資質・能力を育成しようとしていることである。これまでは「数学的な考え方」ないしは「数学的な見方や考え方」そのものが教科の目標や評価の観点とされてきたが，育成するべき資質・能力，すなわち「（1）知識及び技能」「（2）思考力，判断力，表現力等」「（3）学びに向かう力，人間性等」との互恵関係を保ちながら全体として育成することが明記された。

　以上のようにわが国の数学科は，数学的知識や技能の習得とともに，一貫して数学的な考え方の充実を図ってきたと言える。視野を世界に拡げてみても，数学的な考え方（mathematical thinking）は，呼称は違えども世界中の国や地域において教育の目的とされてきたし，数学はそのための格好の教材とされてきた（小倉，1932; Karp & Schubring, 2014）。その典型的なものが幾何である。数学史的には一方では実用数学の系譜はあるけれども（例え

ば，広さを効率的に求める仕方などは，数学教育の実用的目的のはしりと言える），他方では仮定と結論を論理の鎖でつなぐという学問の規範として幾何は紀元前から扱われてきた。学校が制度化される以前から幾何的素養を身に付けることは知識人の教養の一つとされてきた（Karp & Schubring, 2014）。教育の大衆化に伴って幾何教育も大きく変わってきたとは言え，人類あるところ数学教育は行われてきたのであり，そのとき数学科は単なるコンテンツ以上の教育材として，現代まで世界中で進展し続けていることは注目に値する。

## 2．数学的活動の重要性

　このような動向の他方で，「数学的活動」もまた数学科を特徴付ける用語である。国際的な数学教育研究においても，数学的活動（mathematical activity）は様々の思想的哲学的背景を伴って固有でかつ当事者相互に了解可能な専門用語となっている。

　わが国の数学科では，「数学的活動」は平成10年改訂で初めて示された。その意味はいくぶん概括的で，目的意識を持って主体的に取り組む数学に関わりのある活動とされた。平成20年改訂では「数学的活動を通して」という文言を第一に置いて，数学科の目標を達成するというように強調され，平成28年改訂では，日常や社会のような事象及び数学の事象を含む「算数・数学の学習過程のイメージ」とともに次のように規定された。

《事象を数理的に捉え，数学の問題を見いだし，問題を自立的，協働的に解決する過程を遂行すること》（文部科学省，2017，p.171）

　「操作」といった，活動と似たような概念の重視は今に始まったことではない。既に述べたように，数学教育現代化時には，操作は抽象的・形式的な概念を子どもに学ばせるための教育的手段であった。今回の改定では問題を解決する過程の遂行を活動と規定しているのだが，そこには問題解決の仕方そのものを身に付けさせると同時に，問題解決過程を通して，数学的概念を形成させたいという意図が込められていることを押さえておきたい。

　また，そもそも人間の認識の根底に数学につながる操作や構造があることを洞察したのはJ.ピアジェやC.ガテーニョといった心理学者や哲学者，教育者であった。これを受けた20世紀数学教育研究は，子ども特有の数理認識を明らかにすることをねらいとして進められ，その成果の一端は数学科の編成にも生かされている。例えば「分数」が子どもにとって難しい概念であることは国や地域を問わず共通しており，その難しさの要因の一つが，2数の比の不変性の認識ならびに分数の持つ意味の多様性にあることが分かっている。したがって，現在の教科書の多くは「等しく分けること」という直観的に分かりやすい操作的イメージを大切にして初期の分数概念を形成させ，操作前後の量の不変性を根拠にして妥当な計算の仕方を導くようにしている。

　関数領域においても，子どもに限らず人の数理認識の基礎は比例にあるがゆえに，小・中学校の関数領域を含むすべての領域の主題は比例の理解に基づいている。高等学校以上で学ばれる「微分・積分」ですらも比例を道具として局所的・大局的に事象を分析する方法なのであり，ゆえに学校数学における一貫性の先に位置付けられているのである。

## Ⅲ　教科としての数学科の特質

### 1．学問としての数学の本質

　数学は最も古い学問だと言われることがある。これは，時代によっていかに社会が変わろうともその有用性は失われなかったことを示しているのだが，無論のこと，数学自身も変わってきたからこそである。現代では至るところ，様々のかたちで社会の中に入り込んでおり，相応の専門的素養がなければ数学を見定めることは難しいほどである。では，継続して人類に必要とされてきた数学はどのような学問であるか。例えば『科学技術の智プロジェクト』報告書は，20世紀末の科学技術の情勢と，若者の理数離れという当時の問題に鑑みて，すべての日本の大人が身に付けていることが望まれる科学技術の智をまとめている。その中で，数学は数理科学という「扉」に位置付けられており，その本質は次のようにまとめられている（p.6）。

1．数学の基礎は数と図形である。
2．数学は抽象化した概念を論理によって体系化する。

3．数学は抽象と論理を重視する記述言語である。

4．数学は普遍的な構造（数理モデル）の学としての諸科学に開かれている。

続けて，数学の対象として数量，図形，変化と関係，データと確からしさが挙げられている。これらは校種を問わずほぼそのまま数学科の内容構成に対応し，かつPISAのような国際テストの内容領域でもある。このように，親学問の影響力は大きく，教育的意図によってつくられる数学科に対してそれぞれ次のような指針を与える。

1．数と図形を基礎とするとは，数と図形そのものを考えるだけではなく，数と図形によって物事を見たり考えたりすることを意味している。考察の対象と方法との相互関係は，数学科カリキュラムの構成原理になり得る。

2．体系化は論理によって関係性の世界そのものをつくり出すことである。体系的に整理された成果，さらに体系化する際に働かせる方法は，様々な問題を解決するために役立つ。

3．数学は他の関連諸科学のための基礎言語であり，また事象を記述する言語でもある。言語である以上，表記上の規則（例：式のかき方や読み方）と使用上の規則（例：計算の仕方）とがある。すなわち，数学には解釈が一意に定まるような統語論的性格がある。

4．数学は抽象的・一般的ゆえ，関連諸科学だけではなく広く事象一般を考察するために有用な「モデル」を与える。

一つの式にも背後には豊かな情景と問題意識があり（例：式の読み方），規則に従った変形によってまた異なる知見が得られる。すなわち，数学には多様な解釈を認めるような意味論的性格もある。

これらのことは，社会への数学の浸透と同様に，数学科の構成にも暗黙的ないしは明示的に生かされている。次節では，これらの観点によって，また前節までの用語の二重性を考えに入れて，数学科の特質をまとめることとする。

## 2．教科としての数学科の特質

資質・能力を重視するカリキュラムへの移行前から，数学科は常に陶冶的目的と実用的目的とを並列させてきた。数学科に限らずすべての教科には，持続的に生活していくために必要な思考の方法があるだろう。数学教育研究の重要な成果は，人間の思考力等の発達のうち，自然発達に任せてよい部分と，意図的教育によらねばならない部分とがある点を指摘したことだろう。例えば，「比べる」「分類する」といったことは確かに教えられずとも子どもは自然に行っているように見える。しかしながらそれは，そのようにすることが子どもにとって自然だと感じられるからであり，大人の期待するようにそうした活動をするわけではない。また，数学の内容に依存した見方・考え方もあり（例えば，離散数学での再帰的に考えること，一連の手順をアルゴリズムで表していつでも引き出せるようにす

ることなど），数学が深く社会に浸透している状況において有用な見方・考え方であっても，それらを働かせるような象徴的場面に触れなければ育成は難しいだろう。このように考えると，教育の文脈で資質・能力の育成というとき，数学科の特質・存在意義は次のように焦点化できる。

①自然発達に任せられない資質・能力を育成すること。

②数理という文脈を与えること。

扱いにくい対象を扱いやすい他のもの（モデル）に置き換えることはおそらくは自然にできるけれども，数学は考察対象としてのモデル及び考察のためのモデルのいずれも与える。これはいわゆるモデル論的思考ともいうべきであり，そのようなものとして経験しなければ身に付けることはできない（①）。例えば，「さいころ」は立方体を扱うための具体的モデルであると同時に，事象の起こりやすさを同程度と見たときに事象を生成する数理モデルでもある。

次に，公的文書に挙げられている育成するべき資質・能力は，教師や生徒にとって必ずしも具体的とは言えない。それらは自身の数学的活動によってようやく具体性を帯びるのであって，その活動とは数学科では事象の関わる問題の発見と解決，さらに言えば問題そのものを創造することである。したがって，事象を数理的に捉えることから始まる数学的活動が可能になるためには，式を使った自由な実験を保障したり，実験の結果から導く仮説を論理的に補強するための理論を与えたりというように，数学そのものが数理的文脈を与えているのである（②）。

## Ⅳ　終わりに：今後の展望

わが国に教科という概念が現れてから百年余りが経ち，現在では各々の教科の存在理由が「どのような資質・能力を育てるのか」への回答になりつつある。教科を区分ける論理として，既存の学問及び生活上必須の能力群から解放することが求められている。政策上の理由はともあれ，人類にとって必要であるから学問は存在するのであるから，教科の存在もまた社会で活躍できる人材の育成ならびに人間性の形成でなければならない。

学問の進展は著しく，新規の領域の知見をいかに取り込むかが今後の鍵となるだろう。例えば，昨今では統計教育の充実がうたわれているが，数学科の存在を確たるものにするためには，「なぜそれを教えるのか」という数学教育現代化の反省と同じく，統計を学ぶことが人間性の形成にどのように寄与するのかが厳しく問われねばならない。　　　（影山和也）

引用・参考文献

Karp, A. & Schubring, G. (2014) *Handbook on the History of Mathematics Education*, New York, USA: Springer-Verlag.

文部科学省（2017）『中学校学習指導要領解説　数学編』日本文教出版.

日本学術会議（2008）『21世紀を豊かに生きるための「科学技術の智」』.

小倉金之助（1932）『数学教育史』岩波書店.

　理科の本質は，自然科学の特徴に基づく学習活動を通して，科学的な理解や，科学的に妥当な知を創る能力，人格の完成に向けた理科の人間性を涵養することである。この理科の本質を顕在化するにあたり，本稿では主として比較という方法論を用いて，教科の存在基盤（教科レベル：自然科学−人文・社会科学，伝統的科学観−現代的科学観），各領域の固有性（領域レベル：物理−化学−生物−地学，1分野−2分野，理学−工学），自然科学で得られる知識（知識レベル：理論−法則）の3点について検討した。
　キーワード：「人間性」「科学哲学」「真正の科学」

## I　はじめに

　「『教科とは何か？』と，自らに問いかけながら教科の学習をしなければ，教育の本質に迫った教授活動をすることはできない」と蛯谷（1981, p.69）が指摘するように，教科の本質に基づき教育を展開することに教科教育学の独自性がある。そして，この教科，とりわけ理科の本質を明らかにすることが本稿に課せられた使命である。なお，本稿では，まずは理科に関わる法的根拠を明確にした上で，主として比較という方法論を用いて理科の本質の顕在化を試みる。これについて，以下，教科の存在基盤（教科レベル），各領域の固有性（領域レベル），自然科学で得られる知識（知識レベル）の3点から述べる。

## II　教科の存在基盤と理科

### 1．教育基本法・学校教育法と理科

　教育基本法の第1章第1条において，「教育は，人格の完成を目指し，平和で民主的な国家及び社会の形成者として必要な資質を備えた心身ともに健康な国民の育成を期して行わなければならない」と記載されている。また，学校教育法の第2章第21条では，「七　生活にかかわる自然現象について，観察及び実験を通じて，科学的に理解し，処理する基本的な能力を養うこと」という理科に関する記述がみられる。つまり，法的立場によるならば，日本では各教科において，人格の完成を目指した教育が行われ，とりわけ理科においては，生活に関わる自然現象を「対象」に，観察及び実験という「方法」を用いて，科学的な理解や，観察及び実験から得られたデータを処理する基本的な能力を養うこと，また，人格の完成に向けた理科が担うべき人間性を涵養することが「目標」とされると言える。

## 2．教科の区分と自然科学

　教科の区分について蛯谷（1995, pp.33-34）は，教育活動の場を「Ａ　感覚を拠点に展開するもの，Ｂ　思考，あるいは思考活動の結果を拠点に展開するもの，Ｃ　行動を拠点に展開するもの」とし，とりわけＡに区分されるものとして，自然や社会といった具象を対象にした教科を挙げている。また，理科は自然現象，社会科は社会現象といったどちらの教科も具象を対象にしている点で一致しており，理科は社会科と教科構造が近いと言える。このため，あくまで各教科の一側面ではあるが，まずは，両教科とそれぞれ関わりが強いとされる自然科学と人文・社会科学を比較することを通して理科の本質に迫る。

　まず，前者は自然現象を，後者は社会現象を対象とするものであり，両者の共通点としては，主としてそれぞれが対象とする現象を記述，説明，予測することを目的としていること（McComas & Olson, 1998；文部科学省, 2007）が挙げられる。一方で，単純な比較や線引きをすることは困難ではあるものの，それぞれには以下のような特徴があると考える。まずは，実証性や再現性の視点である。自然科学においては，例えば，植物が成長する要因を特定するために，条件を制御し，実際に植物を成長させ，データを収集する。そして，そのデータから，植物が成長する要因を実証的に特定し，再度同じ条件で同じようなデータが得られるか再現性を検証する。一方，人文・社会科学において

も，例えば，第二次世界大戦が起こった要因を特定するために，資料等の情報を収集する。しかし，その過程で，条件を制御したり，同様の戦争を再度起こしたりすることは厳密には不可能であり，必ずしも実証性，再現性を保障するものではない。

　また，要因の複雑さの視点も挙げられる。例えば，植物が成長する，第二次世界大戦が起こるという各現象は，それぞれ多くの要因が絡み合って生起するのであるが，第二次世界大戦が起こるというような社会現象においては，「人間の行動のみならず，行動の背後にある意思，価値判断等についても研究の対象としなければならず，自然現象を扱うよりもより複雑な」（文部科学省, 2007）要因を検討しなければならない。言い換えるならば，自然科学では，実験・観察により実証及び再現可能な要因に着目し，その現象が生起する理由を説明しようとしていると言える。

　以上のことから，自然科学の特徴は「実証性・再現性の視点から行った実験・観察のデータに基づき，自然現象を記述，説明，予測すること」であり，この特徴に基づき教育を行うことに理科の固有性があると言える。

　さらに，自然科学の特徴から理科教育の本質に迫るならば，科学観の変換についても触れる必要がある。科学はどのようなものであるかといった科学観は，近年，科学は唯一無二の客観的で絶対的なものとする伝統的科学観から，科学者の

主観が入るものである（理論負荷性），科学的知識は人間の創造物である（創造性），絶対的なものではなく暫定的なものである（暫定性）等といった性質を持つ（McComas & Olson, 1998），いわゆる現代的科学観へと変換されている。

　そして，このような科学観の立場では，科学の営みは創造的であり，科学的知識はいずれ変わる可能性があるため，科学的知識を多く獲得することよりも，科学的知識を構築していく力を身に付けていくことが重要になってくる。このため，理科教育は，この科学観の変換に伴い，知識伝達型の教育課程から，科学的に妥当な知を創る能力を育成する教育課程に変換していく必要がある（角屋，2019, p.32）。また，このような科学観に基づく理科教育では，以上の能力を育成することに加え，仮説検証活動による個の確立を通して，あるいは他者との関わりによる個の変容を通して，自己決定や自己責任，他者の尊重や謙虚さ等の人間性を涵養することも重要とされている（角屋・雲財，2016, pp.58-61）。

## Ⅲ　理科における各領域の固有性

### 1．理科における4領域と固有性

　蛯谷（1981, p.63）は，化学では，重さを持ち，それらの間にある一定の関連を持つ物質の性質を見極めようとすること，物理学では，物質の存在の様式や物質相互が作用し合ったり，その存在の様式を互いに変えたりする関係などのいわゆるエネルギーについて考察を深めていくこ

と，生物学では，常に全体に対する部分，生活に対する機能の分化など全体的機能分化の現実を捉えなければならないなど，各自然諸科学には，その対象の捉え方，すなわち見方・考え方・扱い方に違いがあることを指摘している。加えて，「化学が，物理学や地学，生物学とその知的体系や価値体系を構成する操作のうえでとってきている違いに気づかなければ，化学を教材化できないのである」（p.63）と述べている。つまり，これらの指摘は，理科に関わる各学問，各領域の固有性に着目して，理科の学習内容を構成することの重要性について言及していると言える。また，角屋ら（2012）は，理科の親学問である自然諸科学の固有性を明らかにした上で，理科の学習内容の構成原理を次のように整理している。

物理：自然現象を，エネルギーという視点で関係的かつ量的に扱う学習内容

化学：自然現象を，主に実体的かつ質的に扱う学習内容

生物：主に生命に関する現象について，「全体と部分との関係」で捉える学習内容

地学：地球やそれを取り巻く現象の中から，主に地球や宇宙に関する現象について「全体と部分の関係」で捉える学習内容

　そして，以上の構成原理は，理科の学習指導要領（文部科学省，2018）の各学習の目標及び内容や，児童・生徒が資質・能力を育成する過程で働かせる「理科の見方・考え方」に反映されている。

これらについて，とりわけ物理（エネルギー領域），化学（粒子領域）を取り上げ，解釈を加えると次のように言える。例えば，目の前にボールがあったときに，そこにボールがあるだけでは科学的探究は開始されず，その対象に対して「関係的かつ量的」もしくは「実体的かつ質的」という視点で働きかけることによってはじめて探究が開始される。そして，その働きかけ方によって，その後の探究が物理，化学のどちらになるかが異なってくる。前者では，例えば，「ボールを蹴るとどのように飛んでいくのか」という原因と結果の関係を追究したり，「どれぐらい飛ぶのか」を量的に追究したりするといった「関係的かつ量的」な探究が行われる。一方，後者であれば，「そのボールは何からできているか」，「どのような性質があるか」といった構造や性質に迫る「実体的かつ質的」な探究が行われるということである。そして，これらのような視点で働きかけた結果とその知識・価値体系がその領域の学習内容となるのである。また，前述の「科学的に妥当な知を創る能力を育成する」という理科教育の立場においては，これらの領域の学習内容を獲得させるだけではなく，各領域の固有性を踏まえた科学的に妥当な知を創る能力の育成が求められていると言える。

## 2．理科における2区分と固有性

　また，これらの4領域はしばしば1分野系あるいは物質・エネルギー（化学・物理）と2分野系あるいは生命・地球（生物・地学）という2種の内容に区分される。前者は，直接実験を行うことにより，対象の特徴や変化に伴う現象や働きを，何度も人為的に再現させて調べることができるという特性を持つものを対象にした内容，後者は，生物のように環境との関わりの中で生命現象を維持していたり，地層や天体などのように時間や空間のスケールが大きいという特性を持ったりしているものを対象にした内容である（文部科学省，2018，pp.20-21）。

　このため，前者の内容区分については，実物を用いて，何度も実験・観察を繰り返し，そのデータの再現性を分析する活動やそれに関わる資質・能力の育成に適していると言える。一方，後者の内容区分については，前述のような特性を持つ生命現象や地質・気象・天体現象を対象とした場合，前者の内容区分に比べ，実験・観察において実証性や再現性を十分に保障できない。このため，その特性を踏まえた「個体差や確率的規則性を意識した結果の解釈や条件の制御」（角屋・石井編，2008，p.43）を行う活動やそれに関わる資質・能力の育成に適していると言える。

## 3．理科における理学・工学と固有性

　理科の学習内容を整理する際に，理学－工学の視点も参考になる。理学は自然科学を指し，その目的は前述のとおりである。一方，工学は，ある問題に対して，理学を応用し，どうすればよいか，その

行動や方法を決定することが主な目的となる。このため，理学は自然現象に対して「原因」と「結果」の関係やその関係に対する理由を追究することが主な目的となるのに対し，工学は自然が関わる問題に対して「目的」と「行動（方法）」の関係を追究することが主な目的となると整理できる。そして，この視点を用いると，理科の学習内容は理学を基底としている一方で，工学の視点も組み込まれていることが分かる。

　例えば，小学校第3学年「風とゴムのはたらき」における「ゴムの伸ばし方を変えると（原因），車が動く距離はどのように変わるのか（結果）」は理学に，「ある位置にその車を止めるためには（目的），ゴムの伸ばし方をどのようにすればよいか（行動）」は工学に分類される。このように，理科の学習は，生じる結果やその原因を追究する理学的な学習と，目的を達成するための行動や方法を追究する工学的な学習の2種にも大別することができる。

　また，工学的な追究に着目すると，ある「目的」に対して，自然科学の知識・方法だけでなく，人々の意思，価値判断等も含めた上での行動や方法の探索，決定が求められる場合もある。例えば，原子力発電は是か非か，環境保全のために何をすべきか等がこれに当たる。そして，このような追究を扱う教育として，ESD，防災教育，STEM教育等が挙げられ，これからの理科教育において，これらの各種教育をどのように教育課程に組み込むかも重要な課題となっている。

## IV　自然科学で得られる知識の固有性

　これまでみてきたように，理科やその各領域・区分の固有性は，自然科学の対象や方法が基底となっている。ここでは最後に，自然科学で得られる知識の種類とその固有性という視点に着目し，理科の本質について新たな検討を試みる。

　科学の営みを通して得られる代表的な知識に，理論と法則が挙げられる。そして，これまでの多くの理科授業では，これらを科学的概念あるいは科学的知識として同一に扱い，その獲得や構築の促進が取り組まれてきた。しかし，理論と法則は本来別種のものであり，近年では，それらを同一のものとして扱うのではなく，それらを区別した理科学習の在り方についても提案されてきている。

　そもそも，理論は「観察できる個々の現象を統一的に説明することのできる考え」，法則は「ある条件の中で成立する現象の必然的規則性」と捉えることができ，例えば温度が一定のときの気体の体積と圧力の関係を説明するボイルの法則が法則の一例として，ボイルの法則を説明する分子運動理論が理論の一例として挙げられる（川﨑ら，2017）。そして，これに伴い，理論と法則が構築される過程も異なる。この詳細は，川﨑ら（2017），川﨑・中山（2018）に譲るが，これらの研究では，この各知識の構築過程に基づく理科の学習指導を新たに提案し，これまで獲得が難しいとされてきた多くの知識を

学習者が獲得したこと，他者の尊重や謙虚さ等の人間性の涵養にも効果がみられたことを報告している。このことから，各知識の固有性にも着目することは，理科の本質に迫る新たな視点となり得るだろう。

## V　終わりに

本稿では，理科の本質に迫るにあたり，教科，領域，知識の各種レベルについて主として比較という方法論を用いて論じてきた。その中で，とりわけ教科レベルに着目するならば，理科の本質は，自然科学の特徴に基づく学習活動を通して，科学的な理解や，科学的に妥当な知を創る能力，人格の完成に向けた理科の人間性を涵養することであることを見いだしてきた。

自然科学は自然現象を捉える方法論となる。このため，自然と共生する人類にとって，自然科学を基盤とした理科は，今後も教科としての重要な役割を担い続けるだろう。しかしながら，自然科学の方法は暫定的である（McComas & Olson, 1998）。それゆえ，理科教育の本質を核としながらも，将来的にはその領域・区分や知識の固有性，育成すべき能力や人間性については，再構築される可能性を十分に秘めている。　　　　（川崎弘作）

**引用・参考文献**

蛯谷米司（1981）『教科教育学概論』広島大学出版研究会.

蛯谷米司（1995）「教科教育学と理科」蛯谷米司・武村重和編『小学校理科実践指導全集第1

巻教科教育学と理科教育研究』日本教育図書センター，15-73.

角屋重樹・石井雅幸（編）（2008）『小学校学習指導要領の解説と展開　理科編―Q&Aと授業改善のポイント・展開例―』教育出版.

角屋重樹・猿田祐嗣・松原憲治・後藤顕一・五島政一・鳩貝太郎（2012）「理科教育養成のコア・カリキュラムのあり方に関する一考察―教職専門と教科専門の架橋を中心に―」『日本教科教育学会誌』35(2)，11-18.

角屋重樹（2019）『改訂版　なぜ，理科を教えるのか―理科教育がわかる教科書』文溪堂.

角屋重樹・雲財寛（2016）「科学的な見方や考え方を育てる理科」日本教科教育学会編『今なぜ，教科教育なのか―教科の本質を踏まえた授業づくり』文溪堂.

川崎弘作・中山貴司・雲財寛（2017）「『理論』の構築過程に基づく小学校理科学習指導に関する研究―粒子領域固有の認識方法の獲得と人間性の育成に着目して―」『日本教科教育学会誌』40(3)，47-58.

川崎弘作・中山貴司（2018）「『理論』の構築過程に基づく学習指導による粒子概念の変容に関する研究―小学3・4年生を対象とした6単元に渡る継続調査を通して―」『科学教育研究』42(2)，279-289.

McComas, W. F. & Olson, J. K. (1998) The Nature of Science in International Science Education Standards Documents. In McComas, W. F. (Ed.) *The Nature of Science in Science Education Rationales and Strategies* (pp.41-52). London, UK: Kluwer Academic Publishers.

文部科学省（2007）「3．人文学及び社会科学の特性について」Retrieved from http://www.mext.go.jp/b_menu/shingi/gijyutu/gijyutu4/015/siryo/attach/1343182.htm

文部科学省（2018）『小学校学習指導要領解説　理科編』東洋館出版.

　生活科は，教科としての成立以来，原理的にも実際的にも，ほぼ揺るぎなく教育課程上での位置と地位を築き上げてきた。「自立」「関わり」「気付き」という育成観こそが，生活科の存立基盤となっており，子ども一人ひとりが資質・能力をいかに伸ばしていけるか，という育成観を最優先としてきた。生活科で培ってきた資質・能力の育成観が，今後は他教科等でも参考とされる時代が到来する。生活科に期待されるこれからの教科としての在り方とは，引き続き，新たな学びとカリキュラムを先導し続けることである。

キーワード：「自立」「関わり」「気付き」

## I　生活科が目指す育成観

　生活科は1989（平成元）年の学習指導要領で教育課程上に位置付けられて以来，そこで目指される育成の方向性には揺らぎがない。2008（平成20）年の生活科にとっては3度目となる学習指導要領の改訂までは，教科目標もほとんど変更はなく，基本的には，図1のような育成の方向として示されてきた。

具体的な活動や体験を通して
↓
自分と身近な人々，社会及び自然
との関わりに関心をもち
＊
自分自身や自分の生活
について考えさせるとともに
＊
その過程において
生活上必要な習慣や技能
を身に付けさせ
↓
自立への基礎を養う

図1　従来の生活科の教科目標の構造

　2017（平成29）年の学習指導要領の改訂では，図2のようにこれまでの教科目

具体的な活動や体験を通して
身近な生活に関わる見方・考え方を生かし
↓
活動や体験の過程において
自分と身近な人々，社会及び自然
の特徴のよさ
それらの関わり等に気付くとともに
生活上必要な習慣や技能を
身に付けようとする
＊
身近な人々，社会及び自然
を自分との関わりで捉え
自分自身や自分の生活について考え
表現することができるようにする
＊
身近な人々，社会及び自然
に自ら働きかけ
意欲や自信をもって
学んだり生活を豊かにしたりしようと
する態度を養う
↓
自立し生活を豊かにしていくための
資質・能力を育成することを目指す

図2　新たな生活科の教科目標の構造

標の構造に大きな変化が生じたように見えるが，目指される育成の方向性にほぼ変更はない。特に「自立」「関わり」「気付き」が，生活科では欠くことのできないキーワードであり続けている。

生活圏としての学校や家庭，地域の人々や社会及び自然と直接「関わり」，その特徴やよさとともに，自分自身や自分の生活への「気付き」を深めることによって，自ら「自立」し生活を豊かにしていくことが，生活科では今日まで一貫して目指されてきている。

## Ⅱ　生活科の存在基盤

小学校の中で，その位置や地位を着実に築いてきた生活科について，その存立基盤を改めて確認する際には，やはり教科としての成立前後の論争に立ち返ることになる。制度的には，それまでの小学校低学年段階の社会科と理科に置き換わるかたちで，教育課程の中に位置付くことになった経緯から，学問的基盤としては社会科学と自然科学を背景にしている。しかしながら，社会科や理科とは異なり，社会認識や自然認識の育成は優先的な目的とはされず，あくまでも「自立」「関わり」「気付き」という育成観こそが，生活科の存立基盤となっている。

生活科での学習対象は，以前の低学年の社会科や理科と同様に身近な自然や社会も含まれてはいるが，そのような対象を社会科学や自然科学の視点からだけでの認識を目的とするのではなく，学習者側がそれらの対象に「関わり」という働

きかけを行うことを通して，学習者自身の成長に資する「気付き」の積み重ねにより，人間としての「自立」に向けた学びが最優先される点こそが，生活科が社会科や理科とは異なる新たな育成観に基づく教科の存立基盤となっている。

## Ⅲ　生活科の原理的な広がりと区分

実践的な蓄積が進む以前の生活科には「しつけ科」や「第二道徳」といった解釈をする立場も存在していた。30年近い実績を持つ現在の生活科に対して，そのような見方をする方々はほぼいなくなったが，一方でかつての低学年の社会科や理科の復権を望む声は，いまも根強く存在し続けている。

例えば，広島大学附属小学校は，文部科学省の研究開発学校として，2014年度から2017年度まで，生活科に代わり小学校第1学年からの社会科と理科の実践研究を行った。

低学年からの社会科を実践する意図については，「グローバル化により社会構造は，ますます多様化，複雑化している。そのような中では，低学年のうちから自分のことだけではなく社会にも目を向けさせることが必要になってきているのではないか。1・2年生にも，自分以外の存在が見えるようにしていくのが低学年社会科の役割だと考える。低学年社会科を実施することで，1・2年生なりの社会的な見方や考え方をつけていき，社会形成力の育成を目指したい。また，グローバル化社会だからこそ，家庭・学校・

地域といった学習対象の枠を外し，低学年のうちからグローバルな視野で『家庭→学校→地域→日本→世界』の一方向だけではなく，『世界→日本→地域→学校→家庭』といった双方向で学習を展開する必要がある」(広島大学附属小学校，2018) と示されている。

　低学年からの理科についても，「グローバル化社会の中で，自然事象について，地球規模で考えなければならない問題が生じている。そのような中では，科学的リテラシーの育成をより一層充実させるために，直覚的に自然の事物・現象をとらえることができる低学年期において，科学遊び文化や栽培・飼育といった体験活動の中で，積極的に観察経験を積ませ，観察力の低下を防ぎ，自然の事物・現象についてスパイラルなカリキュラムの中で取り扱うことが必要なのではないか。発達の特性に即した1・2年生なりの科学的な見方や考え方として，自然の事物・現象について相違点と共通点をとらえる観察活動をしていくことが低学年理科の役割であり，そのことがより一層科学的リテラシーを育成することにつながると考える。また，グローバル化社会だからこそ，科学が人類共通の文化であり，自然を説明するための一つの様式であるという世界の潮流に見合った科学観の育成を目指す学習を展開する必要があると考え，『科学の本質』に関する理解を進めていくためにも，第1・2学年から理科を実施した」(広島大学附属小学校，2018) とされている。

　低学年社会科と理科を実践しての成果と課題としては，保護者アンケートの結果として，「3年生以降の学習の基礎となるテーマを分かりやすく指導していただいている」，「専門的視点で学ぶことにより，子どもの興味や関心が深まっているように感じる」(広島大学附属小学校，2018) との肯定的評価があった一方で，「目に見える特別な変化が見られない」，「低学年時よりテスト勉強をすることが気になる」(広島大学附属小学校，2018) との否定的評価も寄せられたという。

　また，社会科での評価事例の中で，満足と判断できる児童が66％にとどまった結果もあったことから，低学年段階での記述式での説明という教科の伝統的な指導や評価への難しさが生じることも改めて明らかにされている。

　この研究開発では低学年社会科と理科でのパフォーマンス評価やポートフォリオ評価も行われたが，子どもたちにとって「問題がリアルな文脈になっていなかったり，資質・能力がどのように身に付けているか十分に見取れなかったりした」(広島大学附属小学校，2018) とも整理されている。

　以上のような研究開発の成果と課題からは，生活科が社会科や理科に置き換わり，実践の蓄積が着実に進んでいる意義と意味を改めて考えさせてくれる。

## Ⅳ　生活科の世界的な広がりと区分

　小学校低学年段階の生活科は，日本だけでなく，隣国の韓国と中国においても

類似した教育が展開されてきている。

　韓国では日本よりも早く，1981年の第４次教育課程から1987年の第５次教育課程にかけて統合教科と言われる「正しい生活」「賢い生活」「楽しい生活」の設置が進められた。

　中国でも2001年の『基礎教育課程改革綱要（試行）』により，小学校低学年段階に「品徳と生活」が設定されたが，中学年以降の「品徳と社会」とともに2016年からは「道徳と法治」の教科名称に一本化されることになった。

　このうち韓国の統合教科は当初，三つの教科群での統合的な運用から始まり，統合教科の成立時には，国語と算数はこの統合からははずされることになった。1992年の第６次教育課程では，それまで自然科学的な統合教科とされていた「賢い生活」に社会科学的な要素が加えられるようになったことで，日本の生活科に近い統合形態が図られ，1997年の第７次教育課程では子どもたちの活動中心への方向性が取られていくこととなった。しかしながら，2009年改訂教育課程では，社会科学的な部分が「賢い生活」から「正しい生活」へと移行することとなったように，低学年の教科統合の動きは紆余曲折と試行錯誤を繰り返している。

## V　生活科のこれからの在り方

　日本の生活科はこれまでも何者かにより示された知識を中心とした指導や評価ではなく，教科の成立時から一貫して，育成を目指す資質・能力を基にした実践を展開してきている。何よりも生活科では，学校や地域の特性と実態に応じた柔軟な取り扱いを図りながら，具体的な活動や体験により，子ども一人ひとりが資質・能力をいかに伸ばしていけるか，という育成観を大事にしてきた。

　このような生活科で培ってきた資質・能力の育成観が今後は他教科等でも参考とされる時代が到来する。生活科に期待されるこれからの教科としての在り方は，引き続き，新たな学びとカリキュラムを先導し続けることである。

　例えば，スタートカリキュラムと呼ばれる学びや課程の考え方は，生活科の実践が積み重ねられる中で，小学校低学年と就学前教育の子どもの資質・能力の育成をつなぐ新たな学びの在り方を実現するための方策として定着しつつある。同様に，小学校低学年での生活科を中心とした学びを，中学年以降にもつないでいくべく設定されたのが，中学校まで続く「総合的な学習の時間」（以下，「総合」）であり，高等学校では「総合的な探究の時間」（以下，「探究」）である。

　教科の概念とは異なる論理で展開されている就学前教育と，教科を中心とした学習が展開されてきた小学校以降の学びへと分断することなく，つなぐ役割を生活科は担いながら，そのような学びを小学校低学年段階だけで完結させるのではなく，どこまでも探究していけるように伸ばしていこうとする延長線上に，「総合」と「探究」が設定されたことになる。

　教科である生活科と教科ではない「総

合」と「探究」の関係性の中に，生活科のこれからの在り方についての論点が見え隠れしている。生活科は教科でありながら，単独の教科それのみで目指すべき方向性とともに，生活科の前と後に他教科や教科以外の学習へと接続や橋渡しを行う機能を持つ点でも独自性を持つ教科である。しかしながら，現在のような小学校低学年段階だけの限定的な形態のままで果たして的確なのか，生活科と深い接続関係にある「総合」や「探究」とは別の枠組みのままが最善なのか，等々の在り方の議論は起こりうるところである。

## VI　生活科の今後の可能性

　この議論について，文部科学省による研究開発学校の中には，関連した実践的研究を展開している地域や学校も存在する。また，歴史的にみると，わが国においては公的なカリキュラムの下ではなく，地域や学校の実態に即した独特の「生活科」の研究実践が進められていた事実も多く存在する。それは，第二次世界大戦前後の時期にいくつか確認されているが，小学校の6年間にわたって，独自の「生活科」を展開した学校の一つに，戦前の東京市浅草尋常小学校（以下，浅草小）がある。

　浅草小では当時の公的な既存教科だけでは，この地域の人材育成に十分な教育が施せない旨の問題意識から，学校独自の特設教科としての「生活科」を設定し，小学校の第1学年から第6学年までの6年間にわたり，週2時間の時間枠を設定

した。6年間のカリキュラムは，低学年・中学年・高学年の三つの段階性が設けられて，低学年では児童による直接的な経験の事実と，それを可能にする環境下での生活指導が重点とされていた。

　中学年では低学年段階での直接的な経験と生活指導を継続しながらも，郷土的環境の中で高次かつ拡大的に発展させていこうとする手立てが用意され，続く高学年段階では地域の中とともに地域の外へも広がる職業指導への重点化が図られていた。

　このような浅草小の「生活科」は，生活指導→郷土的環境→職業指導という三つの指導の重点段階を踏んで，児童を地域社会の一員という立場から，郷土環境を基盤にした地域社会を担う職業人・社会人へと導いていくものであった点に特質を見いだすことができる（永田，2009）。

　浅草小と同時期に，神奈川県川崎市立田島尋常小学校（以下，田島小）でも同じく独自の特設教科「生活科」が展開されていた。当時から伝統的な地域色を有していた浅草とは対照的に，この時期には既に日本有数の工業地域となっていた川崎の中の田島小では，全国各地から集積していた労働者の児童に，この地域独自の教育をいかに行うべきかとの議論を基に，浅草小とは異なる形態の「生活科」が実践された。

　田島小の「生活科」も6年間にわたるものであったが，週1時間の配当であり，第1学年から第3学年までと，第4学年から第6学年までの前期と後期の二つの

段階制を採用していた点に特徴がある。

　前期段階においては，身近な地域の環境を，児童にあるがままに感性的に認識させることに重点が置かれていた。この段階の学習では，児童が直接的に地域の環境に関わりながら，観察したり体感したりすることを通して，子どもたちなりの個性的で固有な生活空間を形成する基礎固めにもなっていた。その上で後期段階では，感性的な見方だけでは現出しづらい身近な地域の社会環境や経済環境について，様々な公共施設や企業を見学調査体験することを通して，それぞれの労働のあるがままの姿を現実として受け止め，その在りようをさらに追究させようとする学習が展開されていた。それにより，前期段階で創出された子どもたちなりの固有な生活空間を，後期段階では地域に根ざした身近で現実的に自分たちも社会人として関わる可能性が高い公共施設や企業の集積する空間としても捉えさせようとするカリキュラム構成となっていた点に，田島小の「生活科」の特質があった（永田，2010）。

　このようなわが国の教育の歴史的な実践からだけでなく，前述の韓国と中国の他にも，例えば北欧のフィンランドにおいても，小学校低学年段階から設定されている社会科学と自然科学の統合教科としての「環境と自然の学習」が展開されている。この「環境と自然の学習」はもともと，1970年のフィンランドの最初の国家レベルの教育課程基準においては，小学校低学年だけの統合教科「環境学習」の設定から始められたが，1994年の改訂では小学校6年間を通した教科に位置付けられ，その後の2004年の改訂以降は第1学年から第4学年までの教科として定着してきている（永田，2015）。

　以上のような背景や状況からも，わが国における現在の生活科もその姿のままで固執するだけでなく，その形態を今後に柔軟に変える可能性も排除はできない。その場合においても，生活科はどこまでも，新たな学びやカリキュラムを先導し続けることだけは，今後も揺るぎないことを期待したいところである。

（永田忠道）

**引用・参考文献**

広島大学附属小学校（2018）「平成29年度研究開発自己評価書」
　Retrieved from http://www.mext.go.jp/a_menu/shotou/kenkyu/htm/08_news/__icsFiles/afieldfile/2018/02/15/1401003_3.pdf

井手弘人（2011）「韓国における人材育成政策の転換とナショナル・カリキュラムの変化―初等教育低学年統合教科を中心に―」『長崎大学教育学部紀要：教育科学』75，53-62.

永田忠道（2009）「世界・国土空間編成に対峙する郷土教育カリキュラム―東京市浅草尋常小学校の「生活科」実践の場合―」『社会科研究』71，11-20.

永田忠道（2010）「固有・共通空間の共有化を志向する郷土教育カリキュラム―川崎市立田島尋常小学校の『生活科』実践の再検討」『社会科教育論叢』47，73-82.

永田忠道（2015）「市民性に関する国際比較研究の新たな可能性―日本と韓国から社会認識カリキュラム再構成の多国間検討へ―」『社会科教育論叢』49，11-22.

## 第6節　音楽科とはどのような教科か

音楽科は音や音楽との関わりを通して，人間の全体的発達と音楽的発達に影響を与える。文化や美的・芸術的教育を存在基盤とし，人間の音楽上の基本的傾向が音楽科の原理的範囲を示す。実際には，学習者の音楽との関わり方によって学習範囲や領域が規定されてきた。進展する多文化社会では，音楽の内容的学習とそれに関連した行動の学習の双方を包含する協働的な音楽学習に今後の音楽科の方向性を求めることができる。

キーワード：「美的・芸術的教育」「文化的多様性」「協働的な学び」

### I　音楽科が目指す人間の育成

音楽科は，音や音楽を対象・媒介とした学習プロセスを通して，人間の発達そのものを適切に促進し，同時に音楽的発達を促進するという二重の意味において，全体的な人間形成を目指すものである。

#### 1. 音・音楽の特質

学習対象や学習の媒介となる「音・音楽」は聴覚情報の一種である。聴覚的な刺激としての情報は，それが本来有しているパラメータ，すなわち音の強さや長さ，音色，断続性・継続性などの物理的音響現象によって「何かあるもの」を発信するという特徴を持つ。それら個々のパラメータは相互に複雑に影響し合い，時には無秩序に，時には形式や様式を伴いながら，特定の意味を帯びた音の集合体となる。その特定の意味は，音の集合体が発せられる環境やそれを受け取る者の意識に応じて多様に変化する性質を持

つ。さらに，そのような音の集合体は，本来的には一回性のものであるため，受け取る者が捉えようとする際には強く意識に刻み込まなければならない。

#### 2. 人間の発達への影響

音楽科で扱う音楽情報として，人間が歴史を通じて発展させてきた文化的遺産としての音楽が中心に位置付く。時代によってそのかたちは変容し，特に今日ではその多くが単純化された構造を持つ商業音楽として消費される。しかし，人間の発達，とりわけ認知的発達に影響を与えるのは，パラメータが複雑に関連し合い，多様な解釈が可能な音楽だと言われている。

また，上質の音楽経験は社会的発達に影響を与える。今日の学校教育の文脈では，音楽の授業を受けるのは文化的多様性やインクルージョンを包含する異質（ヘテロ）な学習者集団である。多様な学習者によって構成されるコミュニティ

へ子どもが参加することは，音楽学習の重要な一側面である。なぜなら，音楽の授業における子ども同士の関わり，例えば，音楽について話をする，歌ったり楽器を演奏したりするときにクラスメイトと微笑みを交わす，小グループでアンサンブルをする，クラスメイトが歌ったり楽器を演奏したりするのを助ける，などの何気ないごく普通の関わりが，子どもの発達全体に寄与するからである（Jellison, 2015, pp.58-59）。このようなコミュニティにおける音楽学習では，子ども同士での教え合いや学び合いが必然的に生じる。これは子どもの文化において社会性を獲得する重要なプロセスである。

　音楽科は，上述したような認知的・社会的発達を促進するものであるが，それらと密接に関わりながら音楽的発達を促進する。まずは音楽情報を適切に捉えること（知覚・感受），そして捉えた情報を基に音楽表現によって新たな情報を発信すること（表現・解釈），またそのプロセスの中で必要なスキルを獲得し，発展させること（熟達）が目指される。

## Ⅱ　音楽科の存在基盤

### 1．文化としての音楽

　音楽科が対象とする音楽は，人間の文化的営為であり，また精神的営為とも言える。音楽は人間の生活や環境，宗教，思想，社会制度などと強い関わりを持って発展してきた。音楽は人々の暮らしを反映する。音楽はそれを創造する者の思想を表現する。音楽はその時代の政治的状況の色彩を強く帯びる。音楽は人々の信仰の中に息づく。このように音楽は文化そのものであり，文化としての音楽は時代や地域，環境を超越して人々にその文化の追体験を可能にする。そのとき，人は音楽を通して音楽を創造した芸術家の人生や思想に触れるのである。文化的営為としての音楽は芸術音楽にとどまらない。それが商業音楽であっても，サブカルチャーとしての営みであることは否定できない。むしろ，サブカルチャーの中の音楽は，芸術音楽とは異なる方法によって大衆の生活に根ざしながら，より多種多様な文化を日々創造していると言えよう。

### 2．美的・芸術的教育における音楽的経験

　このように文化を根底に持つ音楽を教科としての枠組みで捉えるとき，その存在基盤にあるのは美的・芸術的教育の概念であろう。そして，美的・芸術的教育の中心には「経験　Erfahrung」が位置付いている。経験は人間の活動や社会的文脈と密接に関わり，個人的な美的経験は，社会的な経験の再構成を共有することによってのみ他者に伝達することが可能である（Kaiser, 1992, S.112-113）。

　そもそも「経験」とは，次の一連のプロセスを指す。まず，特定の状況において体験を通した経験を構築する。その経験は，これまでに経験したことと比較しながら意識的に処理される。これを通して経験の主体者の態度は変容し，新たな態度の形成が行われる。ここまでのプロ

セスで得られた態度や知識は，その後の類似する新たな状況において活用される。

では，美的・芸術的教育における音楽的経験の特徴とはどのようなものであろうか。クレマーは以下の九つの側面に整理している (Kraemer, 2004, S.93)。

- 音楽の感覚的・身体的，感情的な知覚（感覚）
- 音楽の要素の調和のとれた秩序，関連，関係の知覚（調和）
- 想像力を通した，感覚的な知覚と意味の結合（想像）
- 自分との関連の生成（自己との関連性）
- 新たな発見への驚き（驚き）
- 知っていることの変更（異化）
- 作者のメッセージを解釈する試み（解釈）
- 肯定的または否定的な推測（評価）
- 新たな接近の絶え間ない試み（心の広さ）

例えば，ある音楽作品に向き合うとき，その作品が持つ独特な雰囲気を構造的特徴から把握しようとする。その際には作品に内包されている要素や秩序が学習者の感覚に基づいて知覚される。知覚されたことは，学習者の主観的な関心に基づき，美的表現の持つ多義性によって多様な解釈がなされる。作品の持つ独特な雰囲気（その作品らしさ）は興味・関心を引き出し，その中で学習者は作品との主観的な関わりを義務的に持つのである。これは，鑑賞や演奏等のすべての音楽的

な取り組みに当てはまる。

このような経験を伴った美的・芸術的教育では，音楽は次のような独自性を持つ。すなわち，音楽は他の芸術とは異なる特有の美的現象としてみなされること，音楽でしかなしえない独自の経験（音楽とは何か，音楽は何に作用するのか）があること，音楽は哲学的，文化史的，心理学的なフィルターのバリエーションによって特定の歴史的状況や人間の精神状態，世界観，演奏行動などを捉えるような「世界を見るための窓」としての機能を果たすこと，さらに，音楽は私自身の精神状態や態度を表現するものとして理解されることである (Kraemer, 2004, S.94)。

## Ⅲ　音楽科の原理的範囲

音楽と人間との関係にある表現形式には，人類史的に古い音楽上の基本的傾向がみてとれる。アーベル＝シュトルートは，聴覚的手段を伴って古くから行われてきた接触や伝達のための補助的行為，声や楽器によって表現したり盛り上げたりすることへの欲求，異性への接近のための手段としての音楽，魔術と祭式での媒体としての音楽などを示している。

### 1．聴覚的接触の欲求

聴覚手段を伴う行為は，人類学的には人間が生き残るために必要な能力と説明される。現代では，接触や伝達の手段としての音楽が，霧笛やサイレンなどの警告音からメディアで流れるコールサインや信号化するコマーシャル音楽等まで，

生活の中に保持されている。身の回りには常にメディアを通じて音楽が流れており、若者を中心に多くの人はこのような音楽に常時アクセスできる状態を望んでいる（アーベル＝シュトルート，2004，p.158)。この聴覚的接触への欲求は、現代社会に特有なメディアの発達に伴う音楽消費によって特徴付けられている。

## 2．歌唱表現の欲求

歌唱表現については、アーベル＝シュトルートがクルーゼンを引用して次のように述べている。すなわち、人間が歌唱表現を欲するのは、歌うという行為によって自己の存在感を高揚させ、自己の中にひとつの世界を創造するためであり、その世界では、自己が創造者としての人間であることが示されている（アーベル＝シュトルート，2004，p.160)。このような歌唱表現は、音楽表現というよりもむしろ自己表現というほうがふさわしい。

## 3．性的誘惑の欲求

異性への接近（性的誘惑）としての音楽は、現代ではポピュラー音楽を愛好する若者の態度や音楽アイドルへの熱狂的な支持などに顕著に現れている（アーベル＝シュトルート，2004，p.159)。それは音楽を受容する側だけではなく、多くの支持者を集めようとする演奏者の振る舞いにもみられる。例えば、普段は大きく派手な動作をしない伝統音楽やクラシックの演奏家が、本来の文脈を離れてポップスやジャズなどを演奏する際には、商業的に

売れる必要性から、見栄えのよい動作や聴き栄えのよい表現を探究することが強いられる。このような音楽の性的誘惑としての作用は、若者の音楽行動を強化し、定着を促進する側面も持っている。

これらの基本的傾向は、いずれも人間の中に音楽表現に向かう努力がもともと存在する理由を説明している（アーベル＝シュトルート，2004，p.160)。

## Ⅳ　音楽科の実際的範囲

### 1．音楽との関わり方

このように、音楽と人間の関係には聴くことと演奏表現することが大きな位置を占め、それらは人間の生活や社会によって発現の仕方が異なる。また、現代社会では、若者の音楽の行動様式の大部分はサブカルチャーの中に発現される。これらを踏まえて、音楽科は教科としてどのような領域を構成しているのだろうか。

音楽科では、学習者の音楽との関わり方が授業内容や学習領域として設定されている。それは概ね、「歌唱，器楽，即興」「創作（作曲）」「鑑賞（聴取）」「記譜」「動きや描画」「思考，考察」の枠組みからなる。「歌唱，器楽，即興」では、声や楽器を用いて実際に音として実現化する。「創作（作曲）」では、テキストや情景などを考え、楽器やメディアなどを用いて音楽を実験的に構成する。「鑑賞（聴取）」では、対象となる音楽を聴取し、音楽の構造を理解したり、比較したり、分類したり、推測したり、評価したりする。「記譜」では、五線譜や図形楽譜を

用いて音楽を視覚的に表現したり，視覚的に表現されたものから音楽を捉えたりする。「動きや描画」は，音楽を動きで表現したり，身振りや劇によって表現したり，音楽の印象を形や色に移し変えたりする。「思考，考察」では，音楽に含まれる音素材や音楽の背景にある文化，社会などについて，分析したり，推論したり，根拠を提示したり，説明したり，分類したりする。

　このような音楽との関わり方は，現存する多様な音楽を対象として，音響現象の感覚的な把握の段階から，獲得した感覚の洗練と転移の段階，そして音楽の意味内容や背景などを包括した全体的な理解の段階へと発展していく。音楽の要素や特徴を的確に認識し，演奏表現に結び付けるための技術を高めるとともに，音楽の文化性や作品に息づく人間性を理解しようと努めるといった，複数の大きな軸によって音楽科は構成されている。

## ２．知覚と反応

　このように整理すると，音楽学習の対象は鳴り響く音楽であっても，学習そのものは演奏に限定されないことが分かる。前述した区分は学習者の音楽的行動に基づいているが，その具体的行動はさらに多様である。リーマーは多様な行動（例えば，示す，討論する，比較する，分類する，敷衍する，再構成する，説明する，評価する等）を音楽の探究の方法として捉え，探究の過程こそが音楽学習の主要な方法であることを述べている（リーマー，

1987，p.206）。また，リーマーは美的経験とは「美的特質を知覚し，美的に反応すること」であると説明し，その能力を美的感受性と呼んでいる。この美的感受性は，すべての人間にある程度備わったものであり，発達させることができる（リーマー，1987，p.145）。リーマーの美的音楽教育観に基づくと，芸術は人間の感情を美的特質の中に捉えて表出するものであるがゆえ，音楽科教育は上述した多様な音楽的行動を通して美的感受性を発達させる感情の教育であると言える。

# V　音楽科のこれからの在り方

## １．文化的多様性と協働的な学び

　音楽そのものはある種の普遍性を持っているが，音楽に関わる現象を学ぶ際に，われわれを取り巻く社会的状況が与える影響は大きい。近年の国際的な協力関係やその中で生じる課題においては，文化的多様性を尊重する態度が要求され，音楽科では協働的な学びが不可欠である。このことに大きな示唆を与えてくれるのが，青少年の健全な育成を企図したオーケストラ教育である。

　例えば，ベネズエラのエル・システマやパラグアイのリサイクル・オーケストラ，ブラジルのストリート・オーケストラなどは，いずれもオーケストラという集団による器楽教育を通して，貧困や犯罪から青少年を守り，彼らが自らの将来を自己決定できるように導く教育である。この考えは，今や多文化社会が加速度的に進展するヨーロッパ各地においても援

用されており，ドイツの器楽教育プロジェクト「すべての子どもに楽器を（JeKi）」などに例をみることができる。特にヨーロッパ諸国は周辺諸国の社会情勢不安による移民・難民問題を抱え，地域によってはクラスの大半が外国人籍の子どもであることも少なくない。音楽とは無縁の家庭の子どもに音楽学習のチャンスを与え，多様な文化背景を持つ子ども集団の中で協働的な学習を促進することがオーケストラ教育で実現されている。

## 2. 音楽科におけるオーケストラ教育の理解

　音楽科の目的はその範囲から，①音楽そのものを捉え，形づくる力（聴く・演奏表現等），②音楽に関連した行動力（コミュニケーション・学ぶ方法等）を培うこと，と集約できる。まずこの目的を基礎としてオーケストラ教育をみると，音楽と人間の長い歴史の中で発展してきた楽器やその音楽について実際の体験を通して学ぶことを可能にすると同時に，アンサンブルを通した協働的学習によって自己肯定感や他者受容感，社会規範を獲得することを可能にするものであると理解できる。オーケストラというヘテロな集団の中で，一つの目標に向かって自分がどのように寄与できるのかを考えることは，子どもの自律的学習態度や学習への集中力を強化し，コミュニティへの帰属意識を高め，自己の価値を認識させることにつながる。

　次に，音楽科の内容を基礎としてオーケストラ教育をみると，「聴く」「つく

る」「書く」「動く」「考える」等の多様な音楽活動を総合し，子どもの文化的多様性を尊重した音楽作品に取り組むものである。このように，オーケストラ教育は子どものリアルな生活世界において音楽理解を可能にするものであると理解できる。

　多文化社会，あるいは多様な子ども集団にみられる文化的多様性は，ポジティブな側面として豊かさを生み出す。しかしその一方で，能力差や価値観の差を生み出す。これらの課題に対して，言葉とは異なる次元で分かり合える音楽の根源的な力や他者との関わりを必然的に生み出す音楽の特質によって，音楽科はオーケストラにみられる多様な楽器群によるアンサンブル教育に現代的な本質を捉えることができるのである。　　　（伊藤真）

### 引用・参考文献

アーベル＝シュトルート・S（2004）山本文茂
　（監修）『音楽教育学大綱』音楽之友社.

Jellison, J. A.（2015）*Including everyone: creating music classrooms where all children learn*. New York: Oxford University Press.

Kaiser, H. J.（1992）Meine Erfahrung – Deine Erfahrung?! oder: Die grundlagentheoretische Frage nach der Mitteilbarkeit musikarischer Erfahrung. In Kaiser, H. J.（Hrsg.）, *Musikalische Erfahrung: Wahrnehmen, Erkennen, Aneignen* (S.100–113). Essen: Die Blaue Eule.

Kraemer, R. D.（2004）*Musikpädagogik – Einführung in das Studium*. Augsburg: Wißner.

リーマー・B.（1987）丸山忠璋（訳）『音楽教育の哲学』音楽之友社.

# 第7節　図画工作科・美術科とはどのような教科か

図画工作科・美術科は美術，デザイン，工芸，映像メディアなどの視覚芸術を文化的基盤として存立し，創造性，熟練，調和などの統合された芸術的人間像を目指した教育を行う。芸術家のように想像力と遊び心を膨らませて自分らしい表現を発揮し，作品を通して多様な価値観に出会うことのできる教科は，誰もが，かけがえのない存在であるということを実感的に学べる場である。それは人らしく生きる本質に関わるものであり，人類の豊かな視覚芸術の伝統へ子どもたちをつなげ，未来の新しい文化の在り方を創り出すための基礎となる。拡張し続ける現代の視覚芸術との接続を充実させるとともに，子どもたちが自らの目と手と感性で創造活動に没入できる時間と場を確保していくことが求められる。

キーワード：「視覚芸術」「芸術的人間像」「創造性」

## I　芸術的人間像を求めて

　図画工作科・美術科は美術，デザイン，工芸，映像メディアなど，主として視覚芸術（visual arts）と称される文化領域が理想とする価値観を共有している。ここではそれらを「芸術的人間像」と総称し，特に教育の中で求められる価値観について「創造性」「熟練」「調和」の3点から述べる。

### 1．芸術的創造性

　過去の文化を学び，批判し，結び付け，また時として自らの直観を信じて前例のない挑戦に取り組むこと。芸術家たちの取り組みは，人類の持つ創造性を視覚的，象徴的に学べる優れた教材であり，学習者が取り組む表現活動のモデルである。図画工作科・美術科では発達段階に応じ

て，学習者が創造的な過程を実感する学びの場を提供する。

　作品をつくる行為だけではなく，作品を鑑賞する行為もまた，自分にとっての作品の意味を，知識と想像力と視覚的根拠を用いて思考し，言葉やその他の媒体を通して表現する，創造性を伴う学びの過程である（直江，2018）。

　例えば中学校学習指導要領美術科（平成29年告示）では，「表現方法を創意工夫し，創造的に表す」こと，「豊かに発想し構想を練る」こと，「創造活動の喜びを味わう」こと等の目標が示されている。

### 2．芸術的熟練

　図画工作科・美術科では，素材の性質をじかに手で扱いながら学び，過去の優れた文化が培ってきた方法を受け継ぎながら，自らの表現において新しい試みに

挑もうとする態度を育成する。

　特に日本においては，「匠の技」に宿る精神性を尊重する意識が一般にも高い。技巧を非創造的な技術的側面としてのみみるのではなく，創造と熟練が表裏のように支え合い，新たな精神的価値を生むことを目指していると捉えるべきである（Naoe, 2019）。

　例えば中学校学習指導要領美術科（平成29年告示）では，「材料や用具の特性を生かし，意図に応じて自分の表現方法を追求して創造的に表す」（第２学年及び第３学年２内容Ａ表現(2)ア）などの内容が示されている。

### 3．芸術的調和

　芸術は，創造性や熟練を極限まで追求する職業的芸術家だけのものではない。人々の生き方や社会の仕組み（リード, 2001, p.34）において，芸術的な価値観をどのように活かしていくかという点に，図画工作科・美術科の目指す理想がある。

　例えば，競争と利益を追求しがちな社会において，無用の用，生活における美を楽しむ心，遊びや想像のもたらす発想の転換の大切さなどを，芸術を通して学ぶこと。世の中が一つの方向に突き進むときに，違う見方から捉え直したり，異なる文化に対して関心と寛容の精神で接したりすること。芸術を通した学びは，多様な価値観や異なるものの間の共存を目指し，人間らしい調和的な人生と社会を形成する基礎となるものである。中学校学習指導要領美術科（平成29年告

示）では，「身近な環境の中に見られる造形的な美しさなどを感じ取り，安らぎや自然との共生などの視点から生活や社会を美しく豊かにする美術の働きについて考える」（第２学年及び第３学年２内容Ｂ鑑賞(1)イ(ア)）などの内容が示されている。

## Ⅱ　図画工作科・美術科の文化的基盤としての視覚芸術

　ここでは美術教育において扱われる範囲との関連から，四つの分野に絞って述べる。

### 1．美術

　歴史的には，近代における西洋の純粋美術（絵画，彫刻等）の移入に始まり（狭義の「美術」），現代では空間（インスタレーション，パブリック・アート，ランド・アート等），行為（コンセプチュアル・アート，パフォーマンス等），社会関係（参加型アート等），メディア（メディア・アート等）を芸術とする幅広い実践（広義の「美術」，しばしば「アート」と表記される）へと展開し，またいわゆる大衆文化との浸透や相互作用も伴いながら発展を続けている。

### 2．デザイン

　歴史的には純粋美術に対する応用美術にも起源を持ち，社会や生活で使用される製品等に美的価値と計画性をもたらす専門分野として発展してきた。

　人々が使用する製品を，その使い方も含めて考え（プロダクトデザイン），平

面や映像メディア等に画像，文字，音声等を構成して情報を伝達し（グラフィックデザイン，絵本，漫画，アニメーション等），人々が暮らす建物や空間を提案する（建築デザイン，環境デザイン），などが教科教育で扱われる主要な例であるが，産業やメディアの多様化によって，様々なデザイン分野が生まれている。

## 3．工芸

主として手作業でつくられる実用的な物品に美的価値を見いだすもので，工業による大量生産以前の文化にその起源を持つものが多い。日本では貴族や大名などの庇護の下に発展した高価な美術品としての工芸から，農山村等で世代を通して手渡されてきた素朴な民衆工芸まで，素材を活かし，機能と美を兼ね備えた工芸の例が多く伝えられている。

素材に応じた技法の習熟が必要であることから，陶芸，金工，木工，漆芸，ガラス工芸，染織など素材別に分類されることが多い。

現代の工芸家は伝統的な素材や技法を用いて芸術的鑑賞を目的とした作品を発表することも多く，また服飾やインテリアなどとの関連も深いことから，美術，デザイン，工芸は相互に浸透しあっている。

## 4．映像メディア

写真，動画，アニメーション，コンピュータ・グラフィックス，メディア・アートなどがよく学習で取り上げられる例

であるが，時代や技術の進展とともに，さらに拡張することが予想される。教科の中では美術，デザイン，工芸の中で用いられる表現手段としても，また独立した分野としても扱われる。

## Ⅲ　図画工作科・美術科の広がりと区分

### 1．教科の歴史的変遷

日本の学校教育における図画工作科・美術科の形成過程は，この国に「美術」という文化領域そのものが確立されていく過程と重なっている（金子．1992）。

歴史的には主に「図画」と「工作」の二つの系統がみられる。図画は，1872（明治5）年の学制より小学校・中学校に「罫画」「画学」等の教科名で導入され，その後，教科名は「図画」に統一された。当初は西洋の学問や技術を習得する手段として導入されたが，やがて芸術表現としての意味を持つように変化していく。手本を正確になぞる学習から，子どもたちが画家のように自然を見て描いたり，想像の世界を描いたりする学習へと広がって行くのである。

一方，工作の系統は1886（明治19）年に小学校に導入された「手工」を起源とし，手工業的な訓練の側面とともに，村落共同体における民衆工芸の人間形成的側面や，後のデザイン教育への萌芽もはらみながら学校教育に定着していく（宮脇．1985）。

第二次大戦後，1947（昭和22）年の学習指導要領（試案）において，従来の「図画」と「工作」が一つの教科となり，

小・中・高等学校まで一貫して「図画工作」の教科名で統合された。その後，高等学校では，1956（昭和31）年版学習指導要領で芸術科の「美術」「工芸」に，また中学校では，1958（昭和33）年版学習指導要領において技術・家庭科に工作の一部が移行することに伴い，教科名が「図画工作」から「美術」に変更された。

1958年版では，小・中・高等学校で「デザイン」の概念が登場する。1967（昭和42）年に始まる改訂では，絵画・彫塑・デザイン・工芸（小学校では工作）・鑑賞の5領域が基礎となった。1977（昭和52）年からの改訂では，領域が「表現」と「鑑賞」の二つにまとめられ，小学校低学年の表現に「造形的な遊び」が新設される。その後「造形あそび」として1998（平成10）年の改訂で高学年まで広げられた。1999（平成11）年の改訂では，高等学校芸術科美術の表現に「映像メディア表現」が新設された。

## 2．教科の制度的成立

日本国憲法に示された，個人の尊重，自由及び幸福の追求，思想の自由，文化的な生活などの国民の権利は，図画工作・美術を学ぶ法的基盤の一つと考えることができる（第13条，19条，25条など）。

教育基本法に示された，文化的な国家の発展や豊かな人間性と創造性を備えた人間の育成（前文），豊かな情操，個人の価値，創造性，自他の敬愛と協力，伝統と文化の尊重などの目標（第1章 教育の目的及び理念）は，図画工作・美術教育の目指す人間像と理想を共有している。

学校教育法にも同様の価値観は随所にみられるが，特に「生活を明るく豊かにする音楽，美術，文芸等について，基礎的な理解と技能を養う」（小学校第18条8）等の目標は，直接的に図画工作・美術教育の法的根拠となっている。

文化芸術基本法には，文化芸術の役割として，「人々の創造性をはぐくみ，その表現力を高める」こと，「人々の心のつながりや相互に理解し尊重し合う土壌を提供」すること，「多様性を受け入れることができる心豊かな社会を形成する」こと（前文）などが示されており，これらは図画工作・美術教育の目標と一致している。また「学校教育における文化芸術活動の充実」（第24条）を基本的施策に据えている。

## 3．教科の広がりと区分

現行学習指導要領において，各校種の教科が扱う目標と範囲は，概要，以下のとおりである。

### (1) 小学校図画工作科

表現及び鑑賞を通して，造形的な見方・考え方を働かせ，生活や社会における形や色などと豊かに関わる資質・能力を育成する。表現の活動において「造形遊びをする」と「絵や立体，工作に表す」の二つの区分があり，鑑賞の活動において「自分たちの作品，我が国や諸外国の親しみのある美術作品，生活の中の造形」などを範囲とする。

(2) 中学校美術科

　表現及び鑑賞の幅広い活動を通して，造形的な見方・考え方を働かせ，生活や社会の中の美術や美術文化と豊かに関わる資質・能力を育成する。表現の活動において「絵や彫刻などに表現する」と「デザインや工芸などに表現する」の二つの区分があり，鑑賞の活動において「美術作品」「生活の中の美術」「美術文化」「身近な地域や日本及び諸外国の文化遺産」などを範囲とする。

(3) 高等学校

　美術（工芸）の幅広い創造活動を通して，造形的な見方・考え方を働かせ，美的体験を重ね，生活や社会の中の美術（工芸）や美術文化（工芸の伝統と文化）と幅広く関わる資質・能力を育てる。

　「芸術科美術」においては，表現において「絵画・彫刻」「デザイン」「映像メディア表現」の三つの区分があり，鑑賞において「美術作品（映像メディアを含む）」「生活や社会の中の美術の働き」「美術文化」「日本及び諸外国の美術作品や文化遺産」などを範囲とする。

　「芸術科工芸」においては，表現において「身近な生活と工芸」と「社会と工芸」の二つの区分があり，鑑賞において「工芸作品」「生活や社会の中の工芸の働き」「工芸の伝統と文化」などを範囲とする。

## 4．諸外国における状況

(1) アメリカ

　「全米コア芸術スタンダード」（National Coalition for CORE ARTS Standards, 2017）の視覚芸術科には，伝統的な純粋美術，メディア・アート，デザイン，環境，コンセプチュアル・アート，パフォーマンス，参加型アート，ストリート・アート，フォーク・アートなどの分野が含まれている。

(2) イギリス

　イングランドにおけるナショナル・カリキュラム（Department for Education, 2014）では，5歳から14歳で美術・デザイン科が必修であり，その「学習目的」に「美術，工芸，デザインは人間の創造性における最高の形を具現化する」と示している。

(3) 中国

　小・中学校の美術科（2011年版）では内容を造形・表現，デザイン・応用，鑑賞・評論，総合・探求の4領域で示し，高等学校美術科（2003年版）では美術鑑賞，絵画・彫刻，工芸・デザイン，書道・篆刻，メディア芸術の5領域を示している（銭，2015）。

(4) 台湾

　2001年導入の小・中学校教育課程で「芸術と人文」領域における視覚芸術科として位置付けられたが，「人文」の概念が広すぎるため，2018年より「芸術」領域における視覚芸術科と改訂される（高等学校は美術科）（王，2016）。

## Ⅳ　図画工作科・美術科の近未来像

## 1．人らしく生きる本質を学ぶ

　芸術的人間像に象徴される創造性，熟

練，調和という価値観は，人を取り巻く技術的環境が飛躍的に変化する現代において，人が人らしく生きる本質に関わるものであり，学校教育の中でその確実な基礎を十分学ぶ必要がある。

## 2．人類の視覚芸術への接続

　世界の中でも豊かな視覚芸術の歴史に恵まれた日本の子どもたちのために，伝統を活かしながら未来の新しい文化の在り方を創り出すための教育を充実させる。

　文化創造産業（芸術，デザイン，映像，美術館等をはじめとする知的財産に関わる産業の総称）と，子どもの感性を耕す人間形成としての芸術教育との連携を探る。

## 3．拡張する視覚芸術への応答

　教材となる視覚芸術の範囲は時代や技術の進展とともに広がっていくが，高等学校段階で積極的に最新の芸術や映像メディア表現への接続を強化し，社会における芸術の同時代的展開を実感できる内容にする。

　小学校・中学校段階では，広がっていく視覚芸術の範囲を羅列的に追加するよりも，創造性，熟練，調和に象徴される芸術的価値観から発達段階に適した教科内容を選択し，自らの感覚と想像力を用いて主題や素材と向き合い，創造に没入できる時間を確保する。

## 4．言葉と視覚芸術

　美術教育の教科としての独自性を，色と形などのいわゆる「造形的自律性」にのみ閉じ込めるのではなく（神野，2018，p.124），社会的文脈を伴う文化との関わりの中で捉え，言葉による思考を伴いながら深めていく探究の過程として位置付ける。

（直江俊雄）

**引用・参考文献**

Department for Education (2014). *The national curriculum in England: Framework document.*

ハーバート・リード (2001) 宮脇理・岩崎清・直江俊雄 (訳)『芸術による教育』フィルムアート社. (Original work published 1956)

神野真吾 (2018)「美術科を他分野の研究から検討する：文化理論そして心理学から」美術科教育学会叢書企画編集委員会・永守基樹 (編)『美術教育学の現在から』学術研究出版，123-133.

金子一夫 (1992)『近代日本美術教育の研究　明治時代編』中央公論美術出版.

宮脇理 (1985)「手工教育の導入と実態」奥田真丈・生江義男 (編著)『教科教育百年史』建帛社，413-417.

直江俊雄 (2018)「創造的な美術鑑賞を目指して」神林恒道・ふじえみつる (監修)『美術教育ハンドブック』三元社，157-165.

Naoe, T. (2019). Japanese Arts and Crafts Pedagogy: Past and Present. In R. Hickman (Ed.), *The International Encyclopedia of Art and Design Education* (pp.84-98). Hoboken, NJ : John Wiley & Sons.

National Coalition for CORE ARTS Standards (2017). "Glossary for National Core Arts: Visual Arts STANDARDS."
Retrieved from http://www.nationalartsstandards.org/sites/default/files/

銭初熹 (2015)「21世紀中国における学校美術教育の発展」『教育美術』871，42-45.

王文純 (2016)「台湾の美術教育の現状と展望」『教育美術』889，46-49.

---

1　学校教育の目的，学校教育における教科の意義や位置付け，家庭科という教科の成立の経緯，家庭科の背景学問である家政学とは何か（定義，研究対象，独自性等）により，家庭科が何を目指すかが導かれると考えられる。
2　家政学で解明された法則・理論等を踏まえ，自分自身と環境との関わりを考えさせる中で，自己の日常の生活を営む理論となる家庭生活の見方・考え方を獲得させる構成を目指すことが家庭科の授業には必要であると考えられる。
キーワード：「学校教育」「家政学」「プロジェクト学習」「日常生活と生活課題」

---

## I　学校教育の一教科としての家庭科

　家庭科の目標は他教科同様に学校教育法及び学習指導要領によって規定されている。それらは，日本国憲法に基づく教育基本法によるものである。また，教科が何を目指すものなのかは，その教科の成立の背景等にみることができると考える。

　1947（昭和22）年度版学習指導要領家庭編（試案）「はじめのことば」には，家庭科は，自分の能力にしたがって，家庭に，社会に貢献できるようにする全教育の一分野としての位置付けのもと，家庭内の仕事や，家族関係に中心を置き，各人が家庭建設に責任を取ることができることを目指すものとして示されている。

　日本の家庭科をどのように進めるかは，CIE（民間情報局）との交渉のもとに検討された（山本，1965，p.2）。アメリカにおける普通教育課程の一教科として成立した家庭科が，「家庭科は男子を含むすべて

の生徒に各人が価値ある家族成員となりうるような性格や特質を様々な行動様式の中で発達させることという価値ある家族成員の育成に中心的に携わる教科」として位置付けられた（佐藤，1985）ことから考えるならば，学習指導要領家庭編（試案）「はじめのことば」には矛盾がないであろう。

　つまり，成立期の家庭科は，衣食住といった家庭生活の各事象の学習を行うもの，それは家族関係を中心として，全体としての家庭生活に結び付けながら，民主的なよりよい家庭生活を目指していた。

　他方，家庭科が何を目指し，どのような目的を持つ教科なのか，教科としての意義は何なのか，あるいはどのような教育や授業を行うべきかについて，家庭科の本質という語とともに学会等で議論が重ねられてきた（大学家庭科教育研究会，1972；日本家庭科教育学会，1972；日本家政学会，1984；岡村他，1978；日本家政学会，1988；日本家庭

教育学会, 1997；日本教科教育学会, 2015等）。

　藤枝 (1990) は，各科教科教育学と各科教科の関連を示し，教科固有の教科理論から教科の本質等に触れ，家庭科の教科理論は結論的に家政学における『環境制御理論』であり，よりよい意思決定を経て，実行し，よりよい環境を創り出すことができる人間を育てることが，人間形成における家庭科の固有の原理である（藤枝, 1990, pp.46-54, pp.55-56）という。

　佐藤 (2015) は，「生活の主体者である児童・生徒に，自分自身と環境（人・狭義の環境・物）との関わりを考えさせる中で，自己概念を確立させるとともに，自己の生活を営む理論となる（家庭）生活の見方・考え方を獲得させること，すなわち，自分の生き方を選び取らせ，生活者としての自立を目指すこと」を家庭科の本質としている。生活者が，「生活の全体性を把握する主体をさし，静的な形態ではなく，『生活者』へと生き方をかえていく一つのダイナミックな日常実践をさす」（天野, 1996）ならば，自己の生活を営む理論となる家庭生活の見方・考え方に基づき，よりよい環境を創り出すことができる人間としての育ちにかかわることが家庭科の本質と考えられる。

　「見方・考え方」は中教審答申 (2016) 及び2017 (平成29) 年告示学習指導要領において「教科等を学ぶ本質的な意義の中核をなす」ものとして示されている。家庭科では「生活の営みに係る見方・考え方」として，「家族や家庭，衣食住，消費や環境等に係る生活事象を，協力・協働，健康・快適・安全，生活文化の継承，持続可能な社会の構築等の視点で捉えること」が各学校段階の目標とともに示されている。

　加えて，学習対象である生活事象の見方・考え方として，空間軸と時間軸の二つが示されていることは看過できない。空間軸は，家庭，地域，社会という空間的な広がりをいい，主に小学校では自己と家庭が，中学校では家庭と地域がその視点となる。時間軸は，生涯を見通した生活という時間的な広がりから学習対象を捉えることであり，小学校では，現在及びこれまでの生活，中学校では，主にこれからの生活を展望した現在の生活となる。

## Ⅱ　家政学を背景学問とする家庭科

　家庭科の本質にかかわる『環境制御理論』は家政学の母と言われ，アメリカ家政学会の初代会長であったエレン・リチャーズが記した『ユーセニクス』に述べられている（藤枝, 1990；住田, 2005）。エレン・リチャーズが，マサチューセッツ工科大学初の女子学生かつ教員であり，化学専攻だったことは興味深い。

　家政学を理解する際に，1902年レイク・プラシッド会議で示された家政学の定義をはずすことはできないという。それは，「ホーム・エコノミクスは，広義に見て様々な法則・条件・原理や理想について追究する。それは，一方では人間に直結した物理的環境について，また，他方では社会的存在としての人間の本性について追究する。この両者の相互関係

を究明する科学である。狭義にみて，家庭生活における実際の諸問題を解く科学である」（日本家政学会，1984，p.16）というものである。ここでの「ホーム」は，子どもを保護・養育する場，人間形成の場の意であり，「エコノミクス」は，金銭だけでなく，時間や労力等を含む経済性をめぐる家政の営みである（日本家政学会，1984，pp.14-15）。

　また，アメリカ家政学会による家政学の基本的な考え方の推移は，現在のわが国の家庭科を考える際の示唆に富む。

　アメリカ家政学会発足時に，エレン・リチャーズは，家政学は以下のことを踏まえて成り立つ研究であると述べたという（今井，紀，1990；西野，2018）。

①今日の理想的な家庭生活とは過去の伝統に妨げられない。

②生活を向上させるために，現代の科学が生み出した生活資源（リソース）を十分に活用する。

③家庭生活が，物質にこだわることから解放されて，理想と現実のギャップにとらわれず，自らの理想を実現できるようにする。

④家庭と社会に大切で永久的な利益に対する考えを自由にできるようにするために，物資的な生活環境をシンプルにする。

　さらに，その後，様々な社会の変化等を踏まえ「New Direction Ⅱ」が示された（日本家政学会家政学原論部会，2002，pp.149-155；工藤，2015）。

①Futuristic Thinking and Planning

②Public Policy Formation

③Creative Adaptation to Uncertainty and Change

④Redistribution of Resources

⑤Interrelatedness of the Professional and paraprofessional

①の将来を考えて計画するとは，高齢社会を健やかに生活する必要があることを意味する。

②の公共政策の策定に関わるとは，家族の変化によって，日常生活の営み方は，政府・地方自治体の提供する社会制度・システムに依存するようになっていくことを意味する。

③の不確かさと変化に対して，創造的に適応するとは，日常生活の営みの中で発生する予測することのできない天災や人災等に対処できるように準備することの必要性を意味する。

④の生活資源を再分配するとは，生活が他者に依存して成り立つことから，国民間での助け合い・地域社会での助け合いが必要となることを示していることを意味する。

⑤の専門家と実務家との相互関係を図り，その関係性を密にするとは，専門家の研究成果を日常生活の営みに適用して日常生活の質的な向上をもたらすためには，専門家と日常生活を営む人々との間をつなぐ役割である実務家の資質が大きく影響するため，専門家と実務家との関係を密にすることを意味する（澤井，2017）。

これらは従来の家政学の研究や教育で

は，日常生活の営みにおける生活の質に貢献することが難しくなったことから示されたとされているが，この5つの内容，そして，アメリカ家政学会発足当時の4つの内容は，家庭科が何を目指す教科なのかを考える際の重要な視点になると思われる。

ここで，わが国における家政学の定義を確認したい。『家政学将来構想1984』には「家政学は，家庭生活を中心とした人間生活における人と環境との相互作用について，人的・物的両面から，自然・社会・人文の諸科学を基盤として研究し，生活の向上とともに人類の福祉に貢献する実践的総合科学である」（日本家政学会，1984）と定義されている。

日本家政学会家政学原論部会行動計画第1グループは「家政学とは，個人・家族・コミュニティが自ら生活課題を予防・解決し，生活の質を向上させる能力の開発を支援するために，家庭科を中心とした人間生活における人と環境との相互作用について研究する実践科学であり，総合科学である。家政学は，生活者の福祉の視点から，持続可能な社会における質の高い生活を具現化するライフスタイルと生活のありようを提案する」と定義付けている（尾島，2018）。

つまり，家政学は，「日常生活の営みのwell-beingを達成するために寄与する研究分野」（澤井，2017）といえる。個々の日常生活のwell-beingに関わりを持つことから，家政学は日常生活の一部ではなく，全体を捉えるという総合性を持

ち，さらに，日常生活での実践性を伴うものであり，さらには，具体性，個別性，予防性を持つものと考えられる。

このことは家庭科の授業にとって重要な点である。

## Ⅲ　家庭科の授業はどのように構成するのか

前述から考えるならば，学校教育の一教科としての家庭科は家政学で解明された法則・理論の系統的学習を基盤として，日常生活に関する科学的認識を日常生活での実践を伴うものとして構成することが求められる。家政学における家庭生活の営みの定義と家庭科の教科内容編成は紙幅により，示すことができないが佐藤（2015，pp.69-70）に詳しい。

佐藤（2015）は，家庭科の授業では，「家庭科の見方・考え方」となる概念的説明的知識を学習者に獲得させることが重要であるとし，それを導く教師の発問に言及している。それによると発問には，what, how, why, who, when, where, whomの7種類があるが，知識の説明を求めるのはwhat, how, whyであり，理論となる説明を求めるのはwhyだけであるとし，教授書試案「外観・被服・私」を例に紹介している（佐藤，2015）。それは，自分と被服との関わりを探究のテーマとし，学習の導入部では直観的に，展開部では分析的に，終結部では総合的にと，三度繰り返して学習するように構成したものである。

本稿では，食生活を取り巻く課題の解

決のために，自己の心身の健康状態を把握し，それに応じて適切な食物の選択と評価ができるという食のマネジメント能力（長沼，2014）を参考にして，自分と食物の関わりの探究をテーマとした授業例について考えたい。

学習の導入部では，テーマを直観的に，学習者の今までの知識や経験に基づき直観的に思考できる問いを設定する。

問いの例としては「あなたは何のために食べるのか，何のために食べなければならないのか」という食欲求を問うことが挙げられる。それに対して，学習者は，まずは自分の考えを述べ，話し合う。「お腹がすくから」，「食べなければ，死んでしまうから」等，自分なりの答えを出し合う。

展開部では，家政学で示されている食欲求に関わる側面を示しつつ，分析的に考える。そこでは，「健康を維持するために食べる」等の食欲求の生理的側面だけでなく，季節や行事に応じた食事や1日の食事の時間や回数等を取りあげ，「食習慣あるいは食文化として食べる」等の社会的・文化的側面等があることや，「おいしかったからまた食べたい」「楽しく食べたい」等の食欲求の心理的側面があること等を理解する。

終結部では，展開部で得た知識をもとに，「なぜ食べるのか，何のために食べなければならないのか」について，根拠を示しながら自分の言葉で説明することによって，自分と食物の関わりに関する理論をつくりだす。

家庭科が個々の日常生活のwell-beingに関わり，日常生活での実践性，具体性，個別性，予防性を持つことを考えるならば学習者が自分自身で理論をつくりだすことだけにとどまってはならない。

次の段階では，各食欲求に応じて，いつ（when），どこで（where），だれと（who），何をどれくらい（what），どのような状況のもとで（how）食べるのか等について意思決定するための知識・理論を獲得し，その知識・理論を総合的に用いて，自分の考えを説明し，根拠を示し，解釈していくこと，そしてそれを自分自身の日常生活で具現化していくことが求められる。ここでの具現化とは，意思決定に基づいて「食べる，または食べるために必要なもの」を調達することができることであり，調達の方法の一つとして，調理技術があげられる。つまり，自分自身と環境との関わりの中で，望ましい食物摂取について，よりよい意思決定をし，日常生活で実践していくということであり，それを評価し，次の食生活につなげていくことが求められる。

家庭科の授業は，自分自身の生活を営む理論をつくることができる問いに拠りつつ，日常生活での実践につながる食生活に関する知識や技術を習得することに加えて，学習者の現実の生活の問題や課題につながる学習方法により構成する。その方法の一つは，わが国の家庭科誕生の当初から，学習内容として導入されていた「ホーム・プロジェクト」による学習ではなかろうか。　　　（佐藤ゆかり）

引用・参考文献

天野正子（1996）『「生活者」とはだれか』中央公論社，14.

大学家庭科教育研究会編（1972）『現代家庭科研究序説』明治図書株式会社.

エレン・H・リチャーズ（2005）住田和子・住田良仁（訳）『ユーセニクス：制御可能な環境の科学』，スペクトラム出版社.

藤枝惠子（1990）「『教科教育学』の成立条件を探る―家庭科教育学の立場から―」東洋・蛇谷米司・佐島群巳『教科教育学の成立条件―人間形成に果たす教科の役割―』東洋館出版社，46-60.

福田公子（1986）「家庭科的資質形成と教科」広島大学教科教育学研究会『教科教育学Ⅰ―原理と方法―』156-171.

今井光映・堀田剛吉（1979）『テキストブック家政学』有斐閣，236-239.

今井光映・紀嘉子（1990）『アメリカ家政学史 ホーム・エコノミックスとヒーブの原点』光生館，108-110.

亀高京子・仙波千代（1981）『家政学原論』光生館.

工藤由貴子（2012）「生活の「多様性」を捉える家政学～IFHE の活動から～」『家政学原論研究』46，34-75.

工藤由貴子（2015）「原論からの読み解き」『家政学原論研究』49，52.

中間美砂子（1987）『家庭科教育学原論』家政教育社.

長沼誠子（2014）「6　望ましい食物摂取と食教育」加藤陽治，長沼誠子『新しい食物学　食生活と健康を考える　改訂第3版』南江堂，125-128.

日本家政学会（1984）『家政学将来構想1984　家政学将来構想特別委員会報告書』光生館.

日本家政学会（1988）『新時代の家庭科教育』東京書籍株式会社.

日本家政学会原論部会（2002）『家政学未来への挑戦』建帛社.

日本家庭科教育学会（1972）『家庭科教育構想研究委員会報告書』

日本家庭科教育学会編著（1997）『家庭科の21世紀プラン』家政教育社.

西野祥子（2018）「家政学原論教育における思想の意味―家政学の源流：エレン・リチャーズ―」日本家政学会家政学原論部会編『やさしい家政学原論』建帛社，32-38.

岡村喜美・宮川満・米川五郎編集，教員養成大学・学部教官研究集会（1978）『家庭科教育の研究』学芸図書株式会社.

尾島恭子（2018）「第2章　家政学とは何か」日本家政学会家政学原論部会編『やさしい家政学原論』建帛社，10-18.

佐藤園（1985）「アメリカにおける家庭科教育の成立（Ⅰ）―学校教育における家庭科教育の必要性―」『秋田大学教育学部研究紀要（教育科学）』35，81-90.

佐藤園（1996）『家庭科授業構成研究』，家政教育社.

佐藤園（2015）「第8節　家庭生活の見方や考え方を育てる家庭科」日本教科教育学会編『今なぜ，教科教育なのか教科の本質を踏まえた授業づくり』文溪堂，68-74.

澤井セイ子（2013）「私の家政学原論」『家政学原論研究』47，70-76.

澤井セイ子（2017）「部会誌50号に寄せて『家政学原論研究』51，54.

仙波千代（1949）『ホームプロジェクトの実際―新しい家庭科のあり方―』教育図書株式会社，1-12.

山本キク（1951）「家庭科教育概論」安藤堯雄他東京教育大学教育学研究室編『教育大學講座7』金子書房，3-10，27-30，43-44.

山本キク（1965）『改訂家庭科教育法』家政教育社.

柳原文一，原田一，松島千代野（1970）『家政学原論』学文社.

　技術科は，技術を主として学習する義務教育段階での唯一の教科である。技術科の目標には，すべての人々が技術に関わる知識，技能，考え方に関する素養を身に付けるべきであるという技術リテラシーの理念が込められている。技術リテラシーは，科学技術が進展する社会で生活する「国家・社会の形成者」に必要な素養であり，人間が成長・発達するために必要な諸能力の形成にも大きく関わっている。技術科の学習過程は，社会の問題をテーマとして，製品やシステムを「創造」することで問題解決を試みるデザインの考え方やエンジニアリングの活動を取り入れている。また，その活動の中で「技術の見方・考え方」を働かせて「技術の概念」を形成することにより，汎用的な資質・能力として社会や生活で活用することが目指されている。

　　　　　　　キーワード：「技術リテラシー」「創造指向の問題解決」「技術の概念」

## I　技術科の目標・目的

　技術科は，中学校学習指導要領に示される技術・家庭科技術分野の通称として用いられる。技術科は，小学校及び高等学校には設置されておらず，義務教育段階及び普通教育で技術やエンジニアリングに関する内容・方法を学習する唯一の教科である。以下で示す技術科は，平成29年告示中学校学習指導要領に準拠し，従前の技術科を指す場合は対応する中学校学習指導要領の告示年を表記する。

### 1．技術科の目標

　技術科の目標の柱書は「技術の見方・考え方を働かせ，ものづくりなどの技術に関する実践的・体験的な活動を通して，技術によってよりよい生活や持続可能な社会を構築する資質・能力を次のとおり育成することを目指す」と示され，「知識及び技能」「思考力，判断力，表現力等」「学びに向かう力，人間性等」の資質・能力に対応する目標として，次の①②③が掲げられている。

①生活や社会で利用されている材料，加工，生物育成，エネルギー変換及び情報の技術についての基礎的な理解を図るとともに，それらに係る技能を身に付け，技術と生活や社会，環境との関わりについて理解を深める。
②生活や社会の中から技術に関わる問題を見いだして課題を設定し，解決策を構想し，製作図等に表現し，試作等を通じて具体化し，実践を評価・改善するなど，課題を解決する力を養う。
③よりよい生活の実現や持続可能な社会の構築に向けて，適切かつ誠実に技術を工夫し創造しようとする実践的な態度を養う。

これらは，従来から技術・家庭科が重要視する目標である，実践的・体験的な学習活動を通して「基礎的な知識と技能の習得」「生活と技術のかかわりの理解」「工夫し創造する能力と実践的な態度」などを育成する指針を含んでいる。

## 2．技術リテラシー

技術科の目標には，技術開発等に関わる生産者だけでなく，すべての人々が技術に関わる知識，技能，考え方を素養として獲得するべきであるという技術リテラシーの理念が込められている。

技術科の目標における技術リテラシーへの指向性は，解説（2017）に示される「技術の発達を主体的に支える力や技術革新を牽引する力の素地となる，技術を評価，選択，管理・運用，改良，応用することによって，よりよい生活や持続可能な社会を構築する資質・能力を育成する」（p.18）の記述から推察できる。すなわち，現代社会において技術の恩恵を受け生活する市民の側面から適切な技術の発達を促すため，技術を評価，選択，管理・運用する能力の必要性が述べられている。また，社会での問題解決や価値創造のために技術を改良，応用する能力の基盤を育成することが重要視されている。これらは，前者が技術ガバナンス能力，後者が技術イノベーション能力として捉えられており，技術リテラシーが社会生活の中で表出する具体的な姿と考えられる。

## Ⅱ　技術科の存在基盤

技術科の目標の指針となる技術リテラシーの必要性について，「国家・社会の形成者」「ものづくりによる人間形成」「技術と科学の相違」の視点から述べる。

### 1．国家・社会の形成者の素養

技術リテラシーは，高度に進展する科学技術社会における素養として重要である。内閣府が示すSociety 5.0 の社会像では，IoT（Internet of Things）などの先端技術が様々な分野の技術と結び付き，経済発展や社会的課題解決に活用されることが期待されている。また，中央教育審議会が示す「2030年の社会と子供たちの未来」には，人工知能をはじめとする情報技術が進展した社会で必要となる資質・能力が検討されている。

このことからは，技術と社会が相互に関連しており，育成すべき資質・能力についても影響を与えていることが示唆される。すなわち，先端技術等の活用により継続的な社会や生活の変革が予想される状況下では，素養としての技術リテラシーを育成する技術の教育が必要不可欠である。その中では，多様な問題解決を図る技術開発を牽引する技術イノベーション能力の育成が求められる。また，先端技術等によって変革されようとする社会の是非を多様な観点から判断・評価する技術ガバナンス能力も重要性を高める。

これらのことから技術科は，安全・安心な未来や社会を創造する「国家・社会

の形成者」に関わる技術リテラシーの醸
成に必要な教科であると指摘できる。

## 2. ものづくりによる人間形成

　高度に進展する科学技術社会において
も，言葉を介して意思疎通する能力や数
字を操り四則演算する能力を不要とする
論はあがらない。これらの能力は，社会
の情報化が進みコミュニケーションや計
算の方法が変化してもなお，普遍的な事
象の理解，表現，認識，把握などに欠か
せず，人間が成長・発達するために必要
であると考えられる。技術に関する知識，
技能，考え方などの能力を習得する意義
も同様に捉えることができ，人間が成
長・発達すべき上で必要な諸能力の育成
を通して「人間形成」(松浦, 2001, p.128)
に寄与していると指摘できる。
　人間は技術により製品やシステムを創
造するものづくりの活動を通して社会を
形成し，豊かな生活を発展させてきた。
科学的な知識等を踏まえて設計・計画し，
身体と思考を協応する技能等により実践
するものづくりは，技術の学習を的確に
実施する方法・活動として用いられてい
る。この方法・活動を通して「工夫・創
造する素養」(間田, 2017, p.3) を育み，最
適化や効率化などの概念を形成すること
ができる。また，技術に関わる安全性，
評価力，計画性，巧緻性，倫理観，自律
的な態度など，生涯にわたり活用される
素養も育成される。すなわち，ものづく
りを通して技術に関する基礎的な知識，
技能，考え方を習得することは，社会と

調和した健全な人間形成に貢献できる。
　技術の学習は，現代社会の生活体験で
十分に行われることは少ない。また，学
校外の教育において系統的に扱われるこ
とはない。したがって，学校教育におい
て目標を定め適切に実施する必要があり，
技術科はその責任を担う教科である。

## 3. 技術と科学の相違

　高度に発展した科学技術社会では，技
術と科学の境界線が不明確となり，「科
学技術」と表現されることが多い。しか
しながら，「科学技術」の意図する意味
は様々であり，受け止められ方も異なる。
そのため，技術と科学の意味や活動など
が未分化のまま認識されていることがあ
る。
　技術とは，「生産・創造・発明を実現
する活動と，それに関わる素材・材料や
方法・操作の知識体系」と示され，技術
と科学の目的，内容，方法の違いが指摘
されている (日本産業技術教育学会, 2013)。こ
れらに加えて，「創造」と「探究」の問題
解決の指向性からも相違が指摘できる。
　技術の目的は要求・欲求の充実であり，
これを問題として捉えると製品やシステ
ムを利用・創造する活動に基づき問題解
決策が検討・実践される。その過程では，
効率，価格，社会性など価値観に左右さ
れる要因が含まれ，問題や目的に沿って
最適解を導く「創造」指向の問題解決が
行われる (谷田他, 2018, p.26)。一方で，科
学の目的は未知の事象や不明確な現象な
どへの問いを問題として，観察や実験な

どにより関連性や法則を探究する活動に基づき解決策が解釈・説明される。その過程では再現性，実証性が求められ，証拠や推論に基づいた結論を導く「探究」指向の問題解決が行われる。

「科学技術」の用語が意図するように技術と科学は相互依存，相互浸透の関係にあるが，問題解決の指向性は異なっており「適切な関係を保ち，それぞれ独立した教科として系統的に学習」(鈴木，2009，p.98)することが望ましい。この技術の学習を適切に行う教科が技術科である。

## Ⅲ　技術科の原理

技術科の目標・内容の指導・評価に関して「学習過程」「見方・考え方」「深い学び」の在り方を述べる。

### 1．技術科の学習過程

技術科の学習過程には，教科の発足当時から題材を中心に教育内容を配列し，設計・製作，整備，栽培，操作等の学習を展開する中で，生徒自らが課題を解決することによって，生活に必要な知識や技能を習得させるプロジェクト法が主流として採用されてきた。

解説(2017)では，技術科の指導内容の要素を「生活や社会を支える技術」「技術による問題解決」「社会の発展と技術」に整理し，それに対応した学習過程として，「既存の技術の理解」「課題の設定」「技術に関する科学的な理解に基づいた設計・計画」「課題解決に向けた製作・制作・育成」「成果の評価」「次の問題の解決

の視点」の6過程を示している (p.23)。

そのため技術科の学習過程は，製作品の設計・製作などに重点を置いたプロジェクト法から，社会の問題解決を主題として，製品やシステムを創造するデザインやエンジニアリングの活動を通して，技術の在り方を検討する学習へ重点を変化させている (谷田他，2018，p.25)。

### 2．技術の見方・考え方と技術の概念

「技術の見方・考え方」は，「生活や社会における事象を，技術との関わりの視点で捉え，社会からの要求，安全性，環境負荷や経済性等に着目して技術を最適化すること」(解説，2017，p.19) と示された。各内容に関する「見方・考え方」の記述構造からは，「各内容の技術」の視点から生活や社会における事象を捉え，「技術の利用に関する検討事項」や「科学的な原理・原則」に着目・配慮して，「技術の仕組み」を最適化すること，と解釈できる。すなわち，これら三つの要因から構成される技術の「見方・考え方」は同一構造であり，技術科の学習において中核となる視点や考え方である。

技術科の学習過程である「既存の技術の理解」では，「技術の仕組み」について知り，その基盤となる「科学的な原理・法則」と，「技術の利用に関する検討事項」を踏まえ，技術の「見方・考え方」に気付く学習が目指される。「課題の設定」から「技術に関する科学的な理解に基づいた設計・計画」「課題解決に向けた製作・制作・育成」「成果の評

価」に至る学習過程では，技術の「見方・考え方」を働かせて，技術による問題解決の学習を促進することが目指される。「次の問題解決の視点」では，技術の理解に基づいて気付いた「見方・考え方」，実践的・体験的な学習とその振り返りにより深化させた「見方・考え方」により，共通性・一般性のある「技術の概念」を理解する学習が目指される。

### 3．知識・技能と深い学び

解説（2017）の「教育内容の見直し」には，「生活や社会において様々な技術が複合して利用されている現状を踏まえ，材料，加工，生物育成，エネルギー変換，情報等の専門分野における重要な概念等を基にした教育内容とする」(p.7) と示されている。したがって，資質・能力として示される「知識及び技能」は，断片的・羅列的ではなく，内容概念に収束するよう取り上げることが重要である。このことは，技術科における「深い学び」と関係する。

「深い学び」は，資質・能力を高めることを意図しており，高められた資質・能力は，技術の「見方・考え方」を踏まえて実社会・生活の中で行動するための汎用的な力としての活用が期待される。例えば，技術科の中で材料として扱われる木材，金属などの特徴を個別に捉えるのではなく，「見方・考え方」を働かせて材料の性質，加工性，性能などの内容概念を形成させることが求められる。また，作物の栽培，動物の飼育，水産生物の栽

培に関する学習を踏まえて，生物の育成環境を調節する技術の仕組みを内容概念として捉えることが目指される。このように，技術科で取り上げる知識は，ものづくりなどの実践的・体験的な学習活動の中で技能を伴いながら内容概念として高め，社会や生活で技術を活用する様々な場面で応用できる資質・能力として形成することが重要になる (谷田，2017，p.15)。

## Ⅳ　技術科の内容構成

技術科の内容には「材料と加工の技術」「生物育成の技術」「エネルギー変換の技術」「情報の技術」が定められている。これらの内容に至る技術科の教育課程と変化の特徴について述べる。

### 1．これまでの技術科内容構成

教科の発足した昭和33年告示中学校学習指導要領の内容構成などの特徴は，以下のようにまとめることができる。

昭和33年告示，昭和44年告示中学校学習指導要領では，技術・家庭科における「男子向き」が技術科に該当する。指導内容のまとまりとして領域があり，内容，履修学年，標準指導時数が示されていた。

昭和52年告示中学校学習指導要領では，技術系列の領域が技術科に該当する。男子はこれらの5領域と家庭系列1領域を履修するよう定められた。平成元年告示中学校学習指導要領の技術科は，男子・女子を問わず「木材加工」「電気」が必修領域となり，他の領域は家庭科に関する領域を含めて選択履修となった。

平成10年告示，平成20年告示中学校学習指導要領では，技術・家庭科において技術分野と家庭分野が明確に設置され，すべての生徒が技術分野と家庭分野の両分野を学習するよう定められた。

## 2. 教育課程の変化の特徴

技術科の教育課程などの大きな変化について3点述べる。まず，教科発足当初は「木材加工」などの「領域」が指導内容のまとまりとして扱われていたが，近年では「内容」として設定されるようになった。これらは，技術科の内容構成や教育内容に関わる研究の推進に基づいている（日本産業技術教育学会，2012, p.4）。

教科発足当初は男子向け・女子向けなど性別により履修内容が異なっていたが，平成元年告示中学校学習指導要領より男女同一の履修内容となった。このことにより，すべての人々に技術リテラシーを育成するという理念が実現された。その反面，実質の授業時間数が半減した問題は現在も続いている。

平成元年告示中学校学習指導要領から新たな領域・内容として「情報」が加えられた。当時，技術科で扱うべき「情報」の内容妥当性が議論され，生産技術に付随する計測・制御の内容が適切であるとされた。近年では，ネットワークやソフトウェアに関連した技術が項目として取り入れられている。

## V　技術科の課題と展望

これからの技術科の課題として以下を

指摘する。技術科では，目標に込められた技術リテラシーの理念を継承しつつ，学校教育で育むべき資質・能力の検討を深め，より適切な指導・評価を開発していくことが必要である。また，技術科の資質・能力や教育内容の系統・発展性を検討し，小学校図画工作科，高等学校情報科，工業科との連携を綿密にすることも必要である。加えて，中学校他教科の資質・能力や教育内容との関連・補完性等を検討するとともに，STEM教育などの教科横断的学習における技術の目標・内容・方法の位置付けについて精査・主張していく必要がある。さらに，生活や社会で活用される技術が開発・利用される機能や実態を捉え直し，教育内容の在り方を検討していくことも重要である。

（谷田親彦）

引用・参考文献

間田泰弘（2017）「科学教育とは」『科学教育研究』41(1), 3-4.

松浦正史（2001）「ものづくりによる人間形成を礎とした技術科教育の展開」『日本教科教育学会編：新しい教育課程の創造』教育出版，128-138.

文部科学省（2017）『中学校学習指導要領（平成29年告示）解説　技術・家庭編』開隆堂.

日本産業技術教育学会（2012）「21世紀の技術教育」『日本産業技術教育学会誌』54(4), 別冊.

日本産業技術教育学会（2013）「技術教育の理解と推進（リーフレット）」

鈴木寿雄（2009）『技術科教育史』開隆堂.

谷田親彦（2017）「技術分野におけるこれからの『深い学び』」『KGKジャーナル』52(1), 14-15.

谷田親彦他（2018）「『創造』指向の問題解決とSTEMの枠組み」『日本科学教育学会年会論文集』42, 25-26.

　保健体育科は，スポーツ科学や健康科学を学問的基盤としており，生涯スポーツの実践者の育成が目指されている。基本的な技能はもちろんのこと，運動のポイントや健康の保持増進に関する科学的な原則や概念等の知識，さらには運動や健康についての課題を発見することや，知識を活用する思考力や判断力が求められている。また，保健体育科の教科論に目を向けてみると，体育と保健を組み合わせた一つの教科ではあるものの，この両者の関連性は十分に議論されてこなかった経緯がある。そのため，教科内容の選択について確固たる理論が十分に確立しきれているとは言いがたい状況にある。一方で，その時々の教育界の動向や社会的ニーズの影響を受けながら，常に柔軟な対応をしてきた教科であるとも言える。

キーワード：「身体の教育」「運動や健康を通しての教育」「運動や健康に関する教育」

## I　保健体育科はどのような人間を育成するのか

### 1．育成すべき人間像

　保健体育科は，時代によって目指すべき人間像が大きく異なっていると言える。戦前や戦中は，国の発展に貢献しうる強靭な心身を持った人間の育成が目指されていた。戦後は，その反省がなされ，1953年の小学校学習指導要領体育科編（試案）（文部省, 1953）では，民主的生活態度を備えた人間の育成が目指されるようになった。その後，学習指導要領の改訂の度に育成すべき人間像が少しずつ変わり，新学習指導要領では「生涯にわたって健康を保持増進し，豊かなスポーツライフの実現をする」（文部科学省, 2018a）といった目標の下で，豊かなスポーツライフを実現できる資質・能力を持った生涯スポーツの実践者の育成が目指されている。

　こうした生涯スポーツの実践者が目指される背景には，いくつかの理由が考えられる。その一つ目は，長寿社会の到来である。年齢を重ねても健康であり続けることは個人の幸福のみならず，社会全体の安定と発展，さらには国家財政の視点からも重大な関心事であるからである。

　二つ目は，スポーツそれ自体の多様化現象である。パラリンピックにみられるように，障がい者の競技スポーツに大きな注目が集まったり，各地で市民向けのマラソン大会が頻繁に開催されたり，さらには地方創生の流れの中でスポーツツーリズムといったスポーツを核とした地域振興策も打ち出されたりしている。こうした現象は，数十年前にはみられなかったことであり，スポーツの多様化と同時にそれを見る人や支える人など，スポ

ーツへの関わり方も多岐にわたっている。

　三つ目は，健康情報や健康産業の隆盛である。テレビやネットでは，毎日のように健康に関わる情報が流され，健康食品や健康機器を容易に手に取ることもできる。また，健康にまつわる各種のサービスも大きく広がっており，健康関連産業は数兆円規模の市場を形成している。そこでは「生活の質の向上」を一つのキーワードとして，食事，運動，休養，環境等の情報が多岐にわたって提供されているが，科学的な根拠を著しく欠いた情報も多くみられている。

　こうしたスポーツや健康に関わる様々な事象が多様化し情報が拡散していく中で，人々はスポーツや健康に対して適切なかたちで関わり，判断していく力が求められている。保健体育科ではこうした課題に対応していくことが求められている。

## 2．育成すべき資質・能力

　では，豊かなスポーツライフを実現するための基礎として，保健体育科の中で育成すべき資質・能力とはどのようなものであろうか。新学習指導要領では保健体育科の資質・能力も他教科と同様に「知識及び技能」「思考力，判断力，表現力等」「学びに向かう力，人間性等」の視点から整理されているが（文部科学省，2018a），教科に即して具体化すると，以下のようになる。

①基本的な技能
②運動のポイントや健康の保持増進に関する科学的な原則や概念等の知識

③運動や健康についての課題を発見することや知識を活用する思考力や判断力
④考えたことを他者に伝えていく表現力
⑤仲間と協力したり，一人ひとりの違いを大切にしたりする意欲や態度

　このようなことが育成すべき点として列挙されている。

---

## Ⅱ　教科の存在基盤

### 1．教科の学問的基盤

　保健体育科という教科は，保健と体育の二つが合わさっており，身体や健康を共通の軸として成立している。しかし，その両者の学問的基盤は大きく異なっていると言える。

　体育は，トレーニング学，スポーツ心理学，コーチング学，運動学，運動生理学，バイオメカニクス，教育学，体育科教育学等といったスポーツ科学や教育学を基盤としている。一方の保健は医学，衛生学，発育発達学，栄養学，環境学，保健科教育学等を含んだ健康科学や教育学を基盤としている。こうした学問的基盤は，教科の指導内容にも大なり小なりの影響を与えている。例えば，中学校や高等学校における体つくり運動領域では，トレーニング学の基本原則が教えられている。具体的には，運動の強度，量，頻度といった点である。また，保健の中で「がん」の内容が位置付いており，生活習慣病対策と関連しながら現代的な健康課題が教えられている。このように教科内容の選択に関わり，学問的基盤が一定の影響力を持っているものと言える。

## 2．教科の成り立ち

　教科の成り立ちについて歴史を紐解いていくと、保健体育科という教科の出発点は、明治期にある。それは、1878年の体操伝習所（後の筑波大学体育専門学群）の設立に端を発しており、そこで教鞭を執っていたアメリカ人のリーランドが普通体操を指導したことにある。リーランドは、医学を基盤とした健康づくりとしての体操を展開していった。その後、体操伝習所には、初代文部大臣の森有礼によって兵式体操が導入され、状況が変わってくる。森は、富国強兵政策の下で、軍隊方式の体操の一部を学校に広めようと試みた。また、退役軍人が各地の学校に体操の指導者として赴任したことから、体操は、学校における集団の秩序形成や国防のための予備教育の機能を担うようになった。また、衛生の観点から、体操は結核の予防教育という機能も担っていた（大熊，2017）。ちなみに戦前や戦中の体育は、「体操」や「体錬」と呼ばれており、保健は、「養生」や「衛生」（金田，2013；七木田，2010）と呼ばれていた。

　現在では、先記したとおり、スポーツや健康に関する諸活動や産業が発展し、同時にスポーツ科学や健康科学といった学問基盤が確立していく中で、保健体育科という教科が存立している。

## 3．体育と保健の関連性

　ところで、保健体育科は、体育と保健を合わせたものとはなっているが、この両者の関連性は十分に議論されないまま、学校現場の実践が展開されてきたと言える。また、大学における教員養成課程においても、両者の関連性を論じることはほとんどない。保健体育科という一つの教科名称が付されているにもかかわらず、その関連性が十分に議論されてこなかったというのは教科論の視点からも大きな課題と言える。しかし、ここ数年、学会や行政、あるいは学校現場において両者を関連付けていくことの大切さが検討され始めている。例えば、「中学校学習指導要領解説　保健体育編」（文部科学省，2018a）をみると、教科内のカリキュラムマネジメントとして、体育と保健の関連を図ることが記されている。さらに、近年開催されている日本体育学会においても、体育科教育学専門領域と保健専門領域との合同シンポジウムが開催され、両者の関連が論議されるなど、一つの教科であることを改めて意識した動きがみられる。もっとも、それも緒に就いたばかりであり、研究面でも実践面でも十分な成果を上げているとは言えない現状がある。

## Ⅲ　教科の考え方・名称・内容領域

### 1．教科の考え方

　保健体育科、中でも体育とはどのような教科であるのか、といった教科の考え方は、戦前から現在にかけて四つある。それは以下の通りである（近藤，2018）。
①身体の教育
②運動を通しての教育
③運動の中の教育

④運動に関する教育

　この①〜④について簡単に説明をすると，①は，体力の向上や健康の保持増進をしていく教科である，という考え方である。②は，人格形成や人間関係づくりのための教科である，という考え方である。③は，運動の本質に触れる教科である，という考え方である。例えば，できなかった運動ができるようになったり，作戦が実行できるようになったりすることにこそ児童生徒は楽しさを感じるのであり，彼らの世界が拡がっていくことが重要である，という考え方である。④は，生涯にわたる豊かなスポーツライフを実現するために多様な知識を学んでいく教科である，という考え方である。

　以上ように，体育をめぐる考え方はいくつかあり，その考え方の違いによって授業の在り方も大きく異なってきたと言える。

## 2．教科の名称

　保健体育科は，学校段階によって教科の名称や保健と体育の位置付けが異なっている。小学校では，体育を構成する一領域として保健を位置付けているため，教科名称は，体育科としている。

　中学校では，教科名は，保健体育科であるが，体育と保健を分けており，体育を「体育分野」とし，保健を「保健分野」としている。これは，両者をひとまとまりの体系として捉えているからである。

　高等学校も，保健体育科という名称を付しているものの，内容は「科目『体育』」と「科目『保健』」というように，別の扱いをしている。ちなみに，高等学校の教員免許は，「保健体育」と「保健」の二種類が存在し，保健のみを指導可能とする免許がある。

## 3．内容領域の広がりとその考え方

　体育の内容領域は，中学校では①体つくり運動，②器械運動，③陸上競技，④水泳，⑤球技，⑥武道，⑦ダンス，⑧体育理論の八つから構成されている。

　体育における領域や種目を区分していく理論は，「特性論」という名で展開されており，その理論は三つある。一つ目は，児童生徒の心身や健康・体力にとって運動がどのような影響をもたらすのか，といった視点から論を展開する「効果的特性論」である。

　二つ目は，運動がどのような構造から成り立っているのか，例えば，個人や集団，記録や勝敗，対人スポーツか否か等，ルールや運動の構造から論を展開する「構造的特性論」である。

　三つ目は，児童生徒自身にとってどのような意味や経験をもたらすのかといった視点から論を展開する「機能的特性論」である。

　このように体育では，領域の構成をめぐって複数の理論があり，こうした理論の組み合わせによって領域が配列されている。「特性論」とは異なるが，この他にも児童生徒の発達段階の視点から論を展開する考え方もある。現在の学習指導要領では，４年間を一つの発達の区切り

として捉える考え方に立っており「4－4－4」の枠組みとして目標や指導内容を区分している。具体的には、小学校1年生から4年生までの時期を「各種の運動の基礎を培う時期」、小学校5年生から中学校2年生までを「多くの領域の学習を経験する時期」、中学校3年生から高校までを「卒業後に少なくとも1つの運動やスポーツを継続することができるようにする時期」としている。このように4年間区切りで発達を捉える考え方を体育は導入している。

　一方、保健の内容領域は、中学校を例にとると、①健康な生活と疾病の予防、②心身の機能の発達と心の健康、③傷害の防止、④健康と環境の四つである。具体的に①では、生活習慣病や薬物乱用、感染症等の内容が設定されている。②では、生殖にかかわる機能の成熟やストレスへの対処等である。③では、交通事故や自然災害による傷害の発生とその防止や応急手当等である。④では、飲料水や空気の衛生管理や廃棄物の衛生管理等である。

　このように「生活と疾病」「心身」「傷害」「環境」といった視点から指導内容を構成しており、現代的な健康課題を反映したものとなっている。

## Ⅳ　保健体育科の実際の展開

　現在の小学校の体育科では、①体つくり運動、②器械運動、③陸上運動、④水泳運動、⑤ボール運動、⑥表現運動、⑦保健、の七つの領域が設定されている

（文部科学省、2018b）。中学校では、先記したとおり、領域名称を一部変更し（例、ボール運動から球技、あるいは、表現運動からダンスへ）、さらに武道と体育理論を追加している。また、中学校2年生までは、男女ともにすべての分野と領域を必修としている。体育分野における領域の選択制が導入されるのは、中学校3年生からであり、体つくり運動と体育理論を除いた領域が選択制の対象となっている。具体的には、対人的な意味合いのある球技と武道の中から一つ以上の領域を選択し、個人による記録・技・動きを楽しむ器械運動、陸上競技、水泳、ダンスから一つ以上を選択するようになっている。選択制の授業では、一領域にかける時間が長いため、様々な学習成果が期待できる。しかし、実際には、生徒のニーズに応じて領域や種目の選択が保証されている場合と、施設や教員数の不足から保証されていない場合とがある。

　また、近年では、新たなスポーツ種目が学校現場に導入されており、とりわけ球技において、こうした傾向が著しい。例えば、小学校では、アメリカンフットボールのルールを修正したフラッグフットボールや、ラグビーのルールを修正したタグラグビーが、各地で実践されている。これまで体育における球技と言えば、サッカー、バスケットボール、バレーボール、ソフトボールが主流であったが、こうした新たなスポーツ種目が導入される背景には、各種目団体の普及活動と国際的な球技論の影響がある。近年の球技

論では，多様化する球技種目を構造に従って類型化しており，現在の学習指導要領では，こうした考え方の影響を受けて，球技を「ゴール型」「ネット型」「ベースボール型」の三つに区分している。そこでは，型ごとに共通する動き方を指導内容として位置付けている。具体的には「ボールを持たないときの動き」を取り上げ，種目間の内容の共通性を持たせている。

## Ⅴ　保健体育科の特質と今後

　いずれの教科も程度の差こそあれ，教育界や社会の潮流に呼応していく側面があるが，とりわけ保健体育科は，その時々の教育界の動向や社会的ニーズの影響を受けながら展開をしてきた教科であると言える。具体的には，社会状況や行政政策，さらには，基盤となる各学問領域の動向，各種目や健康関連団体の意向，加えて教育研究団体の研究等が教科内容の選択に反映されている。そのため，保健体育科は，教科内容の選択について確固たる理論が十分に確立しきれているとは言いがたい状況にあると言えるし，一方で常に柔軟な対応をしてきた教科であるとも言える。

　今後も引き続きこれまでと同様に，こうした影響を受けながら，教科の在り方が模索されていくと考えられる。とりわけ，未だ発展途上のスポーツ科学や健康科学の展開は，教科の指導内容を大きく変えていくものと考える。

　さらに，急速なグローバル化の影響により，共生社会の実現のための手段として保健体育科の内容が大いに利用されるようになると考えられる。スポーツは，競争をその活動の中に内在しているため，他教科と比しても，剥き出しの人間関係が現れやすいものであるが，一方で，仲間と協力を必要とする場面も多く，人と人とをつなぐ機能を有している。こうしたスポーツの持つ機能を利用し，保健体育科の授業の中で，多様な背景を持つ児童生徒同士が人との関わり方を学ぶ，といった授業が今後ますます展開されていくものと予想される。現在，スポーツ庁は，中学校や高等学校における男女共習を推進しており，将来の社会を見越しての動きと言える。こうした点からも今後の保健体育科は，社会性を身に付けるための教科という側面が重視されるようになると考える。

（近藤智靖）

**引用・参考文献**

金田英子（2013）「教科としての『保健体育』の史的考察」『東洋法学』56(3)，15-31.

近藤智靖（2018）「体育の考え方はどのように変わってきたのか」岩田靖・吉野聡・日野克博・近藤智靖編著『初等体育授業づくり入門』大修館書店.

文部科学省（2018a）『中学校学習指導要領（平成29年告示）解説　保健体育編』東山書房.

文部科学省（2018b）『小学校学習指導要領（平成29年告示）解説　体育編』東洋館出版.

文部省（1953）「小学校学習指導要領体育科編（試案）」Retrieved from http://www.nier.go.jp/guideline/s28ep/index.htm

七木田文彦（2010）『健康教育教科「保健科」成立の政策形成―均質的健康空間の生成―』学事出版会.

大熊廣明（2017）「日本における学校体育の再編」木村吉次編著『体育・スポーツ史概論（改訂3版）』市村出版.

　　一般には「英語科」と呼ばれる教科が，なにゆえ，正式には「外国語（英語）科」なのだろうか。また，世界中で様々な言語が用いられている中で，多くの教室で英語が外国語として学ばれているのはどうしてだろう。

　　私たち日本人が外国語として英語を学ぶ教室は，母語や公用語として英語を学ぶ教室とはどのように異なるのだろうか。

　　現行の学習指導要領における外国語（英語）科の目標は「コミュニケーション能力の育成」である。ここでのコミュニケーション能力とは，単なる英語力を指すものではなく，英語を通した，話し手と聞き手，書き手と読み手のキャッチボールである。新学習指導要領では，「聞くこと」「話すこと」「読むこと」「書くこと」のうち「話すこと」を「やり取り」と「発表」の2領域に分け，4技能5領域をよりバランスよく育成する場面を設定し，コミュニケーション能力育成の方向性をより鮮明に示している。

　　　　キーワード：「EFL（外国語としての英語）」「コミュニケーション」「技能・領域」

## I　EFL（外国語としての英語）

　言語の百科事典的ウェブサイトであるエスノローグ（Ethnologue）によれば，世界には現在，7,000を超える言語が存在する。国連の公用語の例ひとつをとってみても，英語の他にもフランス語，ロシア語，中国語（普通話・簡体字），スペイン語，アラビア語がある。なぜ私たちは，多くの教室で英語を外国語として学ぶのだろうか。

### 1．なにゆえ英語か

　世界の人口は急速に増え，現在70億を超える。しかし，上記エスノローグによれば，その人口の半分以上の人々が，7,000を超える言語のうちわずか23の言語しか話をしていないと言われている。

　英語はこの23の言語のうち最も多くの人に話されている言語なのだろうか。エスノローグに掲載されている，「母語話者」及び「第二言語話者」数のランキングで，先ほど挙げた国連の公用語をみてみよう。フランス語は2億7,200万人で8位（母語話者8,000万人），ロシア語は2億7,500万人（母語話者1億6,000万人）で7位，アラビア語は4億2,200万人（母語話者2億9,000万人）で5位。そして，スペイン語が約5億7,000万人（母語話者5億人）で3位である。

　残るは英語と中国語だが，どちらが1位だろう。正解は，英語が8億4,000万人（母語話者3億3,000万人）で2位。中国語が10億5,100万人（母語話者8億9,900万人）で1位である。このデータによると，私たちは中国語を勉強したほうが，より

多くの人々と話ができることになる。

　次に，公用語として話されている言語のランキングをみてみる。公用語の定義も難しく，確かな資料として多少古い文献を参照すると（Crystal, 1993），ここでも母語人口のベスト３は，３位がスペイン語（約２億5,000万人），２位が英語（約３億5,000万人），そして１位が中国語（約10億人）と，最新データと同じ順位である。公用語となると，母語で３位だったスペイン語が４位（約２億8,000万人）に落ち，３位はヒンディー語（約７億人）に入れ替わっている。そして，１位と２位も順位が入れ替わり，１位が英語（約14億人），２位が中国語（約10億人）となる。つまり中国語などの言語は母語人口が多いものの，その使用は一部に偏っており，一方，英語は母語人口では中国ほど多くはないものの，世界の多くの地域で話されていることが分かる。

## ２．英語はどこの国の言葉か

　英語は母語（English as a Native Language: ENL）以外に，第二言語（English as a Second Language: ESL）として，または外国語（English as a Foreign Language: EFL）・国際語（English as an International Language: EIL）として世界で広くコミュニケーション手段として用いられているため，外国語科でも英語を原則とすることが分かった。では，英語はどこの国の言葉なのだろうか。

　私たちは英語というと，アメリカ，イギリス，オーストラリア，カナダ，ニュージーランドなどの国々を頭に浮かべる。

これらは，母語として英語を使っている国である。一方，公用語人口で英語が逆転した例をみても，英語はもはや，これらの国々だけの言葉ではない。インド，フィリピン，シンガポールなど，第二言語として英語を使う国々が存在する。そして，この他にも，日本や中国など，英語を外国語あるいは国際語として使う国々がある。

　世界の人口を仮に70億人とすると，英語を母語として使う人々が３億5,000万人から５億人，公用語として使用する人々が10億人，そして，外国語・国際語として使用する人々が７億人と言われている。合わせて少なくとも20億人にも及び，世界の３人から４人に１人が英語を使っているということは，私たちが英語を学ぶ大きな理由ともなる。

　しかし，この20億人の内訳をもう一度みてみると，英語の母語話者はわずか３億5,000万人から５億人にすぎない。それに対して，非母語話者として英語を使っている人々の合計は17億人である。そうすると，私たちがこれから英語を使うにあたって，相手は母語話者よりも非母語話者のほうが圧倒的に多いということになる。英語はもはや特定の国の言葉を超えた，世界のコミュニケーション・ツールなのである。

## ３．複言語主義の考え方

　「英語帝国主義」などの考え方が批判しているように，英語のみが重要な言語であるという意識を持たないよう留意す

る必要がある。そのためにも，小学校の外国語活動などでは，英語を原則としながらも，英語以外の様々な外国語に触れる機会を設け，また，英語圏以外の文化についても理解を深めている。

国土が隣り合うヨーロッパでは，欧州評議会（Council of Europe）が中心となり，EU（欧州連合）共通の言語教育を推し進めてきた。そこでとられているのは複言語主義（plurilingualism）である。これは多言語主義（multilingualism）のような，ある地域において，複数の言語が公用語として共存しているような状態とは異なる。多言語主義では，それぞれが個別の言語を話し，複言語主義では，一人ひとりが複数の言語を，たとえ限定的ではあっても使うことができるようになることを目指している。コミュニケーションのためのツール（言語）を自分の母語だけに限定せず，互いの異文化を理解し，コミュニケーション能力を一層高めることとなる。

「ヨーロッパ言語年2001」では，欧州評議会加盟国のすべての子どもたちが，母語以外に二つの外国語を学ぶという「1＋2 言語政策」も提唱している。この教育には，日本の英語教育のように，常に母語話者をモデルとして意識しているような言語観はみられない。これからの外国語科は，英語にとどまらず，近隣諸国であるアジアの諸言語も含めた学習が問われる。

## Ⅱ　コミュニケーション能力の育成

現行の学習指導要領における外国語（英語）科の目標は「コミュニケーション能力の育成」である。ここでのコミュニケーション能力とは，どのような能力を指すのであろうか。

### 1．コミュニケーションとは

コミュニケート（communicate）はもともと，ラテン語で「他人と共有する」という意味から来ている。コミュニケーションの働きは情報や知識を「伝えたり，知らせる」他に，意思や感情なども伝えることにより，お互いの人間関係を円滑に保つことなどにある。人と人とのやり取りなので，コミュニケーションは「相互的な関係」であり，また「協調的な性格」を持ち，常に「変化・継続」している。

コミュニケーションは，言語や非言語（ノンバーバル）による活動を通して，お互いの知識や考え方，気持ちなどに相互に影響を与え合う。一つのやり取り（談話）の中で，話し手と聞き手が，相手の言葉やジェスチャーなどの反応に応じて，続く話の内容や表現方法を微妙に変化させていく。そのような性格を持つため，「コミュニケーションとは常にプロセス（過程）」だとも言われている。

コミュニケーション能力としては，次の四つが挙げられる（Canale, 1983）。文法的能力（grammatical competence），社会言語能力（sociolinguistic competence），談話能力（discourse competence），方略的言語能力（strategic competence）である。

「文法的能力」は，文字通り文法的に

正しい文を用いる能力で，「社会言語能力」は，話し手と聞き手の関係，会話の目的などからなる社会的な文脈を判断して，状況に応じて意味上，形式上適切な文を発話・理解するための知識とその運用能力である。すなわち目上の人や友達など相手に応じて，そして場面に応じてふさわしいやり取りができる能力と言える。「談話能力」は，単なる文の羅列ではなく，意味のある談話をつくり出し，理解する能力で，会話全体として筋が通っている「一貫性（coherence）」や，前後の流れがきちんとつながっている「結束性（cohesion）」などがその例として挙げられる。

とりわけ，英語科で最も重要なのが，最後の「方略的言語能力」である。この能力は，上記三つが不十分な場合など，コミュニケーションが破綻したときにそれを補う能力で，コミュニケーションをより効果的に行い，目的を達成するための対処能力とも言える。

英語科では，学習者の語彙や表現が限られている中で行われるため，相手の言っていることが分からなかったり，伝えたいことが相手になかなか通じなかったりなど，常にコミュニケーションが成り立たない「緊急の事態」に直面している。そんなときこそ，この方略的言語能力を駆使した即興性が試される。

例えば，自分の英語が相手に伝わらないときでも，①もう一度，大きな声で話してみる。②ゆっくり繰り返す。③単語や，表現の一部分だけを言ってみる。④単語が思い浮かばなかったら，違う表現にしたり簡素化したりする。⑤単語や表現が出てこなかったら，具体例を挙げてみる。⑥それもできなかったら，絵に描いてみる。⑦ジェスチャーで示してみる。⑧ "What do you call …?" など相手に表現を求めてみる。⑨語尾を上げたり，ポーズをおいたり，目を合わせて，まだ伝えたいけれど英語が出てこないということを示してみる。⑩擬音を使ってみるなど，様々な試みが可能である。

このような体験の積み重ねが，どんな場面でもあきらめない姿勢を育て，相手に自分のことを伝えたい気持ちを大切にし，身振り手振りも交えながら，自分の意思を表現しようとする行動力を養うことにつながる。

言語も文化も異なる相手とコミュニケーションをとる上では，すれ違いや誤解にくじけないで，相手の伝えることを積極的に聞こうとし，また相手には分かりやすく伝えるように努める相互理解の姿勢が大切と言える。

## 2.「言葉」以外のコミュニケーション

異文化間コミュニケーション（intercultural communication）では，言葉の他に，非言語コミュニケーション（nonverbal communication）が果たす役割も重要と言われている。非言語コミュニケーションには，どのようなものがあるだろうか。まずは，姿勢，うなずき，手の動きなどの動作や表情，相手をみるまなざしや視線などのアイ・コンタクト，

ジェスチャーなどの「身体的行動」，そして，話し手と聞き手との距離など「空間の使い方」，声の高さや大きさ，速さ，テンポやイントネーション，そして沈黙などの「準言語」，肩に手を置くなどの「接触行動」などがあると言われている。

　非言語表現の重要性を伝えるためによく引用される二つのデータがある。メッセージを伝える際，「言葉」が占める割合はどのくらいだろうか。あくまで実験データなので，日常生活に全面的に一般化できるわけではないが，「言葉」と「非言語」では35：65 (Birdwhistell, 1970)と，非言語が占める割合が予想以上に高いことを示している。また，人に感情や態度を伝える場合，「言葉による感情表現」が7％，「声による感情表現」が38％，「顔による感情表現」が55％と，「言葉」と「非言語」で7：93 (Mehrabian, 1981)であった。この結果は意外かもしれないが，日常私たちが行っているコミュニケーションを振り返ると当てはまることである。明るい声で，にこやかに言われたときと，ぶっきらぼうに無表情で言われたときでは全く印象が異なる。後者の場合，言葉以上のメッセージが伝わってしまう。

　文化の異なる人々がコミュニケーションを図ったり，英語科のように，学習者が語彙も表現も限りのある外国語を用いてコミュニケーション活動を行う中では，身振り手振りなどのジェスチャーや表情などを活用して相手に思いを伝えたり，また逆に，それらを手がかりとして相手の思いや意図を理解することの大切さに

気付かせることが大事である。

## 3．英語を通したキャッチボール

　「協調の原理」(cooperative principle) (Grice, 1989)では，①量の原理 (maxim of quantity)，②質の原理 (maxim of quality)，③関係の原理 (maxim of relation)，④言い方の原理 (maxim of manner)を挙げている。言い換えると，「必要とされる情報を含み，それ以上は言わないこと」，「本当だと思われることだけを言うこと」，「適切であること」，「明瞭簡潔で順序だっていること」である。

　発話において四つの必要な原則（協調の原理）を満たすことにより，コミュニケーションが持つ，①相手との関係を円滑にする，②気持ちを伝える，③事実を伝える，④考えや意図を伝える，⑤相手の行動を促す，の五つの働きを十分に機能させることができる。

　また，この「協調の原理」は，コミュニケーションにおいて，「聞き手が聞きやすい（読み手が読みやすい）ように話し手が話せば（書き手が書けば），より伝わること」，そして逆に「聞き手」や「読み手」が努力できることも示している。

　英語科におけるコミュニケーション能力は，単なる英語力を指すものではなく，この「協調の原理」が示すように，英語を通した，話し手と聞き手，書き手と読み手のキャッチボールであり，英語科では学習者が「外国語を通じて，積極的にコミュニケーションを図ろうとする態度の育成を図ること」が重要な柱となる。

## Ⅲ　４技能５領域の育成を目指して

新学習指導要領では，「聞くこと」「話すこと」「読むこと」「書くこと」のうち「話すこと」を「やり取り」と「発表」の２領域に分け，４技能５領域とし，外国語（英語）科が育成するコミュニケーション能力の方向性が一層鮮明となった。

### １．即興性の重視

外国語（英語）科の授業は，旧態依然とした英文訳読式の授業から，４技能をバランスよく取り入れる「総合的」な授業に変わってきた。しかし，その各技能は，ともすれば，ばらばらに指導され，「統合的」に活用される場面が少なかった。「話すこと」においても「発表」活動は増えたものの，どちらかというと，事前に紙に書いた英語を読み上げるような活動が多く，一方通行型であった。

「やり取り」では，「質問に対してその場で答えたり」，「質問をその場でしたり」する即興的な活動に取り組むことを示している。つまり，やり取りをする場面や相手をより重視し，場面や相手に応じて即興でやり取りすることになる。この即興性を重視するやり取りは，今後「書くこと」においてもSNSをはじめとするコミュニケーションにおいて必要となり，CEFRの補遺版では検討されている。

### ２．自分の言葉で語ること

これまで外国語（英語）科では，教科書の英文を頭の中に入れることはできても，教室外の新たな場面で，それらの表現を使えるようなコミュニケーション能力を育てることができていなかった。しかし，実生活において，教科書に出ている対話例と一字一句同じ対話がなされる場面などありえない。

これからの外国語（英語）科は，知識としての完全な英語の習得を目指す学習ではなく，例え誤りがあっても，自分の言葉で，英語で思いを伝えることができるような児童・生徒を育てる，そんな学習を目指したい。これが，外国語（英語）科が目指しているコミュニケーション能力である。　　　　　　　　（卯城祐司）

**引用・参考文献**

Birdwhistell, R. L. (1970). *Kinesics and context: Essays on body motion communication*. Philadelphia, Pa: University of Pennsylvania Press.

Canale, M. (1983). From communicative competence to communicative language pedagogy. In Richards, J. C., & Schmidt, R. W. (Eds). *Language and communication*. London, UK: Routledge.

Crystal, D. (1993). *The Cambridge encyclopedia of language*. Cambridge University Press.

Eberhard, D. M., Gary, F. S., & Charles, D. F. (Eds.). (2019). *Ethnologue: languages of the world*. (22nd ed.) Dallas, TX: SIL International. Retrieved from http://www.ethnologue.com

Grice, P. (1989). *Studies in the way of words*. Cambridge, MA Harvard University Press.

Mehrabian, A. (1981). *Silent messages. Implicit communication of emotions and attitudes*. (2nd ed.). Belmont, CA: Wadsworth.

卯城祐司・蛭田勲（2009）『平成20年改定小学校教育課程講座　外国語活動』ぎょうせい.

　日本の高等学校における普通教科としての情報科の歩みは，1999（平成11）年公示の学習指導要領からであり，これまで「情報に関する科学的な見方・考え方」，「情報と情報技術の活用」，「情報社会への主体的な参画」という資質・能力形成に大きく寄与してきた。一方，その内容知として「情報の科学的な理解」に関する指導が必ずしも十分ではなかったことなどから，2018（平成30）年公示の学習指導要領では，主に「基本的な情報技術と情報を扱う方法」を扱う共通教科情報科「情報Ⅰ」を必履修とした。

　このように情報科は，時代とととともに重きを置く内容知の違いが変化する教科である一方，ある種不安定な状況下において生きていくための知識や技能だけでなく，「情報」が人類の文化形成にとって多大な影響を及ぼしてきたという歴史的な事実や，これからのAI時代における「人としての在り方」までを含めた情報学に立脚した教科として存在する。

キーワード：「情報に関する科学的な見方・考え方」「情報と情報技術の活用」「情報社会への主体的な参画」

## Ⅰ　どのような人間の育成を目指すのか

　日本における情報科は，高等学校段階の教育課程にのみ位置付いている教科である。大別して「各学科に共通する情報科」（共通教科情報科），「主として専門学科において開設される情報科」（専門教科情報科）があり，それぞれ複数の科目を有している（学校教育法施行規則別表第3：第83条・第108条・第128条関係）。高等学校は義務教育ではないものの，現在の高い進学率からして，特に共通教科情報科が普通教科として教育課程に組み込まれたということは，本教科が一部の生徒への専門教育としての教科ではなく，万人のための教科として広く認知されたことを意味する。

　情報科が教育対象とする「情報」は，物理的に形を持たないものではあるが，太古より存在しており，これまでも人類世界に意味と秩序をもたらしてきた。また，「情報」そのものに善・悪はなく，技術（テクノロジー）がそうであるように，活用の仕方（情報技術の活用も含む）により，われわれにとって「夢」にもなるし「滅」にもなり得る。近年のAIは，われわれの骨格・筋肉系を補完するだけでなく，脳神経系を補完しつつあり，今後「人間と機械が密接にむすびあった体系」（梅棹，1969）が知能レベルで進んでいくことが想定される。

　このような，ある種不安定な状況下において生きていくために必要となる「情報」に係る知識・技術だけでなく，人としての在り方を問う，つまり人間形成上の必要性から情報科の存在意義を見いだ

すことができる。例えば，人とのコミュ
ニケーションの在り方など極めて身近な
問題から，人類が手にした書き換えるこ
とができるプログラムともいえるゲノム
の編集を，遺伝子異常による難病を持つ
患者への治療のみならず，倫理的に合意
されていないデザイナーベビー誕生へ転
用することなどに対するガバナンスをど
うするのか。インターネットの普及によ
るサイバースペースにおいて，人類の民
主主義はどのように進展していくのか。
　このような問いに，「情報に関する科
学的な見方・考え方」「情報と情報技術
の活用」「情報社会への主体的な参画」
という3観点から迫ることが，情報科に
与えられた教育的使命である。

## Ⅱ　教科の存在基盤
### ―これまでとこれから―

　情報科は，学習の基盤的な資質・能力
のひとつである情報活用能力を育む中核
の教科である。日本では，「情報活用能
力をはぐくむ教育」を情報教育(文部科学省,
2010)としており，1985（昭和60）年が始
まりとされる。特にこの年を情報教育元
年という（清水, 1998）。当時，臨時教育審
議会，教育課程審議会，情報社会に対応
する初等中等教育の在り方に関する調査
研究協力者会議等において，情報教育に
ついて検討され，将来の情報社会を生き
る児童生徒に育成すべき能力として，学
校教育においては，情報活用能力を育成
することが重要であるとの考え方が示さ
れた（清水, 1998）。

　これを受け，1989（平成元）年の学習
指導要領の改訂では，初等中等段階の普
通教育としての情報科は設置されなかっ
たものの，中学校技術・家庭科に選択的
ではあるが「情報基礎」という領域が位
置付けられ，「情報」を対象とする内容
知が初めて普通教育へ導入された。
　1997（平成9）年10月には，情報化の
進展に対応した初等中等教育における情
報教育の推進等に関する調査研究協力者
会議から「体系的な情報教育の実施に向
け（第1次報告）」が提出され，情報教
育の目標が3点示された（①情報活用の
実践力，②情報の科学的な理解，③情報
社会に参画する態度）。
①課題や目的に応じて情報手段を適切に
　活用することを含めて，必要な情報を
　主体的に収集・判断・表現・処理・創
　造し，受け手の状況などを踏まえて発
　信・伝達できる能力
②情報活用の基礎となる情報手段の特性
　の理解と，情報を適切に扱ったり，自
　らの情報活用を評価・改善したりする
　ための基礎的な理論や方法の理解
③社会生活の中で情報や情報技術が果た
　している役割や及ぼしている影響を理
　解し，情報モラルの必要性や情報に対
　する責任について考え，望ましい情報
　社会の創造に参画しようとする態度
　1998（平成10）年7月の教育課程審議
会の答申では，高等学校について「情報
手段の活用を図りながら情報を適切に判
断・分析するための知識・技能を習得さ
せ，情報社会に主体的に対応する態度を

育てることなどを内容とする教科『情報』を新設し必修とすることが適当である」とされた。その上で，生徒が興味・関心等に応じて選択的に履修できるようするため，「情報A」「情報B」「情報C」の３科目構成とすることが示された。これに基づき1999（平成11）年公示の高等学校学習指導要領の改訂では，普通教科「情報」の３科目から１科目を選択必修にするとともに，11科目で構成する専門教科「情報」が新設されるに至った（文部科学省，2010）。

このような経緯から，創設当初の情報科は，知識基盤社会の時代を生き抜くために必要となる汎用的な能力（例えば思考力，クリティカル・シンキング，創造力，コミュニケーション能力等）の基盤である情報活用能力をバランスよく，かつ確実に定着させるために創設された教科であると言える。

よって，創設当時の情報科は，情報通信技術が私たちの社会の隅々にまで浸透して，人間を含む情報システムが社会基盤のひとつになっている情報社会からの要請という意味から，安彦（2009）が言うカリキュラム構成論における「社会的要請」に本教科の主たる存在基盤を見いだすことができる。

一方，近年，「情報」を主たる対象とし，情報システムに代表される情報技術をつくり出し，現在の情報社会の基盤となる学問分野も新たに整理されてきた。永野ら（2000）は，情報科を含む「情報教育に関する親学問は情報科学やコンピュ

ータ科学という情報学である」とした。

情報学が学問の一つとして誕生したのは1970年代であり，当時は情報理論などを基礎とした情報工学，図書館学を主としていた（野口，1998）。その後，情報通信技術の進展は，人間社会の様々な制度，意思決定のメカニズム，社会の根底にある倫理観にも影響を与えた。これに伴い，コミュニケーションやそのメディアに関して，より普遍的に理解する必要が生じ，人間社会を情報の観点から探求する学問分野として社会情報学も現れた（萩谷，2014）。

日本学術会議・情報学委員会・情報科学技術教育分科会（2016）の報告「大学教育の分野別質保証のための教育課程編成上の参照基準　情報学分野」によれば，情報学とは，「情報によって世界に意味と秩序をもたらすとともに社会的価値を創造することを目的とし，情報の生成・探索・表現・蓄積・管理・認識・分析・変換・伝達に関わる原理と技術を探求する学問」と定義されている。また，同参照基準では，情報学の中核を以下の五つの分類に従って体系化している。「①情報一般の原理，②コンピュータで処理される情報の原理，③情報を扱う機械および機構を設計し実現するための技術，④情報を扱う人間社会に関する理解，⑤社会において情報を扱うシステムを構築し活用するための技術・制度・組織」。その上で，「情報学は数学や統計学と同様に，独立した学問であると同時にメタサイエンス（諸科学全体を覆うサイエン

ス）の側面を有している」としている。

このような背景に立脚すれば，情報科は，安彦（2009）が言うカリキュラム構成論における「学問的要請」を本教科の存在基盤として位置付けることができ，近年この原理が表立って強く反映されるようになっている。つまり，社会における情報一般の原理，コンピュータで処理される情報の原理等，明確な系統的かつ構造的知識・技能により構成される教育内容が，情報科の存在の基盤として色濃く顕在化してきたと言えよう。また，社会的価値を創造する源の「情報」と，それを処理・伝達する情報技術の原理となる計算機科学（CS）における抽象化，モデル化，形式化，アルゴリズムの理解と設計，再帰的な思考等は，新たなジェネリックスキルに加えるべき重要な能力であるとする考えが世界的に広まりつつあるとも言われている（日本学術会議・情報学委員会・情報科学技術教育分科会，2016）。

例えば，2020年度より小学校で必修化されるプログラミング教育の育成目的とされる「プログラミング的思考」は，抽象化，モデル化，形式化等を原理（参考）としている（ただし，抽象化，モデル化，形式化，アルゴリズムの理解と設計等，そのものを指しているのではない）。ある意味，プログラミング的思考という極めて幅の広いジェネリックスキルを主目的としているところに，小学校のプログラミング教育が，教科としての位置付けではないことが明確に示されているとも言える。

今後は，情報科が目指す人間像や情報科の存在基盤（原理）に基づき，小学校におけるプログラミング教育，中学校技術・家庭科技術分野の「情報の技術」との関連も踏まえつつ，義務教育における情報科の在り方を，その必要性も含めて検討していくことが課題となる。

（宮川洋一）

**引用・参考文献**

安彦忠彦（2009）「学校教育における「教科」の本質と役割」『学校教育研究』24，20-31.

萩谷昌己（2014）「情報学を定義する―情報学分野の参照基準」『情報処理』55(7)，734-743.

情報化の進展に対応した初等中等教育における情報教育の推進等に関する調査研究協力者会議（1997）「体系的な情報教育の実施に向けて」Retrieved from　http://www.mext.go.jp/b_menu/shingi/chousa/shotou/002/toushin/971001.htm

文部科学省（2010）『高等学校学習指導要領解説 情報編』開隆堂.

永野和男・後藤和彦・原島博・和久井孝太郎・山本英雄(2000)「情報とメディアのリテラシー」『映像情報メディア学会誌』54(4)，535-547.

日本学術会議情報学委員会情報科学技術教育分科会（2016）「大学教育の分野別質保証のための教育課程編成上の参照基準 情報学分野」Retrieved from　http://www.scj.go.jp/ja/info/kohyo/pdf/kohyo-23-160323-2.pdf

野口宏（1999）『情報社会の理論的探求』関西大学出版部.

清水康敬（1998）「情報教育の新たな展開」『日本教育工学雑誌』22 (Suppl.)，13-16.

梅棹忠夫（1969）『知的生産の技術』岩波新書.

# 第13節　特別の教科　道徳科とはどのような教科か

「特別の教科」として新たに位置付けられた道徳科の本質は，よりよく生きるための基盤となる，資質・能力としての道徳性を育成するところにある。その実現を目指して，道徳科では各教科・領域に先行して「主体的・対話的で深い学び」を取り入れ，従来の「読みとる道徳」から「考え，議論する道徳」へと質的転換を図っている。

こうした道徳科の指導では，児童生徒の発達段階に応じて，道徳的問題を自分事と捉え，自分ならどう考え行動するかを話し合う。そのため，主体的に考え判断し協働する「問題解決的な学習」や道徳的行為に関する「体験的な学習」を積極的に取り入れる。

また，道徳科の評価では，児童生徒の学習状況や道徳性に係る成長の様子を継続的に把握し，多面的・多角的な見方へと発展しているか，道徳的価値の理解を自分との関わりの中で深めているかを見取る。こうした道徳科の指導や評価について考える。

キーワード：「道徳性」「考え，議論する道徳」「問題解決的な学習」

## I　はじめに

2015年3月に小・中学校の学習指導要領の一部改正が行われ，従来は一領域として扱われていた「道徳の時間」が，「特別の教科　道徳」（以下，道徳科）として教育課程上に新たに位置付けられた。

本節では，まず道徳教科化の背景を探る。次に，道徳科がこれまでの「道徳の時間」とどう違うのか，教科としてどのような本質を持つかについて，道徳の目標と関連付けて検討する。最後に，道徳科の指導内容，指導法，評価について順に述べる。

## II　道徳教科化の背景

### 1．道徳教科化までの道のり

道徳教科化に関しては，2013年の教育再生実行会議の第一次提言が端緒となっているが，道徳教科化の試みはこれまでも度々あった。

1987年の臨時教育審議会の第4次答申では，特設「道徳」の内容の見直し・重点化が提言され，2000年の教育改革国民会議の報告でも，小学校に「道徳」，中学校に「人間科」などの教科を設けることが提言された。2007年の教育再生会議の第三次報告でも，徳育を「新たな枠組み」で教科化することが提言されている。このような提言がなされたものの，実現しなかった。

それに対して，2013年2月の教育再生実行会議の第一次提言において再び道徳教科化が提言された。特に，「いじめ問題等に対応する」ために，道徳の特性を踏まえた新たな枠組みにすることで教科

化することに現実味が増した。その後，2014年の「道徳教育の充実に関する懇談会」の報告書，2014年の中央教育審議会道徳教育専門部会の答申で大枠が示され，「考え，議論する道徳」へと質的転換を図ることで教科化が実現した。2016年12月の中教審答申でも，この「考え，議論する道徳」が新学習指導要領の目指す「主体的・対話的で深い学び」を実現するものとして明記された。

## 2．道徳教科化の是非

道徳の教科化については，教育研究の見地から反対する向きもあった。例えば，道徳教科化が戦前の修身科と同様に国家による思想統制につながること，道徳教育は学校の教育活動全体で行うべきであること，道徳授業で子どもの日常生活の問題や社会問題を取り上げると特別活動や社会科と混同されること，子どもの心を評価するべきではないこと等である。

このように道徳教科化の賛否両論は，政治的・思想的な意味合いで論争に発展することもあった。そこで，以下では道徳科がどのような目標，指導内容，指導方法，評価を持つかについて概説したい。

## Ⅲ　道徳科の目標と本質

### 1．道徳の目標

道徳科では，子どもの発達段階に応じ，答えが一つではない道徳的な問題を一人ひとりの児童生徒が自分自身の問題と捉え，向き合う「考え，議論する道徳」へと質的転換を図ることになった。

また，今次の学習指導要領では，実効性を高めるために道徳教育と道徳科の目標を統一し，「よりよく生きるための道徳性を養う」ことと規定した。

道徳教育の目標は，「教育基本法及び学校教育法に定められた教育の根本精神に基づき，自己の生き方を考え，主体的な判断の下に行動し，自立した人間として他者と共によりよく生きるための基盤となる道徳性を養うこと」である。

これを受けて道徳科の目標は，「道徳性を養う」ために，「道徳的諸価値についての理解を基に，自己を見つめ，物事を（広い視野から）多面的・多角的に考え，自己（人間として）の生き方についての考えを深める学習を通して，道徳的な判断力，心情，実践意欲，態度を育てる」（括弧内は中学校）と規定した。

このように道徳科の目標においても，各教科・領域と同様に，指導内容，指導方法，資質・能力の順で明示された。生きて働く資質・能力としての道徳性を実質的に育成することが重視されている。

### 2．道徳科の本質

道徳科の本質とは，上述したように道徳性を育成する教科であることである。この道徳性を「育成すべき資質・能力」の三つの柱と対応させて検討しよう。

第一の「生きて働く知識・技能の習得」を道徳科と関連付けると，「道徳的諸価値についての理解」に対応する。道徳科の内容項目にある道徳的諸価値を「知識・技能」として習得することが大

事になる。

第二の「思考力・判断力・表現力等の育成」を道徳科と関連付けると、「物事を（広い視野から）多面的・多角的に考え、自己（人間として）の生き方についての考えを深める」ことに対応する。こうした道徳的な問題を主体的に考え、判断する資質・能力を育成する。

第三の「学びに向かう力、人間性等の涵養」を道徳科と関連付けると、「よりよく生きるための基盤となる道徳性」の育成、及び「自己を見つめ」、「自己（人間として）の生き方についての考えを深める」ことに対応する。こうした実践意欲や態度の育成は、道徳的諸価値の理解、道徳的判断力や心情の育成ともつながる。

## Ⅳ　道徳科の指導内容

### 1．現代的課題への対応

道徳科では、いじめなど現実の困難な問題にも主体的に対処できる資質・能力の育成を目指している。また、情報モラルや生命倫理、持続可能な発展などの現代的課題などへの対応も充実させている。

その他、18歳からの選挙権を踏まえた主権者教育や、障害者差別解消法の施行等を踏まえた障害者理解（心のバリアフリー）、法教育、消費者教育なども重要な道徳的課題になる。

### 2．指導内容の改善

道徳科の指導内容の示し方についても、小学校から中学校までの内容の体系性を高め、構成やねらいを分かりやすく改め

ている。それに加えて、小学校では、重視すべき道徳的諸価値として、第1・2学年に「個性の伸長」「公正、公平、社会正義」「国際理解、国際親善」の内容項目を追加し、第3・4学年に「相互理解、寛容」「公正、公平、社会正義」の内容項目を追加し、第5・6学年には「よりよく生きる喜び」を追加して充実を図っている。

こうした指導内容を系統的・計画的に指導するために、カリキュラム・マネジメントの視点から道徳教育の全体計画や別葉を示し、それに基づく道徳科の年間指導計画を作成し、重点目標に基づいて各教科等と関連付けて展開する。

## Ⅴ　道徳科の主体的・対話的で深い学び

道徳科の指導方法は、上述した目標を達成するために、子どもが自ら「考え、議論する道徳」へと質的転換を図る。こうして道徳科を「主体的・対話的で深い学び」と関連付けて検討したい。

### 1．道徳科の「主体的な学び」

道徳科で「主体的な学び」をするために、子どもが道徳的問題に向き合い、そこに課題意識を持ち、自分ならどう考え判断し行動するかを考え、自己の生き方や人間としての生き方について考えを深める。また、各教科で学んだことや体験したことから、道徳的価値に関して考えたことを統合させるようにする。

こうした学びでは、子どもの発達段階を考慮し、身近な社会的課題を取り上げ

たり，各教科等で学んだことと関連付けたりする。また，子どもが自らを振り返って成長を実感したり，これからの課題や目標を見つけたりすることができるようにする。

## 2．道徳科の対話的学び

道徳科で「対話的な学び」をするために，子ども同士の協働，教員や地域の人との対話，先哲の考え方を手がかりに考え話し合う活動を行う。

対話的な学びにすることで，自分と異なる意見と向き合い，多面的・多角的な視点から考えられるようにする。そして互いに納得し合える最善解を見つけ，民主主義社会においてよりよく生きる資質・能力を身に付けられるようにする。

## 3．道徳科の「深い学び」

道徳科で「深い学び」をするために，道徳的諸価値の理解を基に，自己を見つめ，物事を多面的・多角的に考え，自己の生き方について考えを深めるようにする。このように様々な問題状況において，道徳的な問題状況を把握し，適切な行為を主体的に選択し，協働して議論し，実践できるような資質・能力を育てる。

このように道徳科においても，問題解決的な学習などを積極的に取り入れ，「考え，議論する道徳」へと質的転換することによって「深い学び」にすることができるとしている。

こうした「主体的・対話的で深い学び」を取り入れた道徳授業の例として，

以下のような「多様で質の高い指導法」が三つ提示された。

## VI　多様で質の高い三つの指導法

### 1．自我関与が中心の学習

「読み物教材の登場人物への自我関与が中心の学習」とは，教材の登場人物の判断や心情を自分との関わりで多面的・多角的に考えることなどを通して，道徳的諸価値の理解を深める学習である。

発問例として，「どうして主人公は，○○という行動を取ることができたのだろう」「主人公はどういう思いを持って△△という判断をしたのだろう」「自分だったら主人公のように考え，行動することができるだろうか」が挙げられている。

ここでは登場人物の心情や考え方に児童・生徒自身が自我を関与させて，「自分だったらどうするか」「なぜそうするのか」まで深く考えられるようにする。

この指導法は，従来のように，登場人物の心情を理解させ，ねらいとする道徳的価値を理解させることにある。

### 2．道徳科の問題解決的な学習

道徳科の問題解決的な学習とは，子ども一人ひとりが生きる上で出会う様々な道徳上の問題や課題を多面的・多角的に考え，主体的に判断し実行し，よりよく生きていくための資質・能力を養う学習である。この学習は，「問題発見的な学習」と「問題解決的な学習」に分けることができる。

まず，道徳科の「問題発見的な学習」

は，道徳的な問題状況を把握して，そこにどのような原因や課題があるのかを発見する学習である。例えば，「ここでは何が（道徳的）問題になっているか」「何と何で迷っているか」「なぜそれが問題になるのか」「なぜそのような問題が生じたか」などを問うことが有効になる。こうした意見の対立や道徳的諸価値の対立が生じていることを分析して，問題状況を的確に把握する。

　道徳の教材ではこれらの問題構造を踏まえた場面設定がなされることが求められる。特に，複数の道徳的諸価値（価値観）が衝突したり絡み合ったりしている場合は，冷静な道徳的諸価値の分析や相互の関連付けが必要となる。

　次に，道徳科の「問題解決的な学習」では，道徳的諸価値の理解を基に，自己を見つめ，人間としての生き方について深く考え，適切な行為を主体的に選択し，行為することができる実践意欲と態度を育てる。

　その際，主体的に考えるために，「登場人物はどうしたらよいか」「自分ならどうするか」を考え議論する。一斉による授業だけでなく，ペアや少人数グループなどの学習も導入し，他者の異なる多様な意見と交流しながら学べるようにする。「なぜそうするのか」という理由や根拠を問うたり，「その結果どうなるか」という因果関係を問うたりすることで，より納得できる最善解を得やすくなる。

## 3．道徳的行為に関する体験的な学習

　第三に，「道徳的行為に関する体験的な学習」とは，役割演技などの疑似体験的な表現活動を通して，道徳的価値の理解を深め，様々な課題や問題を主体的に解決するために必要な資質・能力を養う学習である。この体験的な学習では，子どもが道徳的な問題場面において取り得る行動について役割演技をしたり，道徳的行為に関する体験的な活動を行ったりすることができる。

　実際の道徳的な問題場面を役割演技で再現し，登場人物の葛藤などを理解するとともに，問題場面で取りうる行動について多面的・多角的に考え，その問題を解決する資質・能力を養う。教材で提示された問題と共通した新たな場面を提示して，取りうる行動を再現し，道徳的価値や実現するために大切なことを体感することを通して，実生活における問題の解決に見通しを持たせることもできる。このように道徳的問題の解決方法を別場面に活用・応用することを考え，議論することで，汎用力を育成していく。

　以上の三つの指導法の中で，道徳科の問題解決的な学習と体験的な学習は，上述した「考え，議論する道徳」の典型である。ただし，それぞれの指導法が完全に独立しているわけではないため，それぞれの特性を組み合わせた効果的な指導を開発・実践することが求められる。

# Ⅶ　道徳科の評価

## 1．評価の視点

　道徳科では，児童生徒の学習状況や道徳性に係る成長の様子を継続的に把握し，指導に生かすよう努めることになる。

　ただし，道徳科では各教科等と違い，評価する上で留意したい点がある。まず，数値などによる評価は行わないことである。次に，道徳性を上述した「三つの柱」で観点別に評価したり，道徳性の諸様相（道徳的判断力や心情など）で分節して評価したりしないことである。第三に，道徳科の授業で取り上げる内容項目を一つひとつ評価しないことである。内容項目は道徳性を養うための手がかりであるため，道徳的価値の理解は評価の対象にしない。

　道徳科では，道徳科の目標を踏まえて，子どもたちの学習活動それ自体を評価することになる。例えば，他者の考え方や議論に触れ，自律的に思考する中で，一面的な見方から多面的・多角的な見方へと発展しているかどうかを評価する。また，多面的・多角的な思考の中で，道徳的価値の理解を自分自身との関わりの中で深めているかどうかを評価する。

## 2．道徳科と道徳教育全体の評価

　道徳科では，学期や学年を通して取り扱った内容項目全体に対して，大くくりなまとまりを踏まえて，継続的かつ総合的に評価するようにする。学習の過程や成果などの記録を計画的にファイル等に集積して，ポートフォリオ評価することもできる。

　さらに，学校教育全体にわたって認められる子どもの姿を見取り，指導要録の「行動の記録」や総合所見に反映させることができる。道徳科で育成された資質・能力が日常の生活場面でどのように生かされたかをエピソード記録にし，総合的に評価することが大事になる。

# Ⅷ　終わりに

　道徳科を教育課程に位置付けることについては賛否両論あった。しかし，筆者は従来の「道徳の時間」が陥りがちな心情主義や徳目主義の弊害を克服するために，「考え，議論する道徳」へと質的転換を図ったことには大きな意義があると考える。

　道徳科は各教科・領域と同様に，「主体的・対話的で深い学び」や資質・能力の三つの観点を取り入れることで，総合的かつ系統的な教科として完成させていく必要がある。その際，実質的に「考え，議論する道徳」とするために，問題解決的な学習や体験的な学習を積極的に取り入れ，子どもたちが主体的に道徳的な価値や意味を創出し，協働しながら納得できる最善解を求められるよう指導法を創意工夫し続けるべきである。　（柳沼良太）

**引用・参考文献**

柳沼良太（2015）『実効性のある道徳教育』教育出版.

柳沼良太編著（2016）『子どもが考え，議論する問題解決型の道徳授業 事例集』図書文化社.

# 第4章
# 学校設定教科の本質を考える

　本章では，新教科を成立させるために採られてきた様々な方法論が示される。すなわち，①既存の教科・科目では達成しえない目標を達成するために，それらを組み合わせて新教科・新科目に置き換えるパターン（統廃合型），②個別の教科・科目で達成できる目標とは次元を異にする一般的な資質・能力を育成するために，教育課程全体を束ねる位置に新教科を立ち上げるパターン（新規中核型）。③一般的な資質・能力を育成するために，既存の教科・科目の一部を捻出し，内容を衣替えするとともに，それらを横断的にネットワーク化することで新教科に仕立てるパターン（既存連携型）である。

　いずれのパターンで教科を構想するにしても一定の戦略が求められる。また各パターンならではの困難にも直面する。これらの点に留意して5つの先行例を読みたい。第2章で紹介されている各国の教科再編の動きとも比較しながら，日本の特色を読み解きたい。

　「記号科」は，小学校低学年における言語及び数量に関する能力形成を企図して，平成元年度から3年間，兵庫教育大学附属小学校で開発された。1，2年の国語科，算数科を統廃合しての新教科設立である。子どもたちの言語・数量生活（遊び）を発展させる中で，情報処理・活用の観点から「生活体験の記号化」の力の育成を目指し，学習内容としての「事象認識・構成・伝達」，育成すべき具体的な能力としての「順序よく並べる」「分類する」「比べる」等の操作を含む五つの観点の「記号操作能力」を措定した。「生活体験」「遊戯活動」の2領域での単元，それを駆動させる手法としての学習課題の組織化，支援的教授法の開発がなされた。「記号科」の開発研究は，教科の存在意義の再考を迫るものであり，教科学習の在り方を子どもの側から問い直すものであった。
　　　　　キーワード：「生活の中の教育」「記号操作能力」「学習課題の形成・解決」

## I　はじめに

　記号科は平成元年度から3か年，兵庫教育大学附属小学校が文部省（当時）の研究開発学校の指定を受けて開発したものである。筆者は当該期間，附属小学校に教諭として在籍し「記号科」の開発研究に取り組んだ。以下では，研究指定の最終年度に作成した『報告書』（兵庫教育大学附属小学校，1991）を基に，「記号科」が提起した事柄を確認するとともに，30年近くが経過し，折しも新しい学習指導要領の全面実施を控えた現時点における「記号科」の成果と課題について述べることにする。

## II　記号科設立の背景

### 1．幼稚園教育と小学校教育の連携

　文部省からの委嘱課題は「幼稚園及び

小学校における教育の連携を深める教育課程の研究開発」であった。開発に際しては，それを「小学校低学年における言語並びに数量に関する能力の形成を企図した新教科（記号科）設立の試み」と具体化して取り組んだ。小学校1，2年生における国語科と算数科を廃止し，それらを統合した新教科を設立するというものである。

　『報告書』では「この研究の本来の目的は，子ども，特に未分化の状態にある幼児及び小学校低学年の認識はいかにして可能になるかということが出発点である」（p.11）と記している。幼稚園で遊ぶことそのものが学びだった子どもたちが，小学校に入ったとたんに座学中心の教科学習の毎日となる状況を変えるべく，未分化にある子どもたちにふさわしい言語及び数量に関する能力の育成の在り方を

求めての「記号科」開発だった。

　1980（昭和55）年に開校した本校は，創立当初から子どもの生活に根ざす教育を目指し，合科的，総合的な教育を重視していた。「記号科」の開発研究は，文化遺産としての教科内容を，子どもが自らの（言語・数量に関わる）生活を耕しながらどのように学び取ることができるか，創立から10年が経過した時点において改めて問い直す機会となった。

## 2.「第2の生活科」

　小学校低学年の子どもの認知発達が未分化であることを受け，教科学習の在り方を先駆けて改変したのが生活科の新設であった。『報告書』では，情報処理の視座に基づく広岡亮蔵（1973, pp.53-66）の教科間構造を援用し，「記号科」を「第二の生活科」として位置付けた。

　広岡は，図1に示すように教科を基礎教科群，内容教科群，芸術教科群，技術教科群の四つに区分して捉えた。これに既存の各教科を該当させると，以下のようになるとした。

- 国語科，算数科（基礎教科群）
  第2信号系レベルの記号能力を形成するための教科群
- 社会科，理科（内容教科群）
  環境刺激をインプットする入力として

図1　広岡亮蔵（1973）の教科間構造

の知識能力を形成するための教科群
- 音楽科，図画工作科（芸術教科群）
  知識内容あるいは直感内容の価値を評価するための教科群
- 体育科，家庭科（技術教科群）
  美的価値あるいは実用的価値のあるものをアウトプットする出力としての技術能力を形成するための教科群

　内容教科群を統合させて生活科が新設され，続いて基礎教科群に該当する国語科，算数科を統合して「記号科」を設定すると位置付けたのである。未分化状態にある低学年の子どもたちの学びを適切に促進しようとする教科統合の発想の共通性が「記号科」を「第二の生活科」とした所以である。

　以上のように，「記号科」は「教科概念に基づく教育課程の編成」の立場をとった。子どもの側からの学習，生活の中の学習を志向しつつも，生活経験や遊びを類型化し，それらを総合的にカリキュラム編成する「機能的概念に基づく教育課程の編成」にはよらなかった。

## Ⅲ　「記号科」の構成・実践の原理

### 1.「記号科」の目標

　教科としての記号科の目標は，以下のように設定された。

　　言語生活並びに数量生活に関わる具体的な体験や活動を通して，ことばやかずのそれぞれの記号の操作を楽しく行うとともに，その過程において記号のもつイメージと筋道立て

て考えを構成する力を高め，学習に対する意欲と愛好的な態度を高める。

「言語生活並びに数量生活に関わる具体的な体験や活動を通して」としたのは，「記号科」が生活科同様に「生活の中の教育」を目指したことによる。また「ことばやかずのそれぞれの記号の操作を楽しく行う」「記号のもつイメージと筋道立てて考えを構成する力を高め」としたのは，生活科が「生活の体験化」を特徴とする教科であるのに対し，「記号科」は「生活体験の記号化」を旨とする教科であることによる。「学習に対する意欲と愛好的な態度を高める」ことを置いたのは，学習内容が多く，系統性も強い基礎教科群としての国語科，算数科は，未分化である低学年段階においても高学年と同様な教授方法による授業が展開され，結果的に多くの国語嫌い，算数嫌いを生んできた反省に立つものであった。

また言語生活ならびに数量生活を統合させる原理として，「記号操作能力」を置いた。「記号それ自体のもっているイメージとそれらを筋道立てて考えを構成していく力」と定義し，「記号科」で培

う能力として実践において目指すものとした。

## 2．「記号科」の領域，内容

図2は，「記号科」の領域と内容の構造を示したものである。「生活体験領域」と「遊戯活動領域」の2領域からなり，言語，数量双方で共通的に扱う内容として「事象認識」「構成」「伝達」の三つを置いた。『報告書』では，それぞれ次のように定義している (pp.62-63)。

○事象認識：言語や数量に関する事物や事象を的確に認識する力
○構成：認識した事象の内容を比べたり，組みかえたり，組み立てたりして，自分の考えや思いをつくり上げる力
○伝達：自分の思いや考えをもって人的な環境や物的な環境に働きかけて，環境を変えていく力

未分化にある低学年児童が，言語・数量に関わる生活（外界，環境）を営む中で体験した事柄を実感的に捉え，記号化（＝メタ化）することのプロセスを三つの内容に整理して捉えた。

これらを教材開発，授業づくりに生か

図2　「記号科」の学習内容

すことができるように細分化したものが，図の《具体的な記号操作の内容》（＝「記号操作能力」）の枠内に示されている五つである。『報告書』では，「言語や数量に関する素材を教材化する観点としても活用できる，記号操作の具体的内容を設定した」としている (p.63)。

## 3．「記号科」の方法

上述した学習内容を学び取らせていくために，方法的側面として「記号科」で重視したのは，教材開発，学習課題の組織化，支援的教授である。

### (1) 生活（遊び）の中の素材の教材化

「記号科」は言語・数量に関わる生活（遊び）を素材発掘の場として捉え，教材化することを積極的に試みた。その手順を『報告書』では「価値ある素材を見つける：子どもの主体的条件に適合した素材の発掘」（Aとする）「教材として仕立てる：素材の特質の分析とその素材で教え得る具体的な記号操作の内容の検討」（B）「教材の特質をおさえる：それぞれの教材の領域と内容の決定」（C）として示した (p.187)。

Aの素材発掘は遊戯的，行事的，伝達的，調査的，制作的の五つを観点として行われた。素材としてのトランプから教材・単元「トランプあそび」に仕立てる（遊戯的観点）といった具合である。これら五つの観点は，子どもたちの学ぶ必然と欲求充足を保障しているかどうかに照らし合わせるかたちで活用された。

Bの「教材として仕立てる」は，候補

として挙げた素材が，図2の《内容》である「事象認識」「構成」「伝達」と，その内部事項である《具体的な記号操作の内容》（＝「記号操作能力」）の①から⑤の要素のどれと関連が見いだせるか吟味する段階である。そしてCの「教材の特質をおさえる」段階で，当該教材（単元）が《領域》である「生活体験」「遊戯活動」のどちらに属するかを決定した。

### (2) 学習課題の組織化

「記号科」は，子どもたち自身に課題をつくらせ，その解決をも子どもたちが行っていく学習過程を重視した。とはいえ，それぞれが好き勝手な課題をつくったのでは，教材の本質に触れられなかったり時間がかかりすぎたりする。そこで，3〜4時間をひとまとまりとする課題（共通課題）をいくつか設定し，学習の方向や見通しを持たせるようにした。単元の基本的な学習過程を「ひたる―立ち上がる―対象化する」と設定し，それに即して共通課題を設定することとした。

「ひたる」段階は，言語や数量に関わる活動・体験に夢中になって浸らせる中で，活動の持つ本質的特性（楽しさ）や記号操作の特質を意識化させることを目指した。「立ち上がる」は，活動や体験に夢中になっている中から，活動の持つ本質的特性（楽しさ）や記号操作の特質に意識的に触れさせ，自覚化させていく段階とした。「対象化する」は，発見した記号操作の特質を存分に発揮して記号を自在に操り，意図的・発展的な活動を展開させていく段階として位置付けた。

1年1学期の言語単元「カルタあそび」の共通課題の流れは，「カルタであそぼう」（ひたる）―「絵ふだをたくさん取って勝とう」「お手つきを生かした作戦を工夫して勝とう」（立ち上がる）―「自分たちの作ったカルタでリーグ戦をして勝とう」（対象化する）のように設定された。

(3) 支援的教授法の開発

　子どもたちが課題を形成し解決するために「記号科」の授業で重視したのは支援的な教授法である (pp.202-205)。グループや個人の学習行動を認める肯定的な相互作用（ほめる，認める）によるフィードバックや励ましを活用した。また子どもたちの試行錯誤を積極的に認める「教師の待ち」も重視した。学習行動が生じる前に指示を与えるのではなく，学習行動を見取った上で学習者のレディネスを高める（「作戦はいいけれど，そのとおりにできていないね」），学習課題＝挑戦対象の設定を変更する（「どうだった？ちょっと難しすぎたかな」）などである。さらに「学習記録表」「ペアでの相互評価」「分かったぞカード」（自己評価，発見カード）など課題解決のための情報を提供する環境設定にも力を注いだ。

---

## Ⅳ　「記号科」のカリキュラム

　「記号科」は週あたりの指導時数としては，国語科，算数科同様に，1，2年ともに言語が8単位時間，数量が5単位時間とした。領域別では「生活体験領域」のほうが「遊戯活動領域」より1年

で1.6倍，2年で1.8倍多くなっている。

　1年生1学期の単元（抜粋）は以下のようである（「生活」は「生活体験領域」，「遊戯」は「遊戯活動領域」を，「事象」「構成」「伝達」は学習内容としての「事象認識，構成，伝達」を，マル番号は「具体的な記号操作の内容」を示す。いずれも図2参照）。

言語分野
•「ことばあそびをしよう」（生活，事象，①②，15分×60）
•「なぞなぞあそび」（遊戯，伝達，②④，15分×30）
•「『大きなかぶ』のげきをしよう」（生活，伝達，②④，45分×20）

数量分野
•「ジャンボつみ木であそぼう」（遊戯，構成，①②④，45分×12）
•「かぞえっこをしよう」（生活，事象，①②，15分×20）
•「ジオボードであそぼう」（生活，構成，③⑤，45分×12）

　当時としてはまだ珍しかった15分，30分単位のモジュールによる単元を積極的に取り入れ，子どもたちが課題を発見し，解決しながら学習内容や言語・算数的技能の定着を図ることを目指した。学期や年度の後半には45分サイズで時間数の多い，より総合的な単元を位置付け，身に付けた力を活用する場にしようと意図した。ただし20回，30回などの長期間，大単元になったことは，学習鮮度や学習意欲の面での反省点ではあった。

## Ⅴ 「記号科」が現代の教科教育に示唆すること

　「記号科」が教科教育に示唆することの一つ目は，教科としての存在意義・価値の確認である。「記号科」では，新たな教科内容（学習内容）として「記号操作能力」を設定し，実践開発に取り組んだ。その過程では，「記号科」は何を学ぶ教科か，教科の目標と内容をどう捉え設定すべきかが議論となった。社会の変化に伴い，今後も教科の統合・再編の問題が浮上する可能性はある。その際にも，当該教科は何（どんな力）の習得を目指すのか。そのために何をこそ学びの対象とするのか。これらの問いに明確に答えることが厳しく要求されることになる。

　この作業は既存の教科であっても同様である。カリキュラム全体の中で，当該教科の学びと他教科の学びはどのようにつながり，共鳴し合い，一人ひとりの子の全一的な育ちに寄与するのか。学習者を中心とした教科教育としての全体的，総合的な在り方を吟味する目は，常にもたねばならない。しかし，そうなっていない現実は認められる。

　「記号科」が示唆する点のもう一つは，教科内容（学習内容）を学習者自身が楽しく習得し活用できる授業設計や指導法の開発を，改めて問うていることである。新しい学習指導要領では「主体的・対話的で深い学び」が要請されている。しかし，道徳の教科化，プログラミング学習の導入などもあり，実践に当たる者には余裕がない。勢い要請される指導の在り方とは裏腹に，教師の制御の強い授業に陥りがちな実態がある。それでも，楽しい学びの実現に向けた教科指導の在り方を，再度，子どもの側から捉え直し開発していかねば，教科の学びはやせ細ってしまう。

　ただし「記号科」実践では，楽しさを重視しながらも遊びが学びに発展しない場合が少なからずあった。言語・数量生活を楽しむ活動（「ひたる」）が表層的なレベルで続き，学習内容に気付き，習得する（「立ち上がる」）ことや，学習内容を活用する（「対象化する」）ことが保障されにくい実践もみられた。学習内容（「記号操作能力」）の意味や在りようが，子どもたちにとってどういうかたちで習得し活用され得るのか，されるのが望ましいのか。そのことについての実践的な吟味が教科教育の「深い学び」を実現するために必要であることを「記号科」研究は示している。子どもの生活に根ざし，子どもの側からの教育を標榜していた本校が，「記号科」を展開する上で授業づくりや指導法の再考を厳しく迫られた事実が，そのことの大切さを物語っている。

（吉川芳則）

**引用・参考文献**

広岡亮蔵（1973）『学習論―認知の形成―』明治図書.

兵庫教育大学附属小学校（1991）『文部省研究開発学校指定　第3次（最終）研究報告書　幼稚園及び小学校の連携を深める教育課程の開発―言語並びに数量に関する能力の形成を企図した新教科設立の試み』

## 第2節 「てつがく」とはどのような教科か

- 「てつがく」は，哲学の体系的知識を学ぶものではない。営みとしての哲学に典型的な問うことを中心として考え続けるという振る舞いを他者と一緒に学んでいくものである。
- 教科の構造は以下のようになっている。「てつがく」は現代社会の市民育成を意識し，その基礎としての「考え続ける」ための習慣を涵養することをねらいとする。「てつがく」は，既存の教科のように知識を内容として設定せず，問いの扱いを中心とした「考え続ける」個人と集団の在り方を学ぶ内容にしている。「てつがく」は，他者と一緒に概念を改めて使用してみること，子どもたち自身で問いを投げかけ合うことをその方法として設定している。
- 考えることそのものを育む目標・内容・方法を追求する「てつがく」の設定により，その意義や必要性を子どもたちと教師が再確認する場をつくり出すことが企図されている。

キーワード：「『考え続ける』市民」「価値についてのコミュニケーション」「問いの扱い」
「カリキュラムの基盤となる習慣」

### I 「てつがく」の背景

「てつがく」とは，2015年にお茶の水女子大学附属小学校（以下，お茶小）が創設した新しい教科である。当時，お茶小は「教育課程全体で人間性・道徳性と思考力とを関連づけて育む研究開発」という研究開発指定を受けた。「人間性・道徳性」とあるように，「てつがく」の教育課程上の位置付けは，一般の教育課程の「道徳」に割り当てられた時間によっている。「道徳」が教科に格上げされるのに伴い，徳目主義との批判の根強い従来の教科「道徳」＝学校教育における望ましい習慣の育成に対する改革の議論が起こっていた。「てつがく」はこの改革をお茶小なりに受け止め，再解釈したものとも言える。

もう一つの重要な背景は，シティズンシップ教育改革の一環として位置付くということである。お茶小は2000年代初頭から一部の教科で実験的に，2008年からは学校全体で公共性を育むシティズンシップ教育に取り組んでいた。そこでは，これからの社会に生きる個々人の振る舞いとして，社会をつくり出す価値や事柄に自分事として向き合うような習慣が大きな問題となってきた。社会をつくり出す価値や事柄とは，まさに「道徳」で扱われるものであるが，現代社会の市民にとってはそれを強固で揺るぎないものではなく，連続的な再吟味が必要なものとして捉えることが求められる。「てつがく」は，そのような習慣の育成を意識的に行い，学校全体の学習と相互に関連させるための試みとして生まれた。「てつ

がく」は「道徳」の時間も含む学校カリキュラムを，よりうまく公共性を育成するものへとつくり変えていく漸進的変革の一環である。

## Ⅱ 「てつがく」の構造

### 1.「てつがく」の教育目標

　「てつがく」は何をねらった教科なのか。お茶小が設定している目標は次のとおりである。

> 　自明と思われる価値やことがらと向き合い，理性や感性を働かせて深く考えねばり強く問い続けたり，広く思いを巡らせ多様に考えたりすることを通して，民主的な社会を支える市民の一員として，創造的によりよく生きるために，主体的に思考し，前向きに他者と関わる市民性を育む。 （お茶小，2019a，p.16）

　目標の後半は，学校全体で育成を目指す市民像を改めて表しており，前半は，そのような市民を育てるために「てつがく」が何を引き受けるかを表している。
　現代社会は，先が見えにくく，簡単に答えが出ない社会である。自分で答えを出すことをあきらめ，答えのように見えるものを疑わず，他者と真剣に関わる意味を見失う人も少なくない。お茶小はこのような現代社会を見据え，それでも自分なりの答えを模索し続け，創造的に生きていくことのできる市民を育てようとして，シティズンシップ教育に取り組んできた。その中でも「てつがく」は，「考え続ける」という市民として基礎を重視する。これは，次の「『てつがく』

で育みたい資質・能力」にも現れる。

> ○価値やことがらに，疑問・問いをもち，それらについて，批判的・多面的・論理的に思考し問い続ける。
> ○自らの思いや考えを伝えるとともに，異質性の尊重，多様性の受容を意識して，応答性のある関わりをもつ。
> ○自他の思考の仕方に共通性や相違性に関心をもちながら，価値やことがらを比較し，概念化したり，共通了解を得たりする。 （お茶小，2019a，p.16）

　「考え続ける」には，価値や事柄の可能性を一つに決めてはいけないし，同化を強要してはならない。一方で共通した了解をつくることをあきらめてはいけない。三つの資質・能力は，「考え続ける」過程を先導し，そこから脱落しないための指針でもあり，いわば「考え続ける」ための習慣である。
　「てつがく」は，目的としての市民の育成を意識しつつ，その市民に不可欠な要素として，子どもたちが「考え続ける」ための習慣を身に付けることを目指す。

### 2.「てつがく」の教育内容

　「てつがく」では，学ぶ内容はいかに設定されるのか。お茶小の設定する内容の軸は次のとおりである。

> ①多様な思考の場，②他者との関わり，自己の在り方の追究，③共同体での探究と問い続ける姿（お茶小，2019b，p.64より抜粋）

　「考え続ける」ための習慣を身に付けるために，「考え続ける」ということが

浸透した環境に慣れ親しみ，そこで起こることに意味を見いだしていく。「てつがく」の学びは子どもたちと教師のコミュニケーションそのものに依っている。

　従来の教科の理解では，教育内容として設定されるのは学問に蓄積された一般性を持つ知識であることが多い。それは子どもが模倣するに値する認識を指し示し，子どもがそれまで持っていた物事の認識を教室でより合理的に構成し直すことを期待する。

　「てつがく」はそうではなく，「考え続ける」個人と集団の在り方が教育内容として設定される。それは教室でのコミュニケーションの意味を再定義し，教室で「考え続ける」ことに教師と子どもたちが慣れ親しみ，それを意味あるものと捉えることを期待する。

　この「考え続ける」個人と集団の在り方を示すのが上記①〜③であるが，「てつがく」ではそれとともに「問い」を学びの重要な鍵にしている。これは哲学の典型的な振る舞いに関連している。問いは分からないもの，不確定のものを指し示す。哲学も「てつがく」も，考えるという状態は，新しい可能性をつくり出すために問いを立て，必要ならばその問いを変化・発展させ，それに向かうことによりつくられていく。上記①〜③のような在り方は，様々な問いを立てる，問いを深めていくことで自他の共通の問いにする，問いを関連させて連続させるという問いの扱い方により支えられている。「てつがく」は，このような問いの扱い

を強調し，教室でのコミュニケーションの意味を再定義するようにしている。

　また，「てつがく」は，学ぶ内容として特に「自明と思われる価値」についてのコミュニケーションに焦点を当てている。

　一般的に，学校カリキュラムの中で価値について扱うのは「道徳」である。「道徳」は自分の生活を意味付ける前提となる価値について改めて考え，その結果に従って行動することを目指す。しかし，伝統的に形成されてきた特定の価値を再確認し，そのような意味付けを押し付けるだけだという批判も根強い。そのような批判を受けて，価値がいかにして構築されてきたのかを吟味したり，できるだけ多様な価値を示したりすることによって，特定の価値を無批判に信じることのないような学習にするべきだという議論もなされている。

　「てつがく」は，このような価値を吟味する教育への要請を受け止めつつ，それを子どもたち自らが起こすことをより強く意識する。これは，次の「てつがく」と「道徳」の関係付けにも現れる。

　新教科「てつがく」では，特別の教科「道徳」に見られるような，価値内容を系統的に指導していくことは志向していない。問いを追究する中で，必要に応じて複数の価値を架橋させながら，価値内容と向き合って思考していく過程を大切にしている。　　　（お茶小，2019b，p.14）

　価値とは，主体の関心に対する客体の持つ意味を言い，本来相対的なものだが，

われわれは価値を共有することによって共同で行動したり社会をつくっていくことができる。

　価値は常に個別化と一般化を繰り返し，そのプロセスに滞りが生まれたときにそれが自明視され変化しなくなっていく。子どもたちにも子どもたちなりにそのようなプロセスがある。「てつがく」では，その中における子どもたちの違和感や不思議を取り上げて，それが自分たちの様々な意味付けにとっての問題であることを追求し，それに関連する価値にも吟味の幅を広げることで，自分たちで意味がどこまで共有できたり，共有できなかったりするかを改めて考えるようにする。それによって，自分たちの世界を機能させているような共通の意味を自分たちで問うていこうとするような市民に求められているコミュニケーションに教師と子どもたちが参加することを期待している。

### 3.「てつがく」の教育方法

　「てつがく」は，その学びをいかに可能にしようとしているのか。

　「てつがく」の実践は教師を含んだ子どもたちの対話で進んでいく。お茶小では，教育方法を定義しているわけではなく，蓄積された実践の詳細も多様性に富むが，そこにはゆるやかな型がある。「優しさ」が対話の主題になった場合を例にしながら説明しよう。

　「てつがく」の実践では，子どもたちが日常的に使用している価値に関連する概念を，改めて他者と一緒に繰り返し使用することで，概念の定義についての問いを共有していくという大きな流れが意識される。例えば「忘れ物をした友達に自分の持ち物を貸してあげるのは優しいのか」という疑問から対話が始まる。その疑問に対して「困っている人を助けるのだから優しい」や「相手のためにならないから優しくない」などの意見が提出される。また「自分が貸してもらえなかった場合はどのように感じるのか」というような新しい問いが現れ，受け手の心地よさによってのみ「優しさ」が規定されるものではないことに気付く。このようにして，初めに持っていた「優しさ」のイメージがゆすぶられていく。さらに，「優しさからした行動はよいことなのか」という問いから「そもそも良い悪いとは何か」のような別の対象についての問いも現れてくる。

　このような対話を大きくみると，子どもたちによる「ある人が優しいかどうか」に関する意見の交流を進めることで，「優しさとは何か」という問いに子どもたちが共同で取り組むようになっていくという展開である。

　「人に優しくしましょう」のようなセリフは，子どもたちも必ず耳にしたことのあるものだろう。しかし，そこにおける「優しさ」の定義は，実際にはゆれ動き，はっきりしていない。「てつがく」の実践では，そのような概念の使用に現れる他者による物事の見慣れない区別や関連付けを発見し，共有の問い，つまり互いにとって不確かなもの，として自覚

させる。

「てつがく」では，他者との交流による新しい発見が問いという形で，自分が慣れ親しんだ概念の曖昧さ・可変性と関連付けられる。それによって意見の交流が相互を変革させることにつながるコミュニケーションに，できる限り多くの子どもたちが参加するようにしている。

また，もう一つのゆるやかな型は，考えることを発展・継続させるための問いを，子どもたち自身で，時に教師が混ざりながら，投げかけ合うということである。「優しさ」という概念の使用を改めて確かめていこうとすると，様々な問いが入れ替わり立ち替わり交差することとなる。例えば，「なぜ，その行為を優しいと思うのか」「優しくない行為とはどのような行為か」「本当に○○は優しいと言えるのか」「優しいはどのように分けられるのか」のような問いである。これらすべての問いが必ず必要なわけではなく，決まった順番があるわけでもない。その概念に関連するこだわりを持つ子どもや，何かの機会にそのような疑問を持ったことがある子どもから出てくることもあれば，教師が問いを投げかけたり，子どもの発言を問いの形に直したりする。問いに対して，誰かが答えると，そこに一定の了解や不一致が生まれる。その対話に則して子どもたちは自分自身の中で，納得したり，不可解だと感じたりする。それが外に出されると別の問いという形になり，それを別の子どもたちが受け取る。この繰り返しが，先述したような概念の定義に関する問いのような，多くの子どもが共有できる問いと関連付けられていくことが重要である。問いかけ合うことによって，一定の共通した了解が得られつつも，すべてが分かったわけではなく，何が分からないかが少しずつ分かってくるという対話の動きが，自分の考えの更新と関連付くことで，その対話で現れたように問いを扱うことが新しい可能性を考えていく「考え続ける」振る舞いとして対象化されていくのである。

「てつがく」では，他者と一緒に概念を改めて使用してみること，子どもたち自身で問いを投げかけ合うこと，をゆるやかな型にして学習を進める。それによって，子どもたちが，実際に価値を再吟味するコミュニケーションに参加しつつ，その対話の中における問いの扱いを自分たちの考えを再構築する要件と感じるようにしている。

## Ⅲ 「てつがく」の特質

改めて「てつがく」とは，どのような教科なのだろうか。学校カリキュラムにおける「てつがく」の役割も含めて考えよう。実際の「てつがく」の学習では，それぞれの子どもたちの経験が学習の中身をつくり，その一つひとつの意味もそこで初めて確定される。そう考えると，目標−内容−方法（−評価）のバランスは実際にはゆれ動くだろうし，その枠組みで捉えることに意味が薄いと考えることもできる。しかし，目標−内容−方法構造を追求しようとする"教科"として

捉えたときに「てつがく」の意味が見えてくる部分もある。

　学校全体のカリキュラムにおける「てつがく」の位置付けを示した図2に着目してみると，「てつがく」は，各教科の中核に位置付けられている。また，そこで生成される"てつがくすること"が各教科にも少しずつ現れ始め，部分的にリンクしていることが分かる。「てつがく」では，問いの扱いをコミュニケーションの中で意識的に実践させ，自分たちなりに考えることを子どもたちに対象化させることで，「考え続ける」ための習慣を涵養しようとしていた。考えること，よく考え，それを続けることは，一朝一夕で身に付くものではなく，繰り返し実践し培われていくものである。このような理性的に考えることは，従前の教科学習の本質とも言うべき，領域固有の教育内容の探究が多くを担っている。

　一方で，そのような各教科が探究の結果である知識に主な関心を払っていることが問題視されている。教科には（普遍のものではないが）一つの教育領域をつくり出し，その構造で一定の学習を保証するという側面がある。「てつがく」は，探究を生み出す原動力である「問い」を知識の習得の手段ではなく，学習の目的とする領域をつくり出すことにより，探究の結果からその過程へと学習の重点を移行させる試みである。考えることそのものを育む目標-内容-方法を追求する「てつがく」の設定により，主体的に考え，探究しようとする試みの足がかりをつくり，そして，その意義や必要性を子どもたちと教師が再確認する場をつくり出すことが企図されている。

　新しい教科は，内容領域の付け足しやその統合として設定されることも多いが，新設教科そのものを，学校カリキュラムの中で学習の基盤となる習慣を見えるようにする装置として機能させることもできる。「てつがく」は，まだ緒に就いたばかりであるが，教科の役割の再吟味という意味でも，わが国の学校教育の在り方に新しい可能性を示す教科として，今後が期待される。　　　（岡田了祐・福井駿）

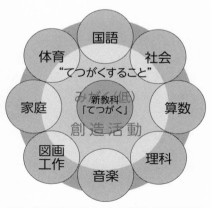

図2　"てつがくすること"を中核とした教育課程
（お茶小，2019b）

引用・参考文献
お茶の水女子大学附属小学校・NPO法人お茶の水児童教育研究会（2019a）『新教科「てつがく」の挑戦』東洋館出版社.
お茶の水女子大学附属小学校・NPO法人お茶の水児童教育研究会（2019b）『第81回教育実際指導研究会　発表要項』.

## 第3節　市民科とはどのような教科か

本節は，2006年から品川区でスタートした教科市民科の考え方を分析する。分析手続きは，第1に教科成立の政策的・社会的背景，第2に教科が育成する子ども像，第3に教科の存立基盤，第4にカリキュラムの特徴，第5に教科領域として市民科が内在する問題性の検討である。

以上を通して，市民科から見える教科領域・区分の在り方を，能力主義の限界，及び教科教育における社会的レリバンスの捉え方の2点から検討する。したがって，本節では教科市民科から見える教科領域・区分の在り方とその論点を考えてゆく。

キーワード：「自律的市民」「総合カリキュラム」「能力主義」「社会的レリバンス」

## I　教科はどのような人間の育成を目指すのか

### 1．教科成立の政策過程

　市民科は品川区に設定された新しい領域である。これは日本における教科としてのシティズンシップ教育の先駆けと言われる。もちろん，目標の違いはあるがシティズンシップ育成を意図した同様の学びは，従来から社会科や道徳等の領域で多数行われている。しかし，一つの自治体が教育政策として実施した初めての試みである故，このように語られる。

　本政策は，以下の流れで進められた。まず，1998年度に1年間を通した学校開放が行われ，2000年度から学校選択制（小学校），2001年度には学校選択制（中学校）が開始，2002年度は「外部評価制度」，2003年度は「学力定着度調査」を導入，それらを受けて2005年8月に品川区小中一貫教育要領を発行，2006年4月

に教科としての市民科がスタートした。

　多くの先行研究が指摘しているとおり，本教科の政策過程の特徴は主に3点である。第1は，市区町村・地域レベルでのカリキュラム開発の先駆的事例である点。第2は学校カリキュラムの内容構成の仕方・枠組み・構造・形態にまで踏み込んだ改革である点。第3は教師の教育活動を支える学習目標・内容・方法・評価を詳細に示した体系的な教科の構想となっている点である。すなわち，新教科を政策的に制度設計することで，通常の教育課程を大きく変革した形で実施したことが大きな意義かつ特徴である。

　特に，3点目は教育・学びの観点としても大きな特徴である。本教科は，品川区の子どもが身に付ける力を制度設計の段階から明文化し，教員による意図的・積極的な指導を求めた。また，その目標達成度は子どもたちの日常の姿やその変容で計る。これは，カリキュラムが子ど

もの日常をベースとし，その改善・発展を目指して組織し，また，その必要があることを示している。したがって，カリキュラムや教科書，指導の手引きなどは教員が中心となり作成する。教科目標・内容・方法・評価を「教員目線」で一体的にデザインする点は，政策的に設計された本教科の大きな特色である。

### 2．教科が育成する子ども像

　市民科は，道徳，特別活動，総合的な学習の時間の3領域を統合したものである。目標は，自らを社会に有為な存在として生きてゆく「市民性」を育てることである。想定されている「市民」とは社会の形成者であり，社会の構成員としての役割を遂行できる資質・能力とともに確固たる自分を持つ存在を指す。

　以上を前提とし，教科市民科は人格形成ならびに社会性の育成を目的として7つの資質（主体性，積極性，適応性，公徳性，論理性，実効性，創造性），及び5領域（自己管理領域，人間関係形成領域，自治的活動領域，文化創造領域，将来設計領域）と15能力（各々の中に3つの能力）を設定し，それを5つの段階[ステップ1：日常課題の設定，行動様式(内面規範)，ステップ2：心情・価値，話し合いや多様な情報活用，ステップ3：スキルトレーニング，ステップ4：学んだことの活動計画・日常生活での実践，ステップ5：評価（継続）]で学ぶ。

　本教科は「方法・内容論から資質・能力論へ」と謳われる。これは最終目標で

ある市民性の育成を前提とし，そこに求められる資質・能力の獲得・応用を中心に据えた教科であることを表している。

---
## Ⅱ　なぜ，教科を存立させるのか：教科の存立基盤
---

### 1．教科「市民科」の存立基盤

　市民科新設の教育的・社会的背景は，大きく3点である。第1は，学校教育における現代的課題である。これは，学校や家庭，地域での訓練機能の低下，親の責任意識の低下，自己肯定感の欠如である。これらの指摘を前提とし，市民科は「個と内面」「個と集団」「個と社会」を教科の中核的な観点として導出する。

　第2は，学校教育における教育的課題である。これは，道徳，特別活動，生活指導の限界，及び学校教育における教育活動を社会の文脈で再度捉え直す必要性である。これは学校教育と日常をつなげることを意図する。旧来の学校教育や教科学習が求めてきた教育目標・内容が現実社会の実態と乖離している可能性を踏まえ，社会の側からそれらを見直すというロジックである。

　第3は，社会的課題である。これは市民的資質の低下，公共性欠如などと指摘される。これは社会学的に多くの議論があるが，市民科は社会的存在として必要な自立性の低下，私と公の乖離現象やミーイズムの横行などを指摘する。

　すなわち市民科は，現代社会における公と私の関係を改めて問い直し，現在の社会的文脈に照らし合わせた上で，これ

らの要因を学校教育が引き受け，市民科という新たな教科を開設することを通してその克服を試みている。

## 2．教科カリキュラムの特徴

市民科は，小中一貫教育要領・教科書・指導の手引きを通して教科の思想を統一的に示す。例えば，法の学習を示したものが表1である。設定されている領域は「自治的活動」，能力は「社会的判断・行動」である。本学習は身近な事例を用いて法やルールの意義を理解し，それを守る義務と責任を段階的に捉えてゆく。これは，単元が設定する能力が，8－9学年において「社会的判断・行動」から「道徳実践能力」項目へ変化する点にも示される。すなわち，法を学ぶ最終段階では，法やルールを道徳的な観点から捉え，理解する学習が想定されている。

次に，教科の中心的な役割を担うと想定される社会参画に関する学びである。設定されている領域は「将来設計」。能力は「社会的役割遂行」である。詳細は表2に示したとおり，本単元は社会貢献の必要性を自覚し，自ら進んで地域へ関わることを捉え実践することを目的とする。

カリキュラムの教科的な特徴は2点である。第1は，システムとしてのカリキュラムである。システムとは要素，要素間の関係，それを貫く原理である。本教科は教科目標・内容・方法を教育要領，教科書，指導の手引きを用いて一体的に示す。したがって，教師は教科が内在する思想・教育論をそのまま具体化し，実践可能となる。戦略的に導入する体系的かつ固定的なシステムとしてのカリキュラム化が第1の特徴である。

第2は，道徳性を基本とする点である。本項で取り上げた法や社会参画の学習は，ルールや参加を原理的・反省的に検討することはしない。それらを所与のものとし，受容することを求める。同時に，その際には市民社会の仕組み・知識・社会認識だけでなく，自己・個の確立を促す。

表1 「法」の学習指導計画

| 学年 | 単元名 | 目標 | 内容 | 方法 | 評価 |
|---|---|---|---|---|---|
| 3－4年 | どうしてルールを守らなくてはいけないの？ | 集団生活の中でルールを正しく判断し，きちんと行動をすることができる。 | ルールの大切さを理解する。 | 学校生活を事例に，ルールの意味を考える。 | ルールの大切さが理解できたか。ルールにしたがって正しく判断し，生活できたか。 |
| 5－7年 | 実社会での法やきまり | 私たちを取り巻く法ときまりについての正しい知識を持ち，行動することができる。 | 校則以外を事例とし，身近な法やきまり，条例に守られている意識を持ち，義務を果たす価値観を育てる。 | 生活と法の関わりに気付く。権利と義務で社会が保たれていることを理解する。日常のニュースと法の関わりを考える。 | 法やきまりが自身の権利を守ること，自分たちには法を守る義務と責任があることを理解できたか。法やきまりを主体的に守る態度が身に付いたか。 |
| 8－9年 | 法やきまりの価値 | 自他の権利を重んじ，義務を果たしながら社会の秩序と規律を守ることができる。 | 生活と法のつながりをつかみ，法を守ることで自分たちの社会秩序を維持してゆく意識を培う。その中で，違法行為やルール違反から起こりうる危険性を理解する。 | 路上駐車，放置自転車などを事例に，自分の権利とともに他人の権利も考えながら法律やルールを守るという理解を深める。 | 法やきまりの必要性を理解できたか。学校や普段の生活の中で法やきまりを守った行動ができているか。 |

教育的，社会的，現代的課題を引き受け，その解決を道徳性を基盤として成立させたものが市民科であると言える。

## Ⅲ　教科領域としての市民科が内在する問題性

次に，本教科領域が内在する課題を検討する。第1の課題は，市民科が教科として位置付けられていることの目標的な限界である。例えば，特別活動と市民科の目標的な関係性，道徳性と市民性の両立，市民科で育成する資質・能力の質的・量的な把握の可否等である。目標ベースで教育全体を捉え直し，単元を単位とした評価を脱却し，中長期的な学びの連続性とその応用方法と過程を見通した評価の在り方を検討する必要がある。

第2は，教科をシステムとして捉えた

際，その自動作用をどう考えるのか。学習は，教師が設定する目標に応じて，内容・方法を変化させてゆく。これは，時代や社会の変化を受け，教育や学習で重視される見方・考え方が日々修正・更新され続けていることに起因する。現在必要とされる資質・能力は，将来的な必要性を必ずしも担保しない。学びは，子ども・教師・学校・地域・現実社会が複雑かつ自由に絡み合うことでいかようにも変化・進化する自動作用を持つ。このシステムの自由を保障する必要がある。市民科のように原理的には内容・方法を固定化できない領域は，教科書や指導の手引きがシステムの健全な自動作用を妨げる可能性がある。

第3は，合科が持つ内容・方法的な限界である。原田（2010）は市民科が政治性

### 表2　「社会参画」の学習指導計画

| 学年 | 単元名 | 目標 | 内容 | 方法 | 評価 |
|---|---|---|---|---|---|
| 3-4年 | わたしたちにできること | ユニセフの取り組みやボランティア活動の目的について理解し，これらの活動に進んで取り組むことができる。 | ボランティアの大切さ，ユニセフや災害支援などの募金活動の目的を正しく理解する。人のために自分ができることを見つける。 | ユニセフ募金，「世界がもし100人の村だったら」等の事例に，ボランティアや募金活動の大切さを考える。 | 社会の一員として，困っている人を助けることは当然であると考えることができたか。ボランティアや募金活動を積極的に行うことができたか。 |
| 5-7年 | 一人の力が大きな力に | 学校行事などでの役割の大切さを自覚し，進んで役割を引き受けたり，責任を持ってやり遂げたりすることができる。 | 目的を達成し，大きな成果を得るためには縁の下の力持ちの存在が大事であることを理解する。日常の活動に対して責任を持つ。 | 具体的な学校行事を事例に，一人ひとりの役割と責任の大切さを話し合う。また，それをもとに学区行事へ取り組む。 | 役割に対して責任を持って取り組むことの大切さを理解できたか。毎日の生活の中で実践し，生活を改善し，向上しようと努力することができているか。 |
| 8-9年 | 地域社会への貢献 | 学校や地域社会のために活動する自己に存在感を見いだし，進んで貢献しようとすることができる。 | 自らが地域社会の一員であることやその役割を自覚し，自分にできることを実践できるようにする。社会貢献の意識を高める。 | 地域清掃，区民まつりなどを事例に，貢献という言葉の定義を理解する。また，充実した貢献となるため自身の役割を考える。 | 地域社会の中で，中学生としての役割や活動を理解できたか。地域社会における自分の役割を自覚し，実践しようとしているか。 |
| | 社会の一員としての活動 | 社会に対して，自分が関われることについて積極的に取り組み，社会貢献の意識を持つことができる。 | 品川区議会などを事例にて考えを深める。また，身近な地域について考え，社会貢献の意識を高める。 | 地方自治と社会貢献について考え，地域が抱える課題について討論を行う。 | 地方自治の役割と取り組みについて，自分の生活とつなげて理解することができたか。社会貢献の意識を持つことができたか。 |

なきシティズンシップ教育の取り組みであると指摘する。政治性とは，公共空間において発生する問題の解決に貢献する意思と能力である。原田は，自治的活動領域において「政治」「民主主義」が一度も出てこないことや，政治的な論争や政治的な活動といった内容が存在しないことを指摘した上で，「生活圏に根差したコミュニティの一構成員としての自覚を促すといった側面が色濃い」ことや「児童・生徒に社会が求める道徳規範をもち，その道徳規範に従って行動することができる市民となることを期待している」点，「道徳実践能力の単元で取り扱われた道徳規範を自らの行動指針として据え，現代社会の様々な問題に対する正しい判断を下すための基準として考えるよう指導している」点が強いことを指摘する。筆者が概観した限り，品川区の市民科にはポリティカル・リテラシーを中核とした英国シティズンシップ教育で実践されている批判的思考力・反省的思考力を育成する学びをみることはできない。すなわち，複合領域の合科とすることで，各々の領域が持つ目標が牽引する内容・方法的な特性が失われる可能性があるという問題性である。

　これら3点は，英国における教科シティズンシップが直面している状況とも重なる。2002年に成立した本教科は，2019年現在，個別領域として学校であまり実践されていない状況が見える。これは，まずシティズンシップの専門教員を養成する大学の減少という制度的な教員養成

の問題がある。その上で，教科の複合性・領域横断性，すなわち「①多様な価値観を前提としたシティズンシップを認め，②それを質的・量的に成長させるための事例を取り上げ，③実際の社会的文脈と照らし，応用することを，④単一領域として授業化すること」が難しいという，教科の目標的・内容的性質もあろう。

## Ⅳ　これからの教科（領域あるいは区分）の在り方

　以上を踏まえ，市民科導入の政策過程や教科・カリキュラムの思想を通して見えてくる，既存の教科領域もしくは教科新設の論点を検討する。第1は，能力主義の考え方である。市民科が想定しているゴールは，一定の能力の獲得，及びその社会での応用である。これを，複数の領域を統合するかたちで政策論として新教科をデザインすることで達成を目指す。その核が資質・能力である。すなわち，内容・方法的ではない，目標的なコンセプトの共有を前提とし，それに基づいた統一的な教科論・教育論の設計を行った。しかしながら，判断やコミュニケーションなどの能力は，領域的にも時間的にも単独で捉えることは難しい。これは，社会の実際的な文脈の中で発揮され，反駁され続けることで成長する力である。このような能力主義が持つ曖昧さは，教育・学習の具体的な姿として捉えづらく，そのため一定の規範や理想を描くことにとどまる可能性がある。能力は，社会的なコンテクストの中で定義され，重要

（もしくは重要ではない）と価値判断され，変化する。すなわち社会的に構成されている。

これは，キー・コンピテンシーの議論も同様である。中村（2018）が指摘するとおり，必要とされるコンピテンシーが特定の状況下において成果を上げた人の行動特性をまとめたものであるならば，その状況を外した形で広く抽象化・一般化させることは難しい。すなわち，①能力主義の特質と限界をどのように考え，②その上で資質・能力を教科論・教育論として具体的なカリキュラムの中にどのように位置付けるのか。また，③資質・能力を固定的な理解・獲得ベースで考えるのか，変動・流動的な成長ベースで考えるのか。これらの点を検討する必要がある。

第2は，教科教育における社会的レリバンスの捉え方である。市民科が指摘した「学校と日常とをつなげる」ことは重要である。これは，学校教育における学びの「おままごと化」を回避し，それを実質化することができる。しかし，この学びの実質化は，内容・方法ともに難題である。例えばフィンランドの初等教育では，教科横断を通して学びを実質化する事例がみられる。例えば，リテラシー能力の育成という目標を設定し，それに関わる教科領域を横断的に設定し，学習をデザインする。地球温暖化という事例を，単独教科ではなく物理・地理・数学・公民系の教科を横断して考えるといったものである。同様のことは米国初等教育でも進んでおり，先に取り上げた英

国においても，シティズンシップの学びを領域横断的な教育課程で行う学校もある。すなわち，①学びを社会的レリバンスを前提とした目標ベースで捉えた上で，②その実質化をどの範域でどのように行うのか，③それは固有教科で実施可能なのか，もしくは合科や教科横断が求められるものであるのか，仮に後者を取るのであれば，④その論理を，学問や教科領域ベースで考えるのか，社会の実態や子どもの価値観や了解ベースで考えるのか。教科教育もしくは学びが包摂する社会的レリバンスの内実とその程度や度合いを検討する必要があろう。　　　　　　（田中伸）

**引用・参考文献**

原田詩織（2010）「品川区『市民科』教科書の政治学的分析」『学生法政論集』九州大学法政学会.

亀井浩明（監修）品川区立小中一貫校日野学園（著）（2007）『小中一貫の学校づくり』教育出版.

北田暁大（2018）『社会制作の方法』勁草書房.

小玉重夫（2003）『シティズンシップの教育思想』白澤社.

中村高康（2018）『暴走する能力主義』筑摩書房.

小川正人編集代表（2009）『検証 教育改革』教育出版.

坂本旬（1989）「『教育的価値』論と能力主義の二重構造」『教育科学研究』8，91-99.

品川区教育委員会市民科カリキュラム検討委員会（2011）『小中一貫教育　市民科セット［2011年度版］（全5巻）』教育出版.

竹内洋（1995）『日本のメリトクラシー』東京大学出版会.

田中伸（2017）「社会的レリバンスの構築を目指した授業研究の方略」『社会科教育論叢』全国社会科教育学会，81-90.

若月秀夫ほか（2008）『品川区の「教育改革」何がどう変わったか』明治図書.

若月秀夫（編）（2009）『品川発「市民科」で変わる道徳教育』教育開発研究所.

　「現代への視座」科は，広島大学附属福山中・高等学校において，文部科学省研究開発学校の取り組みの中で開発された学校設定教科である。持続可能な社会の構築に向けての基盤となるクリティカルシンキングの育成のため，すべての教科が一つの高次目標に向けコミットし，既存教科の一部を統合・発展・深化させた科目構成を有している。学習テーマとして「国際化・グローバル化」，「資源・エネルギー」，「環境・防災」など領域横断的で広範なテーマを扱うことで，教科の特性を活かしつつ，複眼性を重視したクリティカルシンキングの育成が目指される。既存教科の内容を精選・整理し，すべての教科担当者間による連携・協働の実現を目指すことは，また新たな教科の存立，その意義を顕在化させるものになってくる。

　　　　　　　　キーワード：「クリティカルシンキング」「持続可能な社会の構築」「研究開発学校」

## I　はじめに

　現代への視座科は，広島大学附属福山中・高等学校(以下「福山附属」と略記)によって開発された学校設定教科である。福山附属は文部科学省の研究開発学校の指定校として，2009年度から「クリティカルシンキングを育成する中等教育　教育課程の開発」(2009〜2011年度)を，2012年度からは「持続可能な社会の構築をめざしてクリティカルシンキングを育成する，新教科『現代への視座』を柱にしたすべての教科で取り組む中等教育　教育課程の研究開発」(2012〜2014年度)を研究開発課題として推進してきた。現代への視座科はこの研究開発で立ち上げられた新教科であり，福山附属がスーパーグローバルハイスクール(SGH)の指定を受けた後も，学校設定教科として，発展・継承さ

れている(広島大学附属福山中・高等学校，2018)。
　本稿では現代への視座科の設立背景を遡ることから始める。当教科の目標やカリキュラム内容を歴史的に紐解き，その意義を解明することを通して今後の教科存立の方向性を検討してみたい。

## II　現代への視座科の設立—クリティカルシンキングの育成を目指して

　福山附属の研究開発学校の指定は2003年度から始まる。当時の研究開発課題は「中学校・高等学校を通して科学的思考力の育成を図る教育課程の研究開発」(2003〜2005年度)であり，その後，3年間の指定延長として，研究開発課題「中等教育における科学を支える『リテラシー』の育成を核とする教育課程の開発」(2006〜2008年度)が推進された。この研究開発期間においては，生徒への教育効果として

「基本的な科学的思考力の習得」や「コミュニケーション能力の伸長」など一定の成果が認められた一方で、「情報に対して受動的である」ことや、「独創的な分析力や書かれたテキストを批判的に読む」ことなどに課題がみられた。特に、「批判的に読む」などのクリティカルシンキングは、高度情報化社会、グローバル社会において必要とされる思考力の一つであり、その育成はこれからの教育の喫緊の課題であると分析した。この課題意識が、2009年度からの新たな研究開発へと継承されたのである。クリティカルシンキングは一般的には「与えられた情報や知識を鵜呑みにせず、複数の視点から注意深く、論理的に分析する能力や態度」(鈴木・大井・竹前. 2006)と定義されるものの、その概念は様々な研究分野によって多義的である(道田. 2003)。そこで福山附属では、教員全体の共通理解を図るため、その定義を暫定的に「適切な規準や根拠に基づき、論理的で偏りのない思考」と規定し、その上で「よりよい解決に向けて複眼的に思考し、より深く考える」という特性を加えた。当時の研究開発を進めるにあたっては、以下の5点を具体的課題として設定している。

①複眼的思考の基礎となる自然科学及び社会科学分野の基礎的素養を高める。

②課題に対して注意深く取り組み、じっくりと考えようとする態度を育む。

③論理的な探究方法や推定の仕方などについての知識を習得させる。

④書かれた文章及び発表者の意見がどの

ような論点で語られているのか、また示されたデータなどを的確に読み取る読解力を育む。

⑤自分の意見を論理的にまた的確に相手に伝える表現力やコミュニケーション力を育む。

このような内容を目標として、新教科「現代への視座」を独自に立ち上げ(表1)、総合的な学習の時間、既存の各教科の単元開発などを通して、すべての教科で取り組む系統的なカリキュラム開発を行った。その際、生徒の発達の段階と教科の関連性を考慮して、「具体的な事象」から「抽象化されたより複雑な事象」へと学年進行に伴いテーマが拡がる科目編成がなされている。

この研究開発の大きな特徴は、教科の特質をひとまず括弧に入れ、全教科が教科間の連絡を図りながら、クリティカルシンキングの育成に向けた研究開発にコミットしている点にあると言えるだろう(服部・岩崎. 2013)。

**表1　新教科「現代への視座」の構成**

(2009〜2011年度)

| 対象学年 | 科目名 | 担当教科 |
|---|---|---|
| 中学校第2学年 | 環境 | 理科・保健体育科・家庭科 |
| 中学校第3学年 | 地球科学と資源・エネルギー | 理科 |
| 高等学校第1学年 | 自然科学入門 | 理科 |
| | 社会科学入門 | 公民科 |
| | 現代評論A | 国語科 |
| 高等学校第2学年 | 数理情報 | 情報科・数学科 |
| | 現代評論A | 国語科 |
| | 現代評論B | 英語科 |

## Ⅲ　現代への視座科―持続可能な社会の構築を目指して

　2009年度からスタートした現代への視座科では，生徒たちのクリティカルシンキングを深めるための教材の工夫や，下記に示すような具体的問いかけを意識する授業展開を行ってきた。

- 不確かな前提になっていないか
- 隠れた前提はないか
- 論理の飛躍はないか
- 軽率な（早すぎる）一般化はないか
- 不適切なサンプリングはないか
- 他の可能性（対立仮説）はないか

　2012年度においては，この３年間の研究を振り返り，クリティカルシンキングの育成それ自体を教育の目的とするのではなく，それらを活用して，また新たな価値を生み出すことが本来の教育の目的になるべきではないかということが議論された。そして，クリティカルシンキングを持続可能な社会の構築に向けて必要となる重要な能力と位置付けた研究開発へと発展させることになったのである。

　現代への視座科は，図１のように「国際化・グローバル化」など五つの教科横断的な内容をテーマとして，科目構成と内容が改変され，高等学校第１学年に芸術科と国語科が担当する科目「クリティカルシンキング」が追加された。また，教科の目標は次のように設定された。

> 　持続可能な社会の構築をめざし，現代の社会で生じている諸問題や関連する事物・現象について，論理性や科学性を重視して，複眼的，創造的に思考し問題を発見したり，課題を的確に設定して解決したりしようとするクリティカルシンキングを育成する。

　研究当初から上記の目標の達成に向け，どの段階でどのような教材を扱うか，また，そもそもどのような能力を育成し，概念を習得させていくべきかについて，議論を重ねてきた。そして，先行研究（国立教育政策研究所，2012）を参考に，テーマや構成概念，育みたい能力や態度については，以下のように整理された。

〈テーマ〉

A 資源・エネルギー　　　　B 環境・防災
C 安全・健康　　　　　　　D 地域・文化
E 国際化・グローバル化　　　F その他

〈構成概念〉

◆人を取り巻く環境（自然・文化・社会・経済など）に関する概念…Ⅰ．多様性　Ⅱ．相互性　Ⅲ．有限性
◆人（集団・地域・社会・国など）の意思・行動に関する概念…Ⅳ．公平性　Ⅴ．連携性　Ⅵ．責任性

〈ねらいとする能力・態度〉

①批判的に考える力，クリティカルシン

図1　持続可能な社会の構築を目指した新教科「現代への視座」の科目構成（2012〜2014年度）

キング（批判的）

② 過去や現在に基づき，未来像を想定して，それを他者と共有しながら，計画する力（未来）

③ 事象のつながりなどのシステムを理解して多面的，総合的に考える力（多面的・総合的）

④ 自分の考えなどを論理性や科学性に配慮して的確に表現するとともに，他者を尊重して積極的にコミュニケーションを行う力（コミュニケーション）

⑤ 他者の立場に立ち，他者の考えや行動に共感するとともに，協力・協同して物事を進めようとする態度（協力）

⑥ 人，もの，こと，社会，自然などと自分とのつながり・かかわりに関心を持ち，それらを尊重し，大切にしようとする態度（つながり）

⑦ 自分の役割を理解するとともに，ものごとに主体的に参加しようとする態度（参加）

これらに基づき，現代への視座科における各科目及び総合的な学習の時間において整理されたカリキュラムマップが表

**表2　新教科「現代への視座」及び総合的な学習の時間におけるカリキュラムマップ**（2012〜2014年度）

| テーマ | | | | | | 構成概念 | | | | | | 新教科「現代への視座」総合的な学習 | ねらいとする能力・態度 | | | | | | |
|---|---|---|---|---|---|---|---|---|---|---|---|---|---|---|---|---|---|---|---|
| A 資源・エネルギー | B 環境・防災 | C 安全・健康 | D 地域・文化 | E 国際化・グローバル化 | F その他 | I 多様性 | II 相互性 | III 有限性 | IV 公平性 | V 連携性 | VI 責任性 | | ① 批判的 | ② 未来 | ③ 多面的・総合的 | ④ コミュニケーション | ⑤ 協力 | ⑥ つながり | ⑦ 参加 |
| | | | ◇ | ◇ | ※7 | ◎ | ○ | ○ | ○ | ○ | ○ | 5年(高2) 現代評論B | ◎ | ◎ | ◎ | ◎ | ○ | | ◎ |
| ◇ | ◇ | ◇ | ◇ | | | ◎ | ○ | ○ | ○ | ○ | | 現代評論A | ◎ | ◎ | ◎ | | | ○ | |
| ◇ | ◇ | | | | ※6 ◇ | ◎ | ◎ | ◎ | | | ○ | 数理情報 | ◎ | ◎ | ◎ | | ○ | | |
| | | | | | ※5 ◇ | ◎ | ○ | ○ | | | | 4年(高1) 現代評論A | ◎ | ◎ | ◎ | | | ○ | |
| | | | | | ※4 ◇ | ◎ | | | | | | クリティカルシンキング | ◎ | | ◎ | ◎ | | | |
| | | | ◇ | | ※3 ◇ | ◎ | ○ | ○ | | | | 社会科学入門 | ◎ | ◎ | ◎ | | | ○ | ○ |
| | | | | | | ○ | ○ | ◎ | ○ | | | 自然科学入門 | ◎ | ◎ | ◎ | | | | |
| ◇ | ◇ | | | | | ○ | ○ | ◎ | ○ | ○ | | 3年(中3) 地球科学と資源・エネルギー | ◎ | ◎ | ◎ | | | ○ | |
| | | | | | ※2 ◇ | ○ | ○ | ○ | | ◎ | ○ | 2年(中2) 総合的な学習 | ◎ | ◎ | ◎ | ○ | | | |
| ◇ | ◇ | ◇ | | | | ◎ | ○ | ○ | ○ | ◎ | ○ | 1年(中1) 環境 | ◎ | ◎ | ◎ | | | ○ | ○ |
| | | | | | ※1 ◇ | ○ | ○ | ○ | ○ | ○ | ○ | 総合的な学習 | ◎ | ○ | ○ | | | ○ | ○ |

```
⑥その他
※1  研究主題による        ※2  科学     ※3  倫理
※4  論証の方法・論理      ※5  抽象語・抽象概念
※6  問題解決の手順と手法  ※7  時事問題
```

※構成概念・ねらいとする能力・態度について
主となるもの＝◎
取り組むもの＝○

2である。このような整理により持続可能な社会の構築のために必要となるテーマや概念，能力・態度が過不足なく配置され，そして新教科・既存教科のそれぞれの連携が図られ，内容のつながりを意識した全体構成が実現されたのである。

## Ⅳ　現代への視座科―高等学校 第2学年「現代評論B」

本章では，現代への視座科のカリキュラムの一つとして代表的に，高等学校第2学年で実施された「現代評論B」(広島大学附属福山中・高等学校，2015)の具体を取り上げてみよう。

### 1．「現代評論B」の目標

積極的に議論に参加し，相手と対等な立場で自分の意思を伝えようとする態度を育成するとともに，論理や情報の適切さなど多様な観点から聞いたり読んだりしたことについて審議したり，合理的に相手を説得したりする能力を伸ばし，社会生活において問題解決・意思決定ができるようにする。

### 2．年間指導計画（35時間扱い）

| 月／単元名 | | ◎学習のテーマ・ねらい ◇学習の具体的な内容（※部分的に抜粋） |
|---|---|---|
| 4 | 情報機器の操作に慣れる | ◎年間シラバスの提示 ◇CALLソフト「PC@LL」の使い方に慣れる。身近な話題について日本語で議論しながら操作方法について理解する。 |
| 5 6 | 議論の作法と論理 | ◎映画「12 Angry Men」の導入 ◇本編で殺人容疑で告訴されている少年の事件詳細を熟読した後，グループで英語で議論をし，判決を下す。 ◎本編を視聴しながら，議論の作法と論理の誤謬について学ぶ。 ◇本編の陪審員たちの議論を分析し，よい点と悪い点を評価し，その後発表する。「司会の役割」「中間投票の有効性」「話題の転換」「性急な一般化」「勝ち馬理論」「人格攻撃」「感情や力への訴え」「証拠不十分の虚偽」等，今後の議論の際の重要な観点を確認する。 |
| 7 8 | 模擬議論を行う | ◎これまでの学習内容を振り返って，再度少年の判決について議論する。 ◇「有罪派」と「無罪派」に分かれ，本編のロールプレイを行う。これまで確認してきた議論のための観点を押さえながら，それぞれの立場を支持する合理的な根拠を伝え合う。 |
| 9 10 11 12 | 議論の仕組みについて学ぶ | ◎「裁判員制度の是非」について議論する。 ◎論理の誤謬を各論で学ぶ。 ◇「赤ニシン」「ストローマン」等についての誤った論理展開について理解し誤謬を見抜くための演習を行う。 |
| 1 2 3 | 議論を実践する | ◎主張の組み立て方について学ぶ。 ◇トゥールミン・モデルについて理解し，その基本要素であるClaim，Data，Warrantを用いて自分の主張を論理的に伝えるための練習を行う。 ◎トゥールミン・モデルと論理の誤謬に注意して意見交換をする。 ◇トゥールミン・モデルの基本要素にRebuttal，Qualification，Reservation，Backingを加え，より論理的で説得力のある意見を伝える練習をする。 ◇身近な問題や国内外の諸問題に関するニュース・新聞を見た後，グループに分かれて議論をする。議論後，自己評価シートを使って，自己の発言を量的に分析させ，次回の議論に活かす。 |

## Ⅴ　現代への視座科にみる今後の教科存立の意義

この研究開発を通しての最大の成果は，教師や生徒の中で「クリティカルシンキング」という概念の理解が進み，定着したことや，現代への視座科における様々な授業において，生徒による教科の枠を越えた多面的な視点からの議論が実現さ

れた点を挙げることができる。

　教科横断型の新教科を設置する場合，既存教科との関連を精査して，学習指導要領で決められた内容やねらいを漏らすことのないよう計画することが重要である。現代への視座科ではこの点に留意して開発を行うとともに，各教科担当者間でそれぞれの教科の特性・内容に応じた生徒たちの探究活動，教材の在り方が恒常的に議論され，教科間のつながりが強化されている。学ぶ生徒たちにとってもそのつながりは意識され，例えば，高等学校第2学年の「現代評論B」では，議論にあたって，国語科や他教科で学んだ既有知識や日々の情報をつなげて論証を行う生徒が多数みられた。これからの21世紀社会を生き抜く子どもたちに必要な資質・能力のひとつとして，クリティカルシンキングのような教科横断的で汎用的な能力の育成を学校規模で目指す場合，この様々な「つながり」の意識は，重要な示唆を与えている。

　現代への視座科の各科目の内容は既存教科へ適用可能なものも多くある。既存教科とは全く異なる角度から新教科の設立を目指すだけではなく，新教科が目指す目標に向かって既存教科の内容を精選・整理すること，またすべての教科担当者間による連携・協働の実現こそが，また新たな教科の存立，その意義を顕在化させるものになってくるのではないかと筆者らは考える。

（服部裕一郎・山下雅文）

**引用・参考文献**

服部裕一郎・岩崎秀樹（2013）「数学教育におけるクリティカルシンキング育成のための教育課程の開発研究―数学科における総合的な学習の時間の授業実践―」『全国数学教育学会誌　数学教育学研究』19(2)，63-71.

広島大学附属福山中・高等学校（2012）『文部科学省研究開発学校　平成23年度（第3年次）報告書』.

広島大学附属福山中・高等学校（2015）『文部科学省研究開発学校　平成26年度（延長第3年次）報告書』.

広島大学附属福山中・高等学校（2018）『スーパーグローバルハイスクール平成27年度指定　平成29年度（第3年次）研究開発実施報告書』.

国立教育政策研究所（2012）『学校における持続可能な発展のための教育（ESD）に関する研究（最終報告書）』.

道田泰司（2003）「批判的思考概念の多様性と根底イメージ」『Japanese psychological review』46(4)，617-639.

鈴木健・大井恭子・竹前文夫（2006）『クリティカル・シンキングと教育―日本の教育を再構築する―』世界思想社.

# 第5節　STEM系教科とはどのような教科か

STEM系教科は，科学，技術，工学，数学(Science, Technology, Engineering, Mathematics)の略称からSTEM教育と呼ばれる，イノベーション創出に向けた理工系分野の教育改革から生じた統合的・領域横断的な性格を持つ科目(群)である。STEM系教科では，STEMリテラシー，技術ガバナンス力，創造性や問題解決能力などの資質・能力の育成が目指されている。また，STEMの学問分野・領域と教科，今日の学習状況と将来の社会像や労働環境の予測を存立基盤としており，多様な科目構成方法がある。
　キーワード：「STEM教育」「統合的教科」「領域横断的教科」

## Ⅰ　はじめに

　2000年代初頭からアメリカをはじめとして精力的に展開されている理工系の教育である。科学，技術，工学，数学(Science, Technology, Engineering, Mathematics)の教育は，関連学問分野・領域の略称からSTEM教育と呼ばれる。理工系分野を"STEM"と呼ぶことそれ自体は，1990年代から広まっていたとされるが，今日では初等中等教育から高等教育段階までの理工系教育を特徴付ける名称として使われている。STEM教育を標榜する理工系教育改革は，国際的に展開されている(堀田，2011)。一方，わが国でも，平成29年及び平成30年の学習指導要領改訂の具体的な方向性の一つとして，STEM教育の視点も取り入れられている(中央教育審議会，2016)。

　そこで本稿では，STEM教育に係る学校設定科目として，文部科学省の研究開発学校の成果である「科学科」と「夢創造科」に着目して，STEM教育に関する理論的な枠組みを参照しながら，理科教育からのアプローチにて，STEM系教科の本質を検討することにしたい。その際，STEM教育の考え方との共通性を持つとされる，高等学校に新設された「理数」(文部科学省，2018)とも比較する。

　なお，STEM系教科の基本的な枠組みや内容は，各学校の「研究開発実施報告書(要約)」(山梨学院小学校，2017；久喜小学校，2017)と関連の研究発表論文(小林，2016；川島，2017)を参照している。

## Ⅱ　STEM教育や理工系人材育成政策が目指す方向性

### 1．諸外国におけるSTEM教育の目的論

　バイビー(Bybee, 2013)は，今日のアメリカや世界情勢を踏まえ，STEM教育の目的として，STEMリテラシー(図1)の向上，より高度な専門性を持った労働者の育成，科学技術イノベーションに貢献する多様な人材の確保という3点を挙

げている（pp.63-71）。

> - 日常生活での疑問や問題の特定，自然界やデザインされた世界の説明，STEM関連の問題に対する証拠に基づいた結論の導出ができるための知識，態度，技能
> - 人間の智，探究，デザインの形式としてのSTEM学問分野の特徴に関する理解
> - STEM学問分野が物質的，知的，文化的な環境を形づくる在りようの気付き
> - 建設的で，思慮深く，内省的な市民として科学，技術，工学，数学のそれぞれの知識を持ち，STEMに関連する問題へ関与する意志

　　図1　STEMリテラシー（Bybee, 2013）

　イギリスのSTEM教育においても，教養的・文化的価値，民主的価値，実用的・功利的価値，経済的・国家的価値がその目的に組み込まれており（内海，2017），アメリカでの議論との共通性も高い。

## 2．わが国の理工系人材育成政策が目指す方向性

　わが国の理工系人材育成政策についてみると，文部科学省と経済産業省が共同して，「理工系人材育成戦略」を策定している（文部科学省，2015）。そこでは，以下の三つの方向性と10の重点項目が掲げられている。

①高等教育段階の教育研究機能の強化：専門性やリーダーの強化，グローバル化など。

②子どもたちに体感を，若者・女性・社会人に飛躍を：子どもの創造性・探究心・主体性・チャレンジ精神の涵養，女性の理工系分野への進出の推進など。

③産学官の対話と共同：「理工系人材育成・産学官円卓会議」の設置。

　諸外国のSTEM教育の目的とわが国の理工系人材育成政策では，初等中等教育段階から高等教育段階での取り組みである点，イノベーションに貢献する科学技術人材の育成が重視されている点，人的な多様性を促進しようとしている点で，共通性がみられる。

## Ⅲ　STEM系教科の目標・内容と学習領域

### 1．STEM系教科の目標・内容

　STEM系教科では，社会的なニーズと各学校の現状や問題意識に基づき，それぞれ独自の目標と内容が設定されている。「科学科」では，自然や科学・技術と豊かな関係を築くための科学的リテラシーの育成と個に応じた知的好奇心や能力の伸長が目標に掲げられている。ここでの「科学的リテラシー」とは，自然や科学・技術について，適切かつ合理的な判断と意思決定に支えられた行動を遂行するための総合的な資質・能力として捉えられている。これらはOECDの提唱する科学的リテラシーに通じるものである。また，「個に応じた知的好奇心や能力の伸長」は，「個別化学習」の視点を含んでいると同時に，科学に関する顕著な才能を発揮しているもしくは潜在的に有し

ていると認められる子どもを対象とした教育"Science for Excellence"である「卓越性」の視点からの目標設定でもある。

それに対して、「夢創造科」では、科学技術に親しみ探究・創造する児童の育成を目指して、科学技術に関する基礎的・基本的な知識・技能の習得と科学技術を適切に評価・活用する能力の養成が目標に掲げられている。これは、「技術ガバナンス力」（森山, 2018）を重視する中学校技術・家庭科の技術分野の目標に類似・対応しており、小学校における技術科としての性格付けが図られている。

「理数」では、知識及び技能、思考力・判断力・表現力等、学びに向かう力・人間性という三つの柱に即して、探究に必要な知識及び技能の修得、問題解決能力や創造性の育成・向上、問題解決や価値の創造に対する積極的・反省的・倫理的な態度の育成が掲げられている。

いずれのSTEM系教科でも、具体的・個別的な資質・能力の習得が教育内容とされている。その中でも、これまで十分に取り組まれてきたとは言いがたい、創造性の育成が教育の射程にある。一般に、創造性は人（Person）、過程（Process）、成果（Product）、環境（Place）という４Ｐについて議論される。教育場面では、成果よりは、柔軟性や曖昧さの寛容など個人の特性や拡散的な思考などの認知的・非認知的過程が重視され、創造性は必ずしも特定の個人のみが持ちうる特性ではないと考えられる（Cropley, 2003, pp.4-12）。例えば、新しい問題を見いだすこと、異なる領域のものや考えを結び付けることなどが創造性の発揮である。

## 2．STEM系教科の学習の内容区分

STEM系教科では、上記の目標の達成と内容の修得に向けて、それぞれ学習対象となる内容区分が設定されている。

「科学科」では、従来の生活科（自然系内容）や理科の内容区分（エネルギー・粒子・生命・地球）に工学的なデザイン活動を付加した理学的・工学的な内容区分（「自在に動け、モーターロボ！」等）、科学を学ぶ意義や科学・技術に関わる問題の意思決定を扱うメタ科学的・市民的価値の内容区分（「デジタル開発とその開発物語」等）、自由研究に取り組む個別化学習の内容区分が設定されている。

一方、「夢創造科」では、紙やプラスチックなどの材料を扱った素材活用（「段ボールの秘密を暴こう！」等）、自然や機械などの事物・事象の仕組みに着目したメカニズム活用（「人工知能に負けない！」等）、生物の栽培・収集・利用に取り組む生物活用（「グリーンカーテンをつくろう」等）の内容区分が設定されている。

「理数」では、自然事象や社会的事象、先端科学や学際的領域、自然環境、科学技術、数学的事象が学習の対象となる内容区分として設定されている。教育内容を習得できるものであれば、学習の対象となる領域は、既存の教科である理科や数学が対象とする内容区分に限定されず、

多岐にわたって選択できる（「発酵速度に関する探究」「三角形の中心に関する探究」「防災に関する探究」等）。

## Ⅳ　STEM系教科の存立基盤

### 1．理工系の学問分野・領域と教科

　STEM系教科が存立するための基盤は，第一に，"STEM"の呼称のもとになる科学，技術，工学，数学といった学問分野・領域である。第二に，その学問分野・領域を存立基盤とする教科である。

　一般的には，科学は，自然の事物・事象に関する規則性を追究する社会的な営み，数学は，数量的・空間的な事物・事象の形式的・構造的な特徴を追究する社会的な営みであり，これらを存立基盤の一つとする教科がそれぞれ理科と数学である。それに対して，工学（engineering）は，人に関わる問題を解決するための設計（デザイン）を追究する社会的な営みとして，技術（technology）は，人のニーズや希望を満たすように創られたシステムや過程と考えられる(National Research Council, 2012, pp.11-12)。教科としての技術科は，上記の意味での「工学」と「技術」を存立基盤としている教科と捉えられる（森山, 2015）。これらの学問分野・領域と教科を基礎とし，STEM系教科が存立するのである。

### 2．今日の学習状況と将来の社会像や労働環境の予測

　STEM系教科の存立には，学問分野・領域や教科の存在だけでは十分ではなく，それらの教科の学習状況（「達成されたカリキュラム」）も関わっている。国内外の調査から，算数・数学科や理科を学ぶ意義を感じている児童・生徒の割合が，学習到達度の状況と比べて低いことが問題視されている。そこで数学や理科の学ぶ意義を実感する実用的な領域として，工学や技術の領域の導入・利用が注目されているのである。

　他方，将来の社会の姿として，仮想空間と現実空間を高度に融合させたシステムにより，経済発展と社会的課題の解決を両立する人間中心の社会である"Society 5.0"が標榜されている。そのような社会では，STEMリテラシーが市民として求められる資質・能力となる。また，職種・職業の在りようが変化し，今後は創造性や問題解決能力の高い労働者の育成が必要となってくる。当然ながら，イノベーション創出に貢献する高度な科学技術人材の育成も欠かすことができない。

　STEM系教科では，今日の学習状況と将来の社会像や労働環境の予測も存立の基盤となっている。

## Ⅴ　STEM系教科の構成方法とこれから

### 1．STEM系教科の構成方法

　"STEM"の学問・教科の捉え方は，図2のように多様である(Bybee, 2013, pp.73-80)。これがSTEM教育の広がりと同時に，混乱を生じさせる要因である。

　「科学科」は，理科と技術・工学から構成された教科であるが，その構成方法

①名称は"STEM"であるが単一の学問（教科）
②独立した学問群（教科群）
③科学（理科）と数学
④技術・工学・数学を組み込んだ科学（理科）

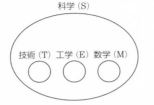

⑤技術や工学で結びついた科学（理科）と数学

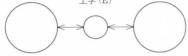

⑥個々の学問（教科）の連携

⑦複数の学問（教科）の結合

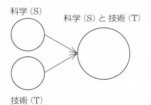

⑧複数の学問（教科）の統合

⑨学際的な教科・コース

**図2　"STEM"の多様性**（Bybee, 2013）

は，既存の教科構成を持つ理科に対して，技術・工学を組み込んだかたちとなっている。図2で言えば，その構成方法は「④技術・工学・数学を組み込んだ科学（理科）」に近い。ただし，教育課程上，算数科ではなく，生活科が組み込まれている。

それに対して，「夢創造科」は，中学校の技術科への接続を意識して構成されており，小学校での技術科という側面が強くみられる。その一方で，STEM系の教科とも評価されることから<sub></sub>（小倉. 2017），「①単一の学問（教科）」とみなせる。

「理数」は，従来の理科の科目「理科課題研究」と数学科の「数学活用」などが廃止されてできた教科であり，数学科と理科の教師が中心となって協働して指導を行うこととされていることから，単純に「③科学（理科）と数学」ではなく，むしろ，科目レベルではあるが，「⑦複数の学問（教科）の結合」に近いものである。

## 2．STEM系教科のこれから

STEM系教科の構成方法は，小学校や高校（各学科に共通する教科）において，技術科が設定されていないなど，既存の教科の構成に規定されている。一方で，統合的な教科や領域横断的な教科としての構成方法であることから，新たな科目構成の可能性もある。実際，"STEM"に芸術（Art）を加えた"STEAM"も提唱されている（Sousa & Pilecki, 2013）。このような意味で，STEM系教科は独立

した教科としては未だ安定的なものではなく，今後の再編・統合も予期される。ただし，教科の本質に係る理論的な枠組みの検討が不十分であれば，カリキュラム構成や指導方法の追究も難しく，児童・生徒の学習の深まりも期待できないだろう。これまでのSTEM系教科にみられる学習活動は，「教科」としてだけではなく，「アプローチ」（指導法）や「プログラム」としての導入もありえる。実際に展開されているSTEM教育は，後者に相当するものが多いと思われる。STEM系教科を教育課程に位置付けていこうとするならば，STEM系教科での学びの実相を探るとともに，STEM系教科として何を目指すのか，教育課程編成において個別的教科と統合的教科はどのような関係にあるべきかなどの考究が重要となるであろう。　　　（内ノ倉真吾）

### 引用・参考文献

Bybee, R. W. (2013) *The Case for STEM Education; Challenges and Opportunities, Arlington*: NSTA Press.

中央教育審議会 (2016)「幼稚園，小学校，中学校，高等学校及び特別支援学校の学習指導要領等の改善及び必要な方策等について（答申）」.

Cropley, A. J. (2003) *Creativity in Education & Learning: A Guide for Teachers and Educators*, London & New York: Routledge Falmer.

堀田のぞみ (2011)「科学技術政策と理科教育―初等中等段階からの科学技術人材育成に関する欧米の取組み―」『科学技術に関する調査プロジェクト調査報告書』121-134.

川島尚之 (2017)「科学技術教育に特化した新設教科「夢創造科」の内容と成果～研究開発学校としての取組～」『日本科学教育学会年会論文集』41，197-200.

小林祐一 (2016)「小学校におけるSTEM教育を指向した授業実践と考察―理科教育の課題克服を目指す研究開発学校の取り組み」『日本科学教育学会年会論文集』40，21-24.

久喜小学校 (2017)「平成28年度研究開発実施報告書（要約）」.

文部科学省 (2015)『理工系人材育成戦略』.

文部科学省 (2018)『高等学校学習指導要領解説 各学科に共通する教科「理数」編』.

森山潤 (2015)「ものづくりを通して技術リテラシーを育てる技術科」日本教科教育学会編『今なぜ，教科教育なのか―教科の本質を踏まえた授業づくり―』文溪堂，87-92.

森山潤 (2018)「技術ガバナンスと技術イノーベション」日本産業技術教育学会・技術教育分科会編『技術教育概論』九州大学出版会，49-54.

National Research Council (2012) *A Framework for K-12 Science Education; Practices, Crosscutting Concepts, and Core Ideas*, Washington, D.C.: The National Academies Press.

小倉康 (2017)「科学技術人材育成に向けた「夢創造科」の教育効果の分析ならびに今後のカリキュラム開発への示唆」『日本科学教育学会年会論文集』41，189-192.

Sousa, D.A., & Pilecki, T. (2013) *From STEM to STEAM; Using Brain Compatible Strategies to Integrate the Arts*, Thousand Oaks: Corwin.

内海志典 (2017)「イギリスにおけるSTEM教育に関する研究―成立とその目的―」『科学教育研究』41(1)，13-22.

山梨学院小学校 (2017)「平成28年度研究開発実施報告書（要約）」.

# 編集後記

　学校教育における「教科」とは何か。教科はどのように誕生し，また各教科の区分はどのように行われてきたのか。そしてその区分は恒久的に不変のものであろうか。教科教育に携わる者，そして教科教育を研究する者は，自らの携わる教科の本質について理解するとともに，その存在価値を常に意識しておく必要がある。本書は学会創立40周年を機に，各教科の本質を追究し，その特質を解明することを意図して生まれた。

　本書の各章を通じて，「教科とは何か」と題された佐藤学氏と池野範男氏による対談を皮切りに，教科の役割と意義について改めて問い直し，その現代的な意義を日本という文脈に止まらず，欧米や東アジアの国々での取り組みへの考察へと深めていった。教科教育学が日本発で，日本固有の概念であることは疑いようがない。しかしながら，時代やそれに伴う教育制度や価値観の変化を顧みず固陋の見に陥ることは将来の教科教育学研究の発展のためにも避けなければならない。本書の目的を達するため，各教科の教育，および学校設定教科の本質などの観点から，わが国においてそれぞれの教科教育分野を代表する研究者に執筆をお願いし快諾いただいた。その高い識見に敬意を表するとともに，次の世代の教科教育学研究への洞察と道標を与えてくださったことに深く感謝申し上げたい。

　学校教育のシステムの中に位置づけられて行われる毎時の授業において展開される教科という概念がほぼ定まってまだ一世紀も経過していない。日本教科教育学会（1975〈昭和50〉年創立）は，日本の学校におけるすべての教科について教科の枠内だけで行われる学習を校種別にタテに捉えるだけでなく，子どもの認識や理解の実態に応じて学習内容の選択・配列や学習指導の在り方を教科共通の問題として教科横断的にヨコの関係をみることを通して，現在の，そして未来の教科教育の検討，充実を図ることを目指して創立された。各教科内においても研究が細分化され，各教科の独自性を基盤とした研究の展開が進んできた。その上に立って，各教科を横断的に眺め，それぞれの教科に通底する目標，内容，方法，などにおける教科共通の不変の真理を探究しようとするのが教科教育学研究の原点である。

　本学会は，これまで『今なぜ教科教育なのか－教科の本質を踏まえた授業づくり』（文溪堂，2015），『教科教育研究ハンドブック－今日から役立つ研究手引き』（教育出版，2017）を続けて出版し，改めて教科の意義，教科教育の研究方法論などを世に問うてきた。教育における不易の部分とともに，流行として戦後，1960年代以降の教育思潮の変化に伴い，われわれがもつ教科観や教科の位置づけ，方法論も時代とともに変化

してきている。今回の学習指導要領の改訂においても，各教科の「見方・考え方」の設定がなされ，各教科の視点と思考方法の観点から教科の本質の説明に一歩進んで来たと言えよう。今後の教育理論の変化や国の教育政策の展開の中で，既存の教科区分の解体・統合，さらには新教科の新設などの変化が予測される。国の政策を追いかけるだけではなく，学会として政策提言に至るような研究組織でありたい。

時を同じくして，日本学術会議教育学分野の参照基準検討分科会（委員長　松下佳代京都大学高等教育研究開発推進センター教授）から，2019年3月に教育学分野に関連する教育課程を編成する際の参照基準(第一次案)が提出された。その中で，教育という営みを対象とする諸学問領域を，基盤となる学問や対象領域，研究へのアプローチにより分類を行っている。これまでの教科教育学研究がその補足時から教科教育学内部での協働を図ってきたのに対して，これからは広く教育研究を行う研究者との交流を図り，より大きな視座と視点から新たに教科教育の発展を目指していく必要がある。

本学会は5年後に創立50年を迎える。これまでの50年は，教科教育学が他の学問分野から独立した独自の科学としての地位を得るための営みであった。その結果，教育関連諸科学分野において一定の市民権を得たと言えるであろう。これからの50年は，各独立科学として個別の発展・進化を図るのみでなく，いかに教育関連諸科学が協働して近未来の地球市民を育成するために，教科知識の理解・蓄積に止まらず新しい社会や時代の形成者としてそれを活用できる能力をどのように育てるのかを考えていかねばならない。イギリスの作家キップリングは，「イングランドしか知らない者が，本当にイングランドを知っていると言えるだろうか」と問うた。教科教育学研究においても同様のことが言えるのではないだろうか。各教科個別の学だけでなく，他教科との交流や啓発から新たな視点が誕生することを期待したい。同時に，教育学分野の参照基準検討から策定される理論的土台のもと，教育という営みを共通項としたすべての学問分野との協働の時代になると考えたい。

最後に，この教科の本質プロジェクトチーム企画の立案，執筆原稿の依頼から検討・編集までのすべてのプロセスでご尽力いただいた日本教科教育学会研究企画委員の先生方，また事務局の先生方や院生諸氏，特に校正作業に多大な貢献をされた堀田晃毅氏に改めてお礼を申し上げたい。本書は本学会として，日常の学校教育における教科という概念に新たな考察の鍬を入れたものである。本書がこれからの若い学校教師，教科教育研究者，そして教育に関わるすべての人々が教科の存立基盤，領域，汎用性，将来性について自由な意見を交換し，相互に啓発しあうためのプラットフォームとなることを期待して，編集後記としたい。

日本教科教育学会理事長

深澤清治

## 執筆者一覧 <small>(執筆順)</small>

角 屋 重 樹　日本体育大学 (刊行にあたって)

### 第1章
池 野 範 男　日本体育大学
佐 藤 　 学　学習院大学

### 第2章
岡 出 美 則　日本体育大学 (第2章の読み方)
清 水 美 憲　筑波大学 (第1節, 第2節, 第3節)
草 原 和 博　広島大学 (第4節(1))
山 田 秀 和　岡山大学 (第4節(2))
藤 田 太 郎　エクセター大学 (英国) (第4節(3))
三 好 美 織　広島大学 (第4節(4))
服 部 一 秀　山梨大学 (第4節(5))
金 　 龍 哲　神奈川県立保健福祉大学 (第4節(6))
國 分 麻 里　筑波大学 (第4節(7))

### 第3章
影 山 和 也　広島大学 (第3章の読み方, 第3節)
長 田 友 紀　筑波大学 (第1節)
川 口 広 美　広島大学 (第2節)
川 崎 弘 作　岡山大学 (第4節)
永 田 忠 道　広島大学 (第5節)

伊 藤 　 真　広島大学（第6節）

直 江 俊 雄　筑波大学（第7節）

佐 藤 ゆ か り　上越教育大学（第8節）

谷 田 親 彦　広島大学（第9節）

近 藤 智 靖　日本体育大学（第10節）

卯 城 祐 司　筑波大学（第11節）

宮 川 洋 一　岩手大学（第12節）

柳 沼 良 太　岐阜大学（第13節）


**第4章**

草 原 和 博　広島大学（第4章の読み方）

吉 川 芳 則　兵庫教育大学（第1節）

岡 田 了 祐　お茶の水女子大学（第2節）

福 井 　 駿　鹿児島大学（第2節）

田 中 　 伸　岐阜大学（第3節）

服 部 裕一郎　高知大学（第4節）

山 下 雅 文　広島大学附属福山中・高等高校（第4節）

内ノ倉真吾　鹿児島大学（第5節）


深 澤 清 治　広島大学（編集後記）

日本教科教育学会
Japan Curriculum Research and Development Association
〈事務局〉
〒739-8524　広島県東広島市鏡山１-１-１　広島大学大学院教育研究科内
E-mail：jcrda1@hiroshima-u.ac.jp
HP（URL）：http://jcrda.jp/
〈機関誌〉
『日本教科教育学会誌』
International Journal of Curriculum Development and Practice
〈出版物〉
『新しい教育課程の創造―教科学習と総合的学習の構造化』教育出版，2001年
『今なぜ，教科教育なのか―教科の本質を踏まえた授業づくり』文溪堂，2015年
『教科教育研究ハンドブック―今日から役立つ研究手引き』教育出版，2017年

教科とその本質
──各教科は何を目指し、どのように構成するのか──

2020年２月27日　初版第１刷発行

編　者　日本教科教育学会
発行者　伊東千尋
発行所　教育出版株式会社
〒101-0051　東京都千代田区神田神保町2-10
電話 03-3238-6965　振替 00190-1-107340

©Japan Curriculum Research and Development
　Association 2020
Printed in Japan
落丁・乱丁はお取替いたします。

組版　ピーアンドエー
印刷　藤原印刷
製本　上島製本

ISBN978-4-316-80483-5　C3037